# 房地产经济学与城市规划管理

彭庆祥 付 强 刘庆银 著

哈尔滨出版社
HARBIN PUBLISHING HOUSE

图书在版编目（CIP）数据

房地产经济学与城市规划管理 / 彭庆祥，付强，刘庆银著． — 哈尔滨：哈尔滨出版社，2023.5
ISBN 978-7-5484-7233-9

Ⅰ．①房… Ⅱ．①彭… ②付… ③刘… Ⅲ．①房地产经济学－研究②城市规划－城市管理－研究 Ⅳ．① F293.30 ② TU984

中国国家版本馆CIP数据核字（2023）第 084911 号

书　　名：**房地产经济学与城市规划管理**
FANGDECHAN JINGJIXUE YU CHENGSHI GUIHUA GUANLI

| 作　　者： | 彭庆祥　付　强　刘庆银　著 |
| --- | --- |
| 责任编辑： | 韩伟锋 |
| 封面设计： | 张　华 |

出版发行：哈尔滨出版社（Harbin Publishing House）
社　　址：哈尔滨市香坊区泰山路82-9号　邮编：150090
经　　销：全国新华书店
印　　刷：廊坊市广阳区九洲印刷厂
网　　址：www.hrbcbs.com
E - mail：hrbcbs@yeah.net

编辑版权热线：（0451）87900271　87900272

开　　本：787mm×1092mm　1/16　印张：14.75　字数：330千字
版　　次：2023年5月第1版
印　　次：2023年5月第1次印刷
书　　号：ISBN 978-7-5484-7233-9
定　　价：76.00元

凡购本社图书发现印装错误，请与本社印刷部联系调换。
服务热线：（0451）87900279

# 前 言

目前，随着人们生活水平的提高，人们对于住房的需求和要求都产生了一定的改变。人们更加注重居住环境的质量，对房地产行业发展的关注度也有所提高。房地产业的发展，一方面，有效地改善了城市居民的居住条件；另一方面，也带动了相关产业以及社会经济的发展。在现代经济社会中，房地产业的蓬勃发展，在一定程度上，改善了人们的居住环境，为人们提供了更好的居住和工作环境。因此，房地产业的发展，在满足社会发展与人们生活需求的基础之上，也促进了宏观经济与微观经济的发展。

城市的设计规划一直是我国城市化过程当中的一个关键问题，城市规划的效果会直接影响到城市人民的生活状况。城市规划是使城市更美好的重要措施。城市是城市规划工作者的作品，也是全体公民共同创造的作品。城市规划，表明了城市发展的思路，是城市规划工作者的成果，也是全体市民智慧的结晶。

在城市设计规划的过程当中，有一个重点的要素需要相关人员格外重视，那就是城市的建筑设计，而城市的根本就在于它的建筑，建筑设计的成功与否，与城市规划的效果息息相关。随着中国经济和社会发展步入新的阶段，人们对未来生活有着更高的追求，所以在城市规划和建筑设计中必须要秉持可持续发展的原则，在相关工作中必须妥善处理人类与环境、建筑的关系，坚持人性化的设计，还要考虑美观、节能、环保等要求。在建筑设计过程中除了关注建筑要素，还要了解相应的建筑设计与周边城市环境是否协调，严格依照城市规划设计标准进行建筑设计，结合城市环境、建筑环境，确保设计的建筑轮廓能够与周围建筑相互呼应，与周边环境、格调相互协调。本书主要运用言简意赅的语言、丰富全面的知识点以及清晰系统的结构，对房地产经纪与城市规划设计进行了全面且深入地分析与研究，充分体现了科学性、发展性、实用性、针对性等显著特点，希望其能够成为一本为相关研究提供参考和借鉴的专业学术著作，供人们阅读。

在本书的写作过程中，为了拓宽研究思路，丰富理论知识与实践表达，作者阅读了很多相关学科的著作与成功案例，并吸取了大量交叉学科的知识并在书中采用，在此，特向他们表示诚挚的感谢。由于作者水平有限，书中若有不妥和疏漏之处，恳请广大读者批评指正。

# 目 录

## 第一章 房地产经济学基础理论 ... 1
- 第一节 地租与土地价格 ... 1
- 第二节 区位理论 ... 11
- 第三节 市场理论 ... 29
- 第四节 制度经济学理论 ... 31

## 第二章 房地产价格的空间分布和动态变化 ... 34
- 第一节 区域经济 ... 34
- 第二节 区域经济增长的三部门模型 ... 35
- 第三节 需求导致的区域经济增长 ... 36
- 第四节 供给导致的区域经济增长 ... 38

## 第三章 房地产居间服务的实现机制分析 ... 40
- 第一节 价格信息传递功能的实现机制分析 ... 40
- 第二节 时间节约功能的实现机制分析 ... 44
- 第三节 促进居间服务规模效益的经济分析 ... 50
- 第四节 提升从业者道德水准的经济分析 ... 55
- 第五节 促进我国房地产居间服务功能提升的对策建议 ... 63

## 第四章 房地产经济的宏观调控与可持续发展 ... 66
- 第一节 房地产经济宏观调控的必要性和目标 ... 66
- 第二节 房地产经济宏观调控的主要政策手段 ... 70
- 第三节 房地产经济宏观调控体系 ... 79
- 第四节 房地产经济宏观调控的完善 ... 83
- 第五节 房地产经济可持续发展 ... 93

## 第五章 城市商业区规划 ... 105
- 第一节 城市商业规划的原理 ... 105
- 第二节 城市商业网点及规划 ... 108

  第三节 城市商业用地的规划 ································································ 114
第六章 城市综合交通规划 ································································· 120
  第一节 城市交通与城市发展的关系 ········································· 120
  第二节 以公共交通为导向的城市发展 ········································· 128
  第三节 城市道路系统规划 ···························································· 131
  第四节 城市地铁和轻轨规划 ······················································· 148
第七章 区域规划和城市总体规划 ························································ 151
  第一节 城市总体布局 ······························································· 151
  第二节 不同类型的城市总体布局 ··············································· 157
  第三节 区域规划概论 ······························································· 161
  第四节 城镇体系与总体规划 ······················································· 165
  第五节 城市用地规划 ······························································· 173
第八章 城市生态与绿地景观规划 ························································ 193
  第一节 城市生态环境的基本概念和内容 ······································· 193
  第二节 城市绿地系统的规划布局 ··············································· 203
  第三节 城市公园绿地规划设计 ················································· 214
参考文献 ··············································································································· 227

# 第一章　房地产经济学基础理论

## 第一节　地租与土地价格

土地是人类社会生产活动中不可缺少的生产要素。在技术水平既定的条件下，其可用的数量又是极其有限的。这样，人类经济生活中首先面临着土地这一稀缺资源如何才能达到最优配置的问题。在市场经济条件下，地租正起着调节土地资源配置的作用，而且地租也是理解房地产经济活动领域中其他范畴的关键所在。

首先，地租是一个经济范畴，是土地使用者为使用土地而支付给土地所有者的货币，这种代价可以以货币的形式表现出来（货币地租），也可以是非货币形式，如土地的生产物（农业中的实物地租），或者由使用土地的一方交易者提供等价资产或劳动（农业中的劳役地租、资产交换等）。地租是土地所有权在经济上的实现形式。

其次，地租又是一个社会历史范畴，在不同的社会形态下，由于土地所有权性质的不同，地租的性质、内容和形式也有很大的差异。封建地租、资本主义地租和社会主义条件下的地租，反映了不同的生产关系。也就是说，地租作为一种经济概念，不仅反映土地所有者与使用者之间的一般经济利益关系，而且在不同的历史发展阶段表现特定的人与人之间的社会关系，是社会关系在土地方面的直接体现。

在经济学发展的历史过程中，许多经济学家对地租问题做过深入的研究。一般而言，西方经济学中地租理论的发展过程大致上分为三个阶段：一是古典政治经济学阶段；二是庸俗政治经济学阶段；三是现代西方经济学阶段。本节详细论述马克思主义的地租理论、新古典经济学的地租理论和城市地租理论。

### 一、马克思主义的地租理论

马克思主义的地租理论是马克思和恩格斯在对古典政治经济学家的地租理论批判性地继承的基础上建立和发展起来的。马克思主义的地租理论主要研究了资本主义农业地租，对城市地租也有所涉及，主要包括资本主义地租的实质、级差地租、绝对地租、垄断地租、建筑地段地租和矿山地租等内容。

资本主义地租是租地农场主为取得土地使用权而支付给土地所有者的超过平均利润的那部分剩余价值。土地所有权垄断是资本主义生产方式的历史前提。实际的耕作者是雇佣工人，他们受雇于租地农场主。作为租地农场主的资本家，为了得到使用自己资本的生产经营场所（土地），要在一定期限内按契约规定，支付给他所使用的土地所有者一定的货币额。不管这一货币额是为耕地、建筑地段，还是为矿山、渔场、森林等进行支付，通称为地租。租地农场主要支付地租，但并不因此而减少他的平均利润，也就是说，租地农场主取得平均利润，而土地所有者取得超额利润——地租。在这里，土地所有权是地租的前提，地租是土地所有权得以实现的经济形式。

真正的地租与投入土地的固定资本的利息是有区别的。投入土地的资本的存在，一些是短期的，如化学性质的改良、施肥等；一些是长期的，如修排水渠、建设灌溉工程、平整土地、建造经营建筑物等。这种投入土地的资本为土地资本（改良物），属于固定资本的范畴，为改良土地而进行的土地资本投入所支付的利益，可能作为地租的一部分，但这一部分并不构成真正的地租。真正的地租是为使用土地（物质）本身而支付的，不管该土地处于自然状态还是已经被开垦。投入土地且经过较长时间才能损耗尽的长期固定资本，大部分或全部是由租地农场主投入的。但契约规定的租期一满，在土地上进行的各种改良，就和土地本身一起成为土地所有者的财产。在签订新的租约时，土地所有者就把已投入土地的资本的利息，加到真正的地租上，而不管是把土地租给曾进行改良的原租地农场主，还是租给其他人，地租都要上涨。撇开真正地租的变动不说，这是随着经济发展，地租（或土地价格）不断上涨的原因之一。这一过程在建筑地段的使用中表现得更为明显。

租金（或称为契约租金）中可能包括对平均利润或正常工资的扣除，或同时对这二者的扣除。从经济学上来说，扣除的平均利润和工资部分都不能形成真正的地租，但它们可能和真正的地租一起形成土地所有者的实际收入，并且可能和真正的地租一样，对土地价格起决定作用。

地租与借贷资本利息有区别。地租表现为土地所有者出租一块土地而每年得到的一定的货币额，而任何一定的货币收入都可以资本化，都可以看作一个想象的资本的利息，因而地租的资本化形成土地的购买价格。但是，（自然）土地不是劳动产品，因此没有任何（劳动）价值，这个购买价格不是土地的购买价格，而是土地所提供的地租的购买价格。虽然这里资本比率可以按普通利息率计算，但地租的资本比是以地租为前提的，地租不能反过来由土地价格产生，非交易土地的地租的存在是进行资本化的前提。

### （一）级差地租

级差地租是经营较优土地的农业资本家所获得的，并最终归土地所有者占有的超额利润，其来源是产品个别生产价格与社会生产价格的差额。由于这种地租与土地等级相联系，故称为级差地租。

造成土地等级差异大致有三个原因：一是不同地块在丰度肥力上具有差异性；二是不同地块的地理位置即区位存在差异性；三是同一块土地上连续投资产生的劳动生产率也有差异性。上述差异使土地客观上具有不同的等级，从而使不同等级的土地，在投入等量劳动的条件下，形成不同的级差生产力。这种以使用不同等级土地或在同一土地上连续追加投资为条件产生的土地级差生产力是产生级差超额利润的物质基础，从而也成为级差地租的物质条件或自然基础。

在任何情况下，用于农业的土地（首先是耕地）的肥力和位置是有差别的。劳动者在不同肥力或位置的土地上耕种，其劳动生产率必然有差别。在较优土地上产量高，产品个别生产价格较低；相反，在劣等土地上耕种，产量低，产品个别生产价格就相对较高。然而在市场经济条件下，同样产品在市场上是按同一价格销售的。

由于土地面积有限，特别是优、中等地面积有限，仅仅把优、中等地投入农业生产，无法满足社会对农产品的需求，因而劣等地也必然要投入农业生产。进一步说，如果劣等地不投入农业生产，中等地就成了投入农业生产的相对的"劣等地"，结论仍然成立。如果农产品也像工业品一样，由中等生产条件决定市场价格（社会生产价格），那么，经营劣等地的农业资本家就得不到平均利润，最终就要退出农业经营。这样，农产品的产量就不能满足社会需求，价格就要上涨。当价格上涨到使劣等地的经营者也能获得平均利润时，劣等地会重新投入到农业生产。可见，为了满足社会对农产品的需求，必须以劣等地条件决定的个别生产价格作为社会生产价格。这样，经营优、中等地的农业资本家的个别生产价格低于社会生产价格，就能获得一定的超额利润。

由此可见，级差地租产生的条件是自然力，即优越的自然条件。但自然力不是超额利润的源泉，仅是形成超额利润的自然基础，因为它是较高劳动生产率的自然基础。级差地租产生的原因是由土地有限而产生的资本主义经营垄断。正是由于这种有限的优越自然条件被部分经营者垄断，因而能获得持久而稳定的超额利润。而在土地所有权存在的条件下，这部分超额利润就要转化为级差地租，归土地所有者占有。

因此，在社会整体的需求水平既定时，供给减少，市场价格水平会升高，只有当市场价格提高到使劣等地也能获得同样的平均利润，才会达到均衡。因此，决定社会生产价格的是投入生产的最差等级的土地的个别生产价格。

随着人口增加和经济发展，一方面，农业用地被非农部门大量占用且日益稀缺；另一方面，农产品又是许多加工业的基本原料来源，社会对农产品的需求很多，这就推动农业将日益采用集约化经营方式。实行集约化经营，就是要在同一块土地上连续追加投资，每次投资的劳动生产率必然会有差异，只要高于劣等地的劳动生产率水平，就会产生超额利润。地租额的高低是土地出租时在租约中确定的。地租额一经确定后，在租约有效期间，由农业资本家连续追加投资所生产的超额利润，全部落在农业资本家手里。

### （二）绝对地租

在市场经济条件下，使用级差生产力低下的劣等地不可能产生级差超额利润，因而也不需要支付级差地租，这是否意味着土地所有者可以不要任何代价将这些土地交给使用者使用呢？答案是否定的。土地使用者仍然要向土地所有者支付地租，否则，土地所有权在经济上将得不到实现。马克思把这种只要使用所有者的土地绝对需要支付的地租称为绝对地租。事实上，不仅使用劣等地要支付绝对地租，而且使用中等地和优等地所支付的地租中，也包含着一个绝对地租在内。

绝对地租的实体表现为农业中的超额利润，其来源有两种不同的情况：一是在农业资本有机构成低于社会平均有机构成的条件下，绝对地租来源于土地产品价值高于其生产价格的差额。因此，由于农业资本有机构成低于工业，等量资本在农业中可吸引较多的劳动力，在剩余价值率相等的条件下，可产生较多的剩余价值。在工业生产中，由于不同部门存在以资本转移为特征的自由竞争，因而能引起剩余价值在不同部门之间进行重新分配，形成平均利润率。而在农业中，由于存在土地所有权的垄断，资本的自由流动受到限制，从而导致农业部门生产的剩余价值不参与平均利润率的形成过程。这样，由于农业资本有机构成低而多获得的剩余价值就留在农业部门，造成超额利润，即绝对地租的实体。二是农业资本有机构成在赶上甚至超过工业的条件下，绝对地租只能来源于土地产品的市场价格高于其价值的差额。

### （三）垄断地租

马克思认为，在资本主义制度下，除了级差地租和绝对地租两种基本地租形式之外，还存在着垄断地租。垄断地租是由产品的垄断价格带来的超额利润转化成的地租。某些土地具有特殊的自然条件，能够生产某些特别名贵又非常稀缺的产品。例如，具有特殊风味的名酒就用某些特别地块出产的原料（包括水）酿制而成的。这些产品就可以按照生产价格，或超过其价值的垄断价格出售。

这时的垄断价格只由购买者的购买欲望和支付能力决定，而与一般生产价格或产品价值所决定的价格无关。这种垄断价格产生的超额利润，由于土地所有者拥有对这种具有特殊性质的土地的所有权因而转化为垄断地租，落入土地所有者手中。

### （四）建筑地段地租和矿山地租

建筑地段地租和一切非农业用地的地租一样，是由真正的农业地租及性能调节的。位置对级差地租具有决定性的作用。人口的增加以及随之而来的住宅需求的增大，会使得对建筑地段的需求增加，从而提高建筑地段地租，土地作为空间和地基的价值也将相应地提高。在土地上的固定资本投入（建筑物、铁路、船坞等）也必然会提高建筑地段的地租。不过，作为房屋投资资本的利息和折旧之和的房租，与单纯的地租是完全不同的。在迅速发展的城市内，房地产投机的真正对象是地租，而不是房租。

## 二、新古典经济学的地租理论

新古典经济学时期流行的地租理论是地租的边际生产力理论。

### （一）边际生产力地租

投入土地的资本和劳动是由陆续使用的等剂量组成的。在陆续投入的过程中，陆续使用的各个等剂量所产生的报酬会出现递增、递减或者增减交替的现象，我们把所产生的报酬刚好与耕作者的生产费用相等的这一剂量称为边际剂。使用这一剂量刚好使耕作者的资本和劳动获得一般报酬，而没有剩余。它所产生的报酬称为边际报酬。投入土地的总剂量数乘以边际报酬，得到所投入资本和劳动的一般总报酬。

### （二）稀有地租和级差地租

从某种意义上说，所有的地租都是稀有地租，也都是级差地租。如果地租被看作土地服务总价值，超过所有土地在按照边际利用时所提供的总服务的差额时，地租就是级差地租。如果把每块土地充分利用到它能被有利使用的程度，也就是说，使用程度达到这样的边际，以至其产品只能以一种价格出售，这种价格刚好等于边际产品的生产成本（费用加利润），而不对土地的使用提供任何剩余。这样，土地所提供的服务（产品）的价格，必然由服务（产品）总量的自然稀缺性和对这些服务的需求即供求来决定，而地租则最容易被看成这种稀缺价格总量和产品生产成本总量之差，因此它一般又被当作稀有地租。

### （三）城市地租

城市地租等于位置地租加上农业地租。例如，有两个从事同一产业的生产者，他们在各方面都具有相同的便利，但第一个生产者所占有的位置较为便利，因此在相同市场上买卖所需运费较少。如果假设第二个生产者不存在位置便利，其所使用的土地只是按农业土地缴纳地租，那么第一个生产者的土地位置便利所具有的货币价值，就可能转化为位置地租。第一个生产者缴纳的地租额就等于位置地租加农业地租。

土地所有者的土地收入中包括地租和利润两部分。地租是土地的原始价值或公有价值。原始价值是由于自然的原始性质（阳光、热、雨、空气、土地位置等）所致，虽然其中大都是人为的结果，但不是土地持有者导致的。例如，一块土地由于附近人口的激增，而立即具有很高的价值，它的所有者并没有做任何努力，这种价值可以确切地称为"公有价值"，它是真正的地租。大部分位置价值（位置地租）是公有价值。土地持有者劳动或投资所创造的那部分价值可以称为"私有价值"，在土地年收入中表现为利润。利润率的大小取决于土地开发投资者所承担的风险。成片开发的风险大于单项开发，个人开发的风险大于政府开发。例如，众多土地所有者联合起来修建一条铁路，这将大大提升他们土地的价值，虽然这种资本用于铁路建设，而可能不是直接投资于自己的土地。一个国家在建立社会政治组织、普及国民教育和开发自然资源方面的投资，也具有相同的性质。

### （四）准地租

准地租是指从人类制造出来的特定生产工具中获得的收入。就是说，任何无供给弹性的生产要素都能得到或多或少具有地租性质的收入。建筑物、特殊机器设备等在短期内供给都可能缺乏弹性，他们的收入都被称为准地租。

### （五）地租与土地产品价格的关系

地租是不是决定土地价格的成本，取决于我们是从一个企业、一个小的行业，还是从一个大的行业或整个经济范围的角度来看问题。就整个经济或一个大的行业而论，我们可以把使用土地的各种方法归并为一类，土地利用方式自然就是单一的，土地的供给缺乏弹性，地租的大小就取决于对土地的需求（引致性需求），进一步来看，就是取决于对土地产品的需求。地租是引致的，即由土地产品价格决定的。从单一的企业或某些小行业来看，土地利用方式是可以选择的（如种小麦或种树，开发成住宅、写字楼、公园或道路），土地的供给有相当大的弹性，地租就是影响土地产品价格的成本。

## 三、城市地租理论

### （一）城市地租及其形态

与农业地租相比，城市地租存在一定的特殊性，本部分主要分析包括城市级差地租、城市绝对地租和城市垄断地租在内的地租问题。

#### 1. 城市地租的含义

所谓城市地租，是指住宅经营者或工商企业为建筑住宅、工厂、商店、银行、娱乐场所，租用城市土地而交付给土地所有者的地租。在土地私有制的社会里，城市地租为人们所熟识。在社会主义社会，土地私有制被社会主义公有制所取代。在我国，城市土地属于代表全民利益的社会主义国家所有。在相当长的时期内，由于没有树立社会主义初级阶段的观念，没有实行社会主义市场经济体制，人们一直把地租看成是土地私有制的产物而加以否定，与此相联系，在实际工作中运用了城市土地无偿无限期使用制度。改革开放以来，特别是随着社会主义市场经济理论和体制的确立，人们逐渐认识到社会主义条件下仍然存在城市地租。这是因为：一方面，在我国现阶段，社会生产力还没有极大发展，产品还没有极大丰富，还不具备取消地租的生产力条件；另一方面，城市土地的所有权和使用权仍然处于相分离的状态。在这种状态下，就存在土地所有权如何在经济上解决的问题。当然，在社会主义条件下的城市地租，不归属于任何私人所有，而是归社会主义国家所有。进一步说，社会主义土地经营垄断使城市土地级差生产力转化为级差地租，社会主义土地所有权垄断使垄断利润转化为绝对地租。

2. 城市级差地租

城市土地的空间位置包括交通便捷程度、基础设施完善程度、集聚程度、地质水文状况、环境等区位因素，是影响城市级差地租的决定性因素。

这就是说，城市地租与农业地租一样要受级差地租规律的调节。因为在城市土地所有权与使用权相分离的条件下，由于土地经营权被垄断，工业品或劳务的生产价格也将是由城市劣等地生产这些工业品或劳务的个别生产价格所决定的。不过，在农业部门，土地的丰度和地理位置共同起作用，但主要以丰度为主，由它决定级差地租量的多少。至于城市土地，则不是以丰度为主，而是以地理位置为主，由它决定级差地租量的多少。原因在于城市土地地理位置好坏直接关系到占用该地块的经营者的收益高低，同时也取决于该区位所能带来的集聚效益的大小。

所谓集聚效益，从总体上说是指各种群体和个人在地域空间上集中所产生的经济效益。集聚效益可以分成两大类：一类是企业内部的规模经济效益，它适用于单独的厂商。一般来说，企业内部的规模经济效益同该企业在城市土地上所处的位置优劣没有直接联系。另一类是企业外部的集聚效益，它包括区域化经济效益和城市化经济效益两个方面的内容。区域化经济效益主要是指在一个特定的区域空间内，一个特定行业的厂商享受该区域内同类厂商的数量和功能所带来的经济效益。城市化经济效益则具有更广泛的含义，即一个城市地区内全部经济活动对一个厂商的专业化分工协作所产生的经济效益，以及城市提供各种专业服务和城市基础设施等系统功能所带来的经济效益。由此可见，企业的外部集聚效益要产生于各企业在城市土地上所处的位置，所处的位置越优越，所获得的企业外部的集聚效益就越大，反之亦然。

具体而言，首先，城市土地位置的优劣决定着企业距离市场的远近、运输时间的长短和运输费用的高低。良好的城市土地区位能保证企业以较低的成本、较少的时间获取生产所需的原材料和运输制成品。其次，城市土地位置的优劣决定着市场容量的大小，从而直接决定着企业销售额。在一定的区域内，城市作为大量人口和企业群体的载体，意味着城市本身是一个巨大的市场，这不仅使处于城市的企业，通过充分挖掘本地市场而降低其产品销售成本、配货成本和财务成本，并且由于城市内各个区域的人口和企业，特别是商店的集中程度差异，将导致同一城市内各个不同地段具有不同的级差生产力。

商业地租是城市地租最典型的形态，商业对土地位置最为敏感。作为商业地租实体的超额利润是与商业企业所在位置而决定的顾客密度及其营业额等指标呈正相关的。如在中心商业区，由于消费者的多元购买行为，使彼此连接成线或成片的商业用地，对消费者具有更大的吸引力。在繁华的商业街区经营商业较之零星散落的商店，更易吸引消费者。这些都导致了同一城市内处于不同位置的土地具有不同的级差生产力。

上述分析说明，城市土地位置优劣不同必然产生不同的级差生产力，较优位置土地的级差生产力必然转化为超额利润。在市场经济条件下，土地所有权和使用权的垄断及其分离，又必然使这种超额利润转化为城市级差地租。

城市土地和农村土地一样也可以进行集约经营，即在同一块土地上进行连续追加投资，由于各次追加投资生产率的不同，形成了级差生产力。在市场经济条件下，由于土地所有权和使用权垄断及其分离，这种级差生产力也必然转化为级差超额利润，从而转化为城市级差地租。在城市经济发展过程中，这种连续不断的追加投资是经常发生的，而且是大量的。首先，是国家在城市市政基础上的追加投资；其次，是企业的追加投资。由追加投资所形成的级差超额利润，在国有土地有偿出让期间，归企业所有；土地出让期满后，这部分超额利润会转化为级差地租Ⅱ归国家所有。

3. 城市绝对地租

在社会主义市场经济条件下，仍然存在绝对地租，其结论自然也适用于城市土地，即城市同样存在绝对地租。城市土地所有权由国家垄断，任何企业、单位、个人要使用城市土地，都必须向土地的所有者缴纳地租。这个由所有权的垄断而必须缴纳的地租就是城市绝对地租。

城市绝对地租与农村绝对地租相比具有不同的特点。城市绝对地租主要是由使用城市土地的二、三产业提供的，城市土地是作为二、三产业活动的场所、基地、立足点和空间条件使用的，它的优劣评价尺度主要由位置确定。但是，城市绝对地租的实体与农村绝对地租的实体是一样的，仍然是超额利润即劳动者创造的剩余劳动价值的一部分。而且，城市绝对地租是由农业地租调节的，准确地说是由毗邻城市或城市边缘地区的农业用地的地租调节的。城市最低等级的土地即为不提供城市级差地租的土地，它处于城市边缘地区，与周边的农业用地相接；相对于农业用地，它曾是农业的优等地，曾经提供农业的优等地租；在它转为城市用地时，农村集体经济组织把土地所有权有偿出让给国家，因而，国家在出让其使用权时有权向土地使用者收取地租，这个地租就是绝对地租。

农村地租是城市绝对地租的基础，因此城市绝对地租的量不是该土地作为农业用地时的绝对地租量，而是作为农业用地时的全部地租，即绝对地租和级差地租之和。因为作为城市边缘土地，是城市土地等级序列中的"劣等"土地，不提供级差地租，但土地使用者仍然要向土地所有者缴纳地租，这个地租就是城市绝对地租。其量的底限则是作为农业用地（优等）时的全部地租，如果这个地租量只包含原作为农业用地时的绝对地租量，那么土地所有者就不会改变这些土地的用途。

在城市由于存在土地所有权的垄断，如果不支付绝对地租，它也会阻碍资本的投入。同样，城市绝对地租的实体仍然来源于企业提供的总剩余价值的一部分，即超过平均利润的那部分超额利润。所以，只要这些工厂、商店或银行等为社会所必需，那么这些工厂所生产的工业品，以及这些商店或银行所提供的劳务的市场价格，势必高于其成本价格加平均利润，二者之间的差额就构成城市绝对地租的来源。在城市平均资本有机构成高于农业的条件下，这种绝对地租只能来自于垄断价格，也就是市场价格高于其价值或生产价值的余额。

4. 城市垄断地租

城市地租除了级差地租和绝对地租这两种基本形式之外，还存在着一种个别的、特殊的地租形式，即城市垄断地租。所谓城市垄断地租，是指城市中由某些特殊地块的稀有功能带来的生产经营商品的垄断价格所形成的垄断超额利润转化来的地租。马克思称垄断地租是一种以真正的垄断价格为基础的地租，这种垄断价格既不是由商品的生产价值决定，也不是由商品的价格决定，而是由购买者的需要和支付能力决定。所以，具有这种购买欲望和支付能力的人越多，其价格也就越高，垄断地租就越多。由于土地所有者对这种供不应求的稀缺土地的垄断，这种超额利润就转化为垄断地租。因这里的商品也只能按照正常价格出售，所以垄断地租不可能来自所出售商品的垄断价格，而是来自优越位置所带来的极高营业额或地上建筑物的特别高的垄断价格。

## （二）城市地租的确定

对于城市土地来说，一般有两种实用的评估方法。

1. 级差收益测算法

城市土地级差收益实质上是由土地区位差异所导致的级差地租。虽然土地区位很难进行直接量度，但它可以通过企业的经营效果表现出来。假设所有的企业是同质的，但如果位于不同区位的土地上，由于其生产经营环境不同，等量投入的产出利润也就不会相同，这种差异就是土地区位导致的，亦即在企业的利润中包含了土地级差收益。因此，我们可以设法从企业利润中分离出土地级差收益来。

影响企业利润的因素很多，但主要是资本、劳动与土地等要素。因此，可把企业利润看作是这些因素共同作用的结果。

通过选取某类企业足够的单位面积利润，单位土地面积上的资金投入量，单位土地面积上的劳动投入量（以工资额）表示的样本资料，选用适当的教学模型，利用回归分析方法估计出模型参数，从而可以测出不同等级土地的级差收益。

2. 租金剥离法

租金剥离法原是指从实际房屋（主要是商业用房）租金中分离出地租，然后再将地租资本化用以计算地价的一种方法。由于采取这种方法可以从实际成交的房租中分离出地租，所以我们也把它列入地租评估的一种方法。

房租的理论构成包括折旧费、维修费、管理费、利息、保险费、税金、利润和地租。同质的房屋、同样的管理在繁华程度不同的地段，租金相差悬殊，这只能是由于地租不同造成的，这表明达成交易的房租中包含了地租。

### （三）地租与城市房地产

1. 地租与土地价格

任何物品要具有价值，就必须是用来交换的劳动产品。自然状态没有投入人类劳动，因而不存在价值，也没有以这种价值为基础。但是，土地具有特殊的使用价值，在一定的条件下，土地能为人类持久地提供产品和劳务，即产生地租。所以，自然状态的土地价格不是土地商品价值的货币表现，而只是土地所有权或使用权转让时获得这种所有权或使用权的人所支付的一定代价，出卖土地就是出卖土地的所有权或使用权，其实质就是出卖在未来一定时期内源源不断地取得地租的权利。所以，土地价格就是指能带来同地租等量的利息的货币额，即地租的资本化。

2. 地租与房地产价格

通常情况下，理论上可以将房地产价格分解为两部分，即土地价格和不包含土地价格在内的建筑物价格。但在实践中建筑物价格和土地价格是相互包含在一起的，很难将之分离开来。日常生活中所称的房价事实上已将地价包含在内了。由此，根据上述地租和土地价格关系的基本理论可知，地租对房地产价格有着非常重大的影响。可以说，地租变动直接影响着房地产价格，引起房地产价格上下波动。在其他条件不变时，地租水平增高，将使房地产价格上涨；反之，地租水平降低，将使房地产价格下降。

3. 地租与城市房地产开发

开发一般是指以各种自然资源为对象，通过人力加以改造，以达到满足人类生产生活需要的一种活动。简而言之，房地产开发主要是指以土地与房屋建筑为对象的人类生产活动。

在市场经济条件下，城市房地产开发的目的就是追求经济效益、社会效益和生态效益的综合平衡和优化。从房地产开发企业的角度而言，主要是追求经济效益即利润的最大化。而地租水平的高低，从而土地价格的高低，是影响房地产开发成本的重要因素。从政府的角度而言，地租是城市土地使用者选择用地的信号和指标，土地使用者将根据地租水平的高低和变化调节自己的用地行为和方向，因而地租可以作为政府调节城市土地利用的有力杠杆，可以促使城市土地资源的合理配置。

## 第二节 区位理论

### 一、区位的含义、分类及特征

#### （一）区位的含义

关于区位，一般有狭义和广义两种说法。狭义的区位是指特定地块（宗地）的地理和经济空间位置及其与相邻地块的相互关系。广义的区位是指人类一切活动，包括经济的、文化教育的、科学卫生的一切活动以及人们的居住活动的空间布局及相互关系，通俗地说，就是人类活动所占有的场所。

区位理论就是研究地块地理和经济空间位置分布、相互关系及其影响因素的学说。随着经济发展和分析技术进步，各国经济学家对区位问题的研究也日益深入。

#### （二）区位的分类

1. 以区位经济活动内容为标准进行分类

农业区位：是指以农业经济活动为基本内容或以土地的农业利用为特征的区位。

工业区位：是指以工业经济活动为基本内容或以土地的工业利用为特征的区位。

商业区位：是指以商业经济活动为基本内容或以土地的商业利用为特征的区位。

住宅区位：是指以住宅的开发经营活动为基本内容或以土地的住宅利用为特征的区位。

其他区位：如金融保险业、通信服务业、交通运输业、教育文化业等经济性产业区位。

2. 以区位的空间范围为标准进行分类

宏观区位：即从宏观尺度来考虑、选择的区位。它一般是以某个城市或某个区域为基点，在一个国家的范围内来进行选择。如房地产商在选择哪个城市作为发展的基地时，实际上就是在作宏观区位的选择与设计。

中观区位：即从中观尺度来考虑、选择的区位。它一般是以某个城市内的某片城区为基点，在其城市的范围内来选择。

微观区位：即从微观尺度来考虑、选择的区位，即选择某项经济活动在哪个具体的地段上展开。它一般是以具体的地段或地点为基点，在一个城市的某片城区范围内来选择。

### （三）区位的特征

1. 区位内涵的多重性

区位既包含地理的概念，又包括自然环境、经济、社会等概念，它是以自然地理位置为依托，以人类经济活动以及人类对经济活动的选择和设计为内容。

2. 区位的动态性

区位的自然地理位置是固定不变的，但是区位由于具有了自然环境、经济、社会等内涵而处于动态变化之中，因为构成区位的自然环境、经济性、社会性因素一直处于变化之中。例如，原是偏僻小镇的深圳，由于改革开放成为中国的经济特区，区位的经济性、社会性特征发生了很大的改变，其区位等级有了较大的提高。

3. 区位的层次性

从区位的选择与设计的内涵出发，可以将区位分为宏观、中观和微观区位。

4. 区位的等级性

区位的等级性即区位质量等级性。区位质量是指某一区位给特定经济活动带来的社会效益、经济效益的高低，往往由区位效益来衡量。所以区位的等级性，是指对某一类经济活动而言，区位效益的好坏与区位质量的高低呈现出因地而异的差异性。

5. 区位的稀缺性

区位的稀缺性是指人类在进行经济活动时，优良区位总是供不应求。区位的稀缺性是导致区位需求者之间进行激烈的区位竞争的根本原因，对商业区位来说尤其如此。

6. 区位的相对性

同一区位会因区位经济活动类型的差异而产生不同的区位效益，使得区位质量不同，即区位质量的好坏具有相对性。如城郊风景优美的山地对别墅式住宅开发来说是优良区位，但对于商业活动而言却是一个劣等区位。

7. 区位的设计性

区位的设计性是指区位具有典型的人为设计的色彩。人类可以根据自身经济活动的需要，发挥主观能动性，在不违背生态和经济规律的前提下改善区位质量，增强区位效益。如房地产开发商可以在住宅小区建造小区花园和文化娱乐设施，以提高住宅小区的美学价值和文化品位，从而提高住宅区位质量。区位的动态性和设计性特征要求我们科学地制订和编制城市土地利用规划和城市规划，以提高对城市区位发展变化的预见性和引导性。按照规划的要求，通过对旧城区的改造和再开发、新城区的建设，合理发展房地产业，优化商业、金融、信息等产业部门的布局，达到优化土地区位利用、提高土地利用效率的目的。

## 二、区位理论的形成

区位理论是关于人类经济活动的场所及其空间经济联系的理论，研究人类经济活动的空间选择与设计的基本法则，探索一定空间内经济活动分布、组合以及区位深化的基本规律。简单地说，区位理论就是探讨人类经济活动空间分布法则的理论。区位理论是在研究土地利用问题的过程中逐步产生和发展起来的，是土地长期利用过程中的经验概括与总结，是做好土地利用工作的理论基础。同时，正确认识区位理论，对于深入理解级差地租与土地价格的变化规律，以及企业合理选址、城市功能分区和房地产开发项目选位都有着非常重要的作用。

## 三、农业区位理论

### （一）"孤立国"假设

①孤立国建立于一个面积相当大的区域内，其土地面积是一定的，而且全部作为农业用地经营，以获得尽可能高的纯收益为目的。②孤立国实行自给自足，只有一个城市，位于其中心，也是全国农产品的消费中心。③孤立国周围是荒地，城市和郊区只有陆上道路相通，交通手段是马车。④土壤肥力、气候条件、农业技术条件和农业经营者能力是对等的。⑤市场谷价、农业劳动者工资、资本利息是均等的。⑥运输费用与农产品重量以及农产品从生产地到消费市场的距离成正比。

### （二）杜能圈

"杜能圈"共包括六个同心圆，各个圈由内到外依次是：①第一圈为自由农业区，接近中心城市，距市场最近，运费低，适于生产易腐、不易长途运输或者重量大、单位价值低，必须及时消费的农产品，如蔬菜、牛奶、花卉等，集约度和收益最高；②第二圈为林业区，单位产品体积大、重量大、运费高，主要供应城市燃料；③第三圈为轮作农业区，以集约方式种植农作物，实行两年轮作；④第四圈为谷草农业区，生产非集约化的谷物、牧草、稻麦；⑤第五圈为三圈式农业区，实行粗放的三年轮作，并有33%的荒地提供体积小、不易腐烂、易于运输的加工农产品；⑥第六圈为畜牧业区，用于放牧，还可进行粗放种植业。六圈以外的荒地，由于距离市场过远，供狩猎用。

## 四、工业区位理论

工业区位理论是关于工业企业合理选址的理论。区位因素可以划分为三类。

### （一）一般性区位因素和特殊性区位因素

即对每一种工业生产都有一定意义的因素和只对某些部门才有意义的因素。

### （二）区域因素、集聚因素和分散因素

区域因素决定企业的布局，而集聚和分散因素影响企业的联合性和协作性。

### （三）自然技术因素和社会文化因素等

韦伯认为，对企业生产成本起决定作用的因素只有运输费用、工资成本和集聚因素，并通过设定一定的假设条件，分析这些因素对企业的影响。其主要内容可以概括如下。

1. 假设条件

所研究的区域单位是一个孤立的国家或地区；

这一区域除工业区位的经济因素外，其他因素如地形、气候、种族、技术、政治制度等都相同；

工业所需的原料、燃料、劳动力供应地和消费区为已知，且其他矿藏生产条件、产品需求量、劳动力供应状况和工资不变（但不同地区的工资有差别）；

运输方式为铁路，且运费与运距和运载重量成正比。

2. 三个法则

（1）运输区位法则

厂址应选择运输成本最低的地点。运费决定于两个因素：一是距离远近，与运费成正比；二是原料性质，是常见性还是稀有性原料。根据原料的基本特征，可将其分为两大类：一类是广布原料，即到处都有分布的常见性原料，对工业区位没有影响，如粮食、水、土、空气等；另一类是限地原料，即只有个别地区有分布的稀有性原料，对工业区位有重大影响，如煤、铁及其他矿藏。韦伯进一步把稀有性原料分为两种：一是纯粹原料，加工后基本上成为制成品，很少失重；另一种是失重原料，生产过程中大部分损失掉，不会转换到制成品中去。在此基础上，韦伯提出原料指数概念，定义为运进工厂的稀有性原料与运出工厂的产品总重之比。①当原料指数小于1时，即

采用稀有纯粹原料，其运进工厂的物质总重量小于运出工厂产品的总重量，为节约运费，工厂应设在消费中心区。②当原料指数大于1时，即运进工厂的原料总重量大于运出工厂产品的总重量，如金属冶炼、食品加工等，为节省运费，工厂应设在稀有性原料产区附近。③当原料指数等于1时，即采用纯粹原料，其运进工厂的物质总重量与运出工厂产品的总重量相等，工厂既可选择原料产地，也可选择消费地或两者之间的任何一点。此外，如果有两种主要原料，而且都是稀有的失重原料，与市场位置不在一条直线上，情况比较复杂，但基本原理同上，不再进行赘述。

依此原理，韦伯对一个市场和一种稀有原料地、一个市场和两种稀有原料地以及一个市场和多种稀有原料地等不同情况进行了分析，并提出了著名的"区位三角形"模式（即区位三角形的三个顶点分别为两种稀有原料和市场的所在地，工业区位应设在总运费最低的一点），用以证明和选择运费定向区位。

（2）工资成本法

在单纯考虑费用因素对工业区位的影响后，加入了工资成本的因素，对上述工业区位模型进行修正。当某一地点由于工资费用非常低廉而对企业有利时，可将企业市场区位从运费最低点吸引到工资成本的最低点，使运费定向区位产生第一次空间"偏离"。但条件是只有当工资成本节约额大于运费增加额时，工厂才会从运费最低点移向劳动供给点。

假定一个工厂，从运输成本来看，选择某一区位作为理想的厂址，但发现别处的工资较低，于是需要把增加的运输成本和节约的工资作对比。如果每吨成本所增加的运输成本大于所节省的工资成本，不应当迁移；如果每吨成本所增加的运输成本小于所节省的工资成本，则应把厂址迁至工资较低地区。

（3）集聚法则

工业企业的规模经济、分工协作与资源共享所产生的集聚经济效益，使集聚因素对工业区位选择有着重要的影响。而分散因素是与集聚因素同时并存、方向相反、相辅相成的，它同样会对工业区位的选择有重要影响。因此，若干工厂集中在一个地方，在产生显著的集聚经济效益的同时，一方面会使地租、房租等增加，另一方面也带来城市的污染和环境的恶化。一般来说，集中程度越高，分散因素的影响也就越大。一个地点的工业集中程度是集中因素和分散因素两方面力量相互作用的结果。韦伯认为集聚经济效益的产生，首先，是由于企业规模扩大所带来的大生产的经济效益或成本的节约。其次，几个工厂集中于一个地点能给各工厂带来专业化的利益。如有专门的机器修理与制造业可为各工厂服务，有专门的劳动力市场，各厂享有购买原料方面的协作与便利等优势。再次，集聚因素带来了外部经济利益的增长。

如同工资成本可以改变工业区位的选择一样，集聚（分散）效益也可以使运费和劳动力定向的区位发生第二次空间偏离，将工厂从运费最低点引向集聚地区或分散地区。如果集聚（或分散）获得的利益大于工业企业从运费最低点迁出增加的费用额，企业就可以进行集聚和分散。

## 五、中心地理论

### （一）中心地理论的基本观点

中心地是向居住在它周围地域（尤指农村地域）的居民提供各种货物和服务的地方，一般是指城镇的所在地。中心地的职能指由中心地提供的货物和服务的种类。中心地理论的基本观点是，城市形成于一定数量的生产地中的中心地，是向周围区域居住的人口供应物品和劳务的地点，而且不同级别的中心地应遵循一定的等级分布原则。

### （二）假设条件

在建立中心地模型之前，克里斯塔勒也提出了一系列假设条件：①所研究的区域是无边界的平原，土地肥沃，资源、人口和收入分布均匀，对货物需求、消费方式都是一致的。②有一个统一的交通系统，交通费和运距成正比，朝各个方向移动都可行。③生产者和消费者都是经济行为合理的人。④消费者到离他们居住地最近的中心地购买他们需要的货物和服务，因此付出的实际价格等于销售价格加上来往的交通费用。

### （三）六边形网络等级体系

任何一个确定级别的中心地生产的某一级产品或提供的某级水平的劳务，都有大致确定的经济距离和能达到的范围。

距离最近、最便于提供货物和服务的地点，应位于圆形商业地区的中心，因为对于一个孤立的中心地的市场而言，圆形是最合理的市场区图形，圆的半径是最佳的服务半径。但在多个中心地并存的情况下，圆形市场区就不再是最合理的市场区图形，因为这时相邻中心地的服务范围会产生空白或重叠交叉，从而达不到最佳的效果。克里斯塔勒从几何学上，根据周边最短而面积最大和不留空当的原理，推导出市场区最合理、最有效的市场图形是正六边形体系。同时，中心地由于提供的货物和服务有高级、低级之分，对周边地区的重要性也不同。低级中心地的门槛较低，最大销售距离和范围较小；高级中心地的门槛较高，最大销售距离和范围较大。因此，克里斯塔勒认为，不同货物和服务的提供点都能够按照一定的规则排列成有序的等级体系，一定等级体系的中心地不仅提供相应级别的货物和服务，而且还提供所有低于那一级别的货物和服务。

按照克里斯塔勒的理论，可以想象，几个分别定位在一个生产商周围的小交易区顺次地聚集在一个较大的市场中心周围，这些最大的中心又会聚集在更大的中心周围，结果是形成村庄、城镇和大城市的蜂巢状分布结构。

## 六、市场区位理论

### （一）决定城市土地区位的主要因素

不管是农业经济活动、工业经济活动还是商业经济活动，其空间分布规律的分析与区位经济活动的决策，都是为了追求对特定区位土地的投资收益，均是对土地的区位经济利用。

随着城市化水平的日益发展和房地产业的快速发展，城市土地区位已变得越来越重要，特别是商业用地显示出强烈而且敏感的区位效益，下面我们对城市土地区位因素进行分类分析。

人类活动并不是均匀地分布在地球表面，而是局限在局部地点（场所）。究其原因，不同的场所并不能满足人类从事某项活动的要求，即不同性质经济活动的场所有着不同的区位因素。所谓区位因素，是指影响区位经济活动的诸种因素，又称为区位因子。不同类型的区位其区位因素的组合不同；同一区位因素对不同经济活动的区位决策的重要性也不同。城市土地区位因素按影响的空间范围可以划分为一般因素、区域因素、个别因素三类，也可以根据区位因素的性质划分为自然区位因素、经济区位因素、社会和制度环境区位因素三个方面。

1. 一般因素

所谓一般因素，是指对一个城市具有普遍性、一般性和共同性的区位因素。这些区位因素对城市内具体地段的区位影响不具有差异性，但它们决定各个地块的总体效益和基础水平，影响一个城市在全国或地区中的宏观区位质量。

（1）自然区位因素

①宏观地理特征

宏观地理特征主要指一个城市在国家或地区中的位置特征，如是否沿江、沿湖、临海、沿边境，是否位于首都、省会、经济特区、政治中心、经济中心等。它会影响到一个城市的发展基础和发展潜力，影响到原材料、产品等的运距，进而影响到运费。它是决定和形成土地区位的最基本因素。

②宏观自然地质条件

宏观自然地质条件主要指城市整体范围内地质构造、土质、地形和地势情况等。地质稳定坚固，土质坚实，地势平坦，有利于各类建筑物的建造，进而对土地区位产生积极的影响，反之亦然。

③宏观自然环境条件

宏观自然环境条件主要指城市整体地貌、水文、气候等。它对有产业与旅游、居住等特殊要求用途土地的区位产生影响。

④自然资源状况

自然资源状况指矿产资源和旅游资源等情况，相应地对工业区位和旅游业区位产生影响。

（2）经济区位因素

①总体人口状况

人口状况对土地区位的影响是多方面的，这里主要指城市总的人口数量、总体人口密度和人口素质状况的影响。

人口数量包括常住人口、上班人口和流动人口。它关系到劳动力市场和消费市场的总规模。人口密度是单位土地面积上的人口数量，直接反映的是人地之间的相互关系。由于人是最活跃的因素，它对土地区位的好坏会产生重大影响。人口数量越大，人口密度越高，购买力越强，越有利于促进商业中心的形成；作为城市基础设施的使用者，也只有达到了一定的人口数量和密度，才开始进行配套建设比较完善的城市基础设施和服务设施。从这个意义上讲，人口数量越大，人口密度越高，土地利用的集约化程度也越高，土地的区位就越好。

值得注意的是，人口的聚集效益是有一定限度的。当人口密度超过了合理的环境容量，非但不能继续产生新的效益，反而会使城市环境恶化，交通拥挤，市容脏乱，从而影响土地的区位。因此，必须保持一个合理的人口密度，才能有利于城市发展，使城市土地发挥最佳的经济效益。

人口素质是人口的收入水平、受教育程度、职业等的综合反映，直接或间接对土地的利用发生作用，影响到土地条件的变化。

收入水平的差异直接影响人们的消费水平，决定人们对房地产产品标准的要求，影响到土地的利用效益。人们受教育程度以及从事职业的差别，直接影响人们的消费观念与消费水平以至于土地的利用效益。

区位质量一般与人口数量、人口密度和经济收入成正比，人口数量大、人口密集和收入水平高的地域是区位选择的最佳候选地。大城市成为主要区位候选地的原因之一就在于此。

②交通和通信状况

交通和通信状况指城市对外（其他城市、地区和国家）的交通和通信条件。它是决定城市土地区位的重要因素，不仅关系到原材料采购、产品生产和销售过程中的费用、时间及便利程度，而且也关系到能否及时准确地获得经营决策所需要的经济信息。

③经济发展状况

经济发展状况是一个综合性因素，可以用国民收入、物价变动、利率水平、消费水平等指标的变化来衡量。总体来说，经济发展状况好、水平高有利于加强区位效益与区位质量，反之亦然。

（3）社会和制度环境区位因素

①土地与住房政策

土地制度规定着土地所有者、使用者以及其他主体对土地的占有、使用、收益以及处置等权利，直接影响各个主体的经济行为。合理有效的制度，不仅有利于土地的合理配置与对土地的有效开发与利用，以便获得土地最大的利用效益，而且也能保证各利益主体的权益，利于社会的安定，以便创造良好的经济环境。我国土地使用制度由无偿使用到有偿使用所带来的巨大变化，诸如城市土地的高效、集约利用，土地市场机制的建立与发展等，为国民经济的发展奠定了重要基础。

②总体社会状况

社会状况指政治安定状况、社会治安程度等。政治安定，政局稳定，社会治安情况良好，则房地产投资的运转渠道正常，投资风险小，可以增加房地产投资者的信心，带动地价上涨。政局不稳，则会直接影响房地产投资成本的收回和利润的获取，影响对房地产的投资。

③行政区划

行政区划的变化主要有两种情况：行政级别升级；行政界限发生变化。行政级别升级意味着投资环境的改善以及投资机遇的增加，这将有利于提高地区的地价水平；行政界限的变更，如将原属于较落后地区的地方划归另一较发达地区管辖，同样会增加投资的机会，有利于改善地区投资环境。

④城市规划

合理安排好城市各类用地，是城市规划的主要内容。虽然规划涉及的土地利用是未来的目的，但土地区位的优劣在现实的土地市场中就会表现出来。例如，在城市郊区的农地，一旦被城市规划确定为近期开发的建设用地后，地价就会急剧上升，自然这些土地区位也就变得越来越好。

⑤土地利用计划

政府的土地利用计划直接影响土地一级市场的供给状况，并对整个房地产市场的供求关系产生重要的作用。合理的土地利用计划，会推进土地市场的运作，带动地价的上涨；不合理的土地利用计划会干扰土地和房地产市场的正常运转，阻碍市场的发展。

⑥政府政策

政府的税收政策、金融政策对房地产投资有直接影响，可以起到抑制投资或促进、鼓励投资的作用。

### 2. 区域因素

区域因素是指对一个城市内部某个城区具有普遍性、一般性和共同性的区位因素，它同样对城市内具体地段的区位影响不具有差异性。区域因素决定城市的中观区位特征。

（1）自然区位因素

①区域地理特征

区域地理特征是指城市内部某一相对独立的地理特征，如地理上或行政上的一个区域在城市中的位置特征，如是否在城市中心区、是否在开发区等。它决定了一个区域土地区位的总体特征，是形成区域土地区位的最基本因素。

②区域自然环境

区域自然环境是指城市内部某一区域的自然环境。一个区域内自然环境状况良好（如有充足的园林绿地），会对净化空气、美化环境、改善城市小气候、丰富城市居民室外活动起到积极的作用。区域自然环境是城市环境与生态系统的主要组成部分。在工业化和城市化的过程中，环境问题不仅影响着城市的发展，涉及居民的切身利益，而且同时也直接影响土地区位的优劣。

（2）经济区位因素

①区域人口状况

区域人口状况是指城市某一区域内的人口状况，主要是人口密度和人口素质因素。在一个城市中，人口密度和土地区位的关系基本遵循以下规律：城区人口密度最高，边缘区次之，郊区最低。与此相对应，土地区位也随之由城市中心向外逐渐变差。因而，区域人口密度对区域土地区位的影响是明显的。区域内人口素质对区域土地区位也有很大影响。人口素质高，受教育程度、收入水平和职业地位一般也高，从而在居住环境、文化娱乐、日常生活等方面有较高的要求和消费能力，从而影响到土地的利用程度。

②繁华程度

所谓繁华，是指城市某些职能的集聚对各企业和居民产生巨大引力的结果。繁华地区能创造高额收益和利润，在形式上则表现为城市生活中交往最频繁、最活跃。由于商业集聚具有很大的吸引力，而且获得级差收益最高，商业服务设施的集聚程度可以用来代表繁华程度。

商业服务业的集聚程度可以用商业的集聚经济效益表示。商业的集聚经济效益主要来源于它的互补性。在一个中心商业区里，通常集中分布着数百家不同类型的商店及相应的服务设施。由于商品繁多，服务项目齐全，能够满足各种社会需求的物品几乎应有尽有，可供选择的余地大，因而具有很大的吸引力，能够形成巨大的客流量。而顾客多又意味着收益多、利润高。商业集聚的互补性还表现在，顾客到此的目的绝非光顾一家商店，大部分人都要综合利用，会产生冲动性购买。这就是为什么商业集聚中心吸引的顾客及赢利要比分散布置的商店高得多的原因。

③通达程度

通达程度就是把通行距离和时间作为一个整体，既要求通行距离短以节约运费，又要求有四通八达的交通网络，把出行时间减少到最低程度。

反映通达程度的因素主要包括道路功能、道路宽度、道路网密度、公交便捷度和对外设施的分布状况。

④市政设施完善程度

市政设施包括城市基础设施和城市公用设施。城市基础设施主要指交通、能源、给排水、通信、环境保护、抗灾防灾等设施，是城市发展必不可少的物质基础，其配套程度和质量直接影响生产生活等城市功能的正常运转。城市公用设施与城市居民正常生活和工作有密切关系，包括医疗、教育、银行、邮政、商业服务业、行政管理机构等设施，对城市的经济效益和社会效益也能产生间接影响。

（3）社会和制度环境区位因素

①区域社会状况

区域社会状况主要是指城市中某一区域内的政治安定状况、社会治安状况、社会风俗和道德状况等。区域社会状况良好，有利于吸引人们来投资、置业、安家，形成良性的小环境，带动房地产价格和地价上升，使土地区位向好的方向发展。

②土地使用限制

土地使用限制指城市规划以及环境保护等对土地开发、利用的各项条件的规定，进而会对土地的区位造成影响。

3. 个别因素

个别因素是指与宗地直接相关的因素，只包括自然区位、社会和制度环境区位两个方面的因素。个别因素决定土地的微观区位，即决定地段地块的区位质量。

（1）自然区位因素

①微观地理特

微观地理特征是指具体宗地坐落地点的特征，是决定和形成具体地块区位的最基本因素。如居住用地周围是否安静，是否风景秀丽，是否面向绿地、公园、广场、海滩，出入是否方便等。商业用地是否在商业集中区，是否临街，是否位于十字路口还是丁字路口，临街的宽度，道路状况等，都对其土地利用的充分程度、经济收入产生直接影响。

②微观自然地质条件

微观自然地质条件是指具体地块的地形、坡度、土地承载力、排水状况、地质构造等，它直接影响土地使用条件和价格。

③微观市政设施

微观市政设施主要指具体地块所在地的各项设施条件，它影响土地的投资效益。

④宗地形状

一般来说，规则的宗地要比不规则的宗地好用，而在规则的宗地中又以长方形（长宽的比例要适当）的利用效果最好。

（2）社会和制度环境区位因素

它只包括宗地使用限制因素一项，主要是指城市规划对宗地利用的限制，包括用途、容积率、建筑密度、建筑高度等条件的限制。由于涉及对土地的利用程度和地价，它对微观土地的区位也具有较大的影响。

## （二）房地产业的区位选择

人们对土地用地区位的选择在很大程度上取决于区位因素条件的好坏，区位是相对于区位主体即土地用途而言的。土地用途不同，区位因素随之不同。例如，在选择工业区位时，原料、能源、运输、市场、资本、劳动力等一般是主要的区位因素；而在选择农业区位时，光热、温度、土壤、劳动力、交通以及市场则构成主要的区位条件。区位因素还会随时间而变化。例如，就选择工业区位而言，由于交通运输技术的发展、工业活动本身制造工艺技术进步以及生产中的物耗水平和投入比例的变化，区位选择中的原料、能源、运输等因素的地位相对下降；相反，劳动力（尤其是高技能劳动力）、地区智力密集程度、市场等因素地位大大增强。

1. 工业用房地产宏观区位的选择

工业化、城市化高度发展的现代社会市场，是一国范围内高度统一的市场。随着经济全球化，各国积极参与国际合作与竞争，日益形成国际统一的大市场。所以，工业用房地产的区位选择是全国性乃至世界性的，是一种宏观区位选择。从国内角度看，它的区位选择除了取决于国家的产业政策外，更主要取决于国家工业的宏观空间布局。国家工业的宏观空间布局确定了，工业用房地产的宏观区位选择也就随之明确了。

如前所述，决定和形成工业用房地产区位的因素很多，但影响其区位选择的因素主要有原料、能源、运输、市场、资本、劳动力等。因此，在进行工业用房地产宏观区位的选择时，一般可采用原材料指向、能源指向、市场指向、原材料与市场双重指向、科技指向等来安排工业部门的布局。

原材料指向的工业，一般其产品在生产过程中，原料失重程度大，单位产品的原料消耗量大大高于产成品的重量，同时，还有部分原料不宜运输和储藏。因此，大多数从事农矿产品的加工工业，一般都要求布局在原料产地。能源指向的工业企业在生产过程中，单位产品能耗大，能源消耗占总成本的比例高，故一般要求布局在能源产地。市场指向的工业与原材料指向的工业正好相反，需要长途运输的原料在生产过程中失重程度小甚至增重，产成品不宜运输的，如玻璃、家具、大多数食品、消费品等工业，一般要求布局在消费地。科技指向的工业是指产品的科技含量高，需要科技助推和智力支持的工业，如生物工程、计算机等高科技产业，一般要求布局在科研单位及高等院校集中、劳动力素质高、环境优美的城市里。

在具体对工业宏观区位进行布局时，要应用可行性研究方法对各种方案的技术经济指标进行测算和比较，力求选出最优的实施方案。另外，对工业区位的宏观布局除考虑技术因素外，还应参考社会生产力的平衡，在特定情况下还要考虑军事、政治等因素。

2. 城市房地产中观区位的选择

城市房地产中观区位的选择主要是在城市内部功能分区的基础上，完成各类房地产的区位选择。城市一般可分为商业、工业、居住等若干功能区。

（1）商业区

商业区一般在大城市中心、交通路口、繁华街道两侧、大型公共设施周围。在大城市和特大城市，商业区又划分为中央、区和街等不同层次和规模。在中央商业区又逐渐形成了中央商务区，其中心为由规模较大的银行、保险公司和财务公司组成的金融"核"或金融中心；该中心外的第一层是规模较大的工业、商业企业的总部或机构；第二层是为这些核心公司及其办公机构提供会计、律师、咨询、广告、经纪、市场顾问等服务的公司。中央商务区主要具有如下特征：①区域内汇集的大公司及机构（如商业公司、银行、保险公司、公司总部以及各种咨询机构等）种类繁多，影响范围很大。②土地区位形成全市标准区位，地租（地价）最高，劳动力成本也较高。③客流量和信息流量高度集中。④基础设施和各种配套设施完善。

在中央商务区可以减少信息的不确定性，获得更多更全面的信息，有利于迅速、准确地做出决策，还可以获得大量的外部经济服务。如中央商务区各类大公司的高度集中，大大扩大了市场规模，以此可以获得大量高质低成本的税收、法律、财务和其他多方面的咨询服务，随时获得各种专家的帮助，分享交易厅、交易所等提供的种种好处。

在中央商务区外侧则是一般的商业区。这里依旧是高地价区位，其特点是交通和通信特别方便，市政基础设施完善，人口流量大等。

（2）工业区

根据各种工业的特点、污染状况、占地面积等，工业区可以分内圈工业区、外圈工业区和远郊工业区。内圈工业区在中央商业区外侧，主要是高档的服装、首饰、食品、精密仪表等工业，它们占地面积小，主要面向本地消费市场，又要求与中央商业区的企事业机构建立密切联系，及时了解市场信息并获得技术支持。外圈工业区里的工业一般是装备有自动化生产线，机械实行平面布局，产品体积大，所需仓库和厂房较大，产品多属标准化的定型产品，适于大批量生产（如家用电器等），技术要求高，对环境污染较轻的工业，包括大部分轻工业和重工业中的机械制造、金属加工业等。由于处在城市的边缘地区，这里地价低、交通便利，距离住宅区也较近。远郊工业区一般集中了规模大、占地多、污染严重的工业，如冶金、炼油、化工、重型机械、发电（原子能核电厂）和造纸等工业。

（3）居住区

居住区是人们生活、休闲的场所。它一般位于中央商业区与内圈工业区之间，也可以设在内圈工业区与外圈工业区之间。随着生活水平的提高，人们对居住环境的要求也日益严苛。因此，居住区应满足以下要求：一是交通便利；二是环境幽雅舒适，区内无煤气厂、化工厂、石油站，无三废，无噪声源；三是治安良好；四是文化教育设施齐备；五是采购、娱乐方便；六是人际交往方便。

3. 城市房地产微观区位的选择

房地产开发商和投资者、使用人、银行利用区位理论，可以确定当地市场范围内风险较小或优势更大的区位，可以深入了解具体项目的特定区位与总体环境的关系，以便更好地评估预期收益的风险和机会。政府可以利用区位理论提供的依据，对房地产微观区位选择进行调控，以增强土地利用效率。

（1）城市房地产微观区位选择的标准

我国城市房地产开发的主体是房地产开发投资企业，主要投资于商业房地产和居住房地产，对它们区位的选择标准如下：

①选择商业房地产微观区位的标准

应处在商业区，有利于利用其外部经济效益；

临街或道路状况良好，即至少要一面临街，街道标准较高，路况较好；

交通及通信要方便；

有足够的人口流量；

有较大的增值潜力。

②选择居住房地产微观区位的标准

周围的自然环境应幽雅、舒适、清静，如果临水及靠近绿地则更好，高档住宅多选择在起伏不平或小山较多的地方；

交通、通信和人际交往要方便；

生活服务配套设施齐全；

有便利的购物、出行条件；

有良好的社区文化环境，包括完善的文化娱乐设施、健康而积极的风俗习惯和良好的治安状况；

具有较高的增值潜力。

（2）微观区位的选择与土地的最佳用途

所谓土地的最佳用途，是指特定的城市区位的土地可为整个城市带来最大经济效益的用途，即它不仅要考虑微观单位获得的经济效益，而且还要考虑宏观上的社会效益和生态效益。对于一宗具体区位的城市土地来说，虽然其用途可能有很多种，如用作工业用地、商业用地、居住用地或其他类型用地等，但在这些用途中必然存在一个最好的用途（单一的或两种以上相结合的用途）。因此，我们在选择微观区位时，应尽量使其实现最佳用途，以实现城市土地资源的优化配置。

（3）政府对土地微观区位选择的调整

为正确引导各微观经济利益主体的行为，规范其在土地利用中的市场竞争秩序，提高土地的利用效率，国家和各级政府应以土地所有权者或管理者的身份实施其调控职能。具体的调控手段和途径为：①可运用土地利用规划来约束和规范各土地使用者的选择行为，将其纳入国家宏观优化配置土地资源的轨道中。②利用经济手段，主要是运用地租机制或税收政策来引导各用地者的用地行为。这些政策措施可对各微观经济利益主体的土地使用决策产生明显影响，促使城市土地空间布局得到优化，使全社会获得最大的经济效益、社会效益和生态效益。

4. 区位选择的注意事项

房地产开发投资量大，回收期长，投资地点即区位的选择准确与否，在房地产开发直至销售的全过程中举足轻重。由于区位选择对房地产投资决策的成败具有重大影响，所以，在选择区位过程中必须进行大量的市场调研和科学的分析归纳，筛选整理，进而作出正确的决策判断。

房地产业的发展有赖于地方经济的发展，哪些地方的经济发达，房地产业也随之兴旺。就全国而言，国家区域发展战略及生产力总体布局在这方面起着很重要的作用。国家重视哪些区域城市的发展，哪些区域城市就会成为经济增长的热点地区，从而也必然成为房地产投资的优势区位。

在一个城市中，必须对影响区位的环境进行分析。这种研究的内容包括交通状况、地块的规模及形状、地貌、市政配套及区域的发展潜力等。其中对交通状况的研究十分重要。交通状况与区域的发展潜力密切相关，从而也会对市场产生深远的影响。交通滞后，人们不愿去那里购房，房价也不会很高；交通一经改善，人们纷纷去那里购房，房价也就随之上扬。

此外，容积率及绿化布置、市场配套的完善与否等因素也会影响到选址的质量。

当前，在我国城市房地产区位选择过程中特别要重视三个方面：首先，注重区位升值潜力的分析。现在，房地产界形成一种共识，即认为并不是越接近市中心进行开发取得的收益越高。选择某地块进行开发，往往要做升值潜力的分析，权衡利弊，在科学的基础上进行决策。其次，选择区位应具有超前意识，特别要注意对交通、服务网点等公共设施的深层分析。如有些开发企业得到某交通线路将要开辟或延伸的消息后，马上对该信息进行了解、摸底、分析、归纳，作出准确判断，确定在沿线某区域选址开发，结果取得较高收益。再次，选择区位要运用定量定性相结合的办法，任何地块均无法用好或坏予以简单的评价，对区位的选择只能以定量和定性相结合的办法才能作出合理判断。定量在这里是指价格的判断，由于不同区位价格不一、不宜用较恒定的价格来划分选择地块的标准，高房价、高地价是相对而言的。定性则指某地域开发项目性质的确定。如在 CBD 搞住宅开发，显然与整个区域环境不相协调，而在边缘地区建造高级写字楼，恐怕也难以维持。定量和定性相结合，混合分析地块的区域特征、周边环境、交通状况、价格情况、增值潜力等各种相关因素，才能准确选址，为成功投资奠定基础。

## （三）土地区位与房地产业发展

### 1. 区位理论在房地产业发展中的作用

区位理论为房地产业的发展提供了理论指导，房地产业的发展必须遵循土地区位规律。在宏观方面，为了保证社会的整体利益及城市规划的整体实施，促进房地产业的健康发展，必须使不同地区地段的所有土地获得最佳用途，从而取得最佳的经济效益、社会效益和生态效益。这些都决定了房地产业的发展必须遵循城市土地区位规律。在微观方面，房地产企业为了达到利润最大化，必然要寻找最佳的城市土地区位，购买能够取得最大效益的区位土地，而事业单位、机关和居民也会寻找经济上能承受又适合自己活动的最佳位置的房地产。可见，无论从宏观角度，还是从微观角度，土地区位理论都对房地产业的发展起到积极的指导作用。

从城市发展的历史来看，城市土地区位开始是自发形成的，随着工业化、城市化的发展，城市土地利用中不利的即消极的外部因素的产生、发展及其日益累积，引起了社会的注意并开始由政府加以一定程度的控制。城市土地区位的形成越来越受到人们自觉行动的影响。因此，在一定程度上城市土地区位是可变的，随着决定城市土地区位的因素的变化，其方向可能趋向更优的区位，也可能趋向衰退，丧失原来的区位优势。所以，在房地产业的发展过程中需要政府的宏观调控，以使其发展遵循土地区位规律，增加土地的使用效益。

此外，每一宗特定区位的城市土地都可以有多种用途，并有一个最佳用途。制定城市土地利用规划就是要使城市不同区位的土地实现其最优用途，并逐步调整那些使用不合理的土地用途，以达到城市土地资源的优化配置。所以，城市土地利用规划需要遵循城市土地区位形成和变化的基本规律。

由此可见，区位理论在房地产业发展中的作用主要表现在两个方面：一是能够指导整个城市规划，包括土地利用及城市建设工作；二是能够指导房地产企业及房地产用户更好地进行区位选择，进一步取得良好的经济效益和社会效益。

2. 土地区位和城市规划

（1）土地区位与城市土地利用规划的相互关系

城市土地利用规划的实质就是人类自觉地运用区位规律，合理安排土地使用的方向和规模，以获取最大的效益。从土地合理利用而言，必须实行土地规划，这是因为：一是土地的稀缺性。随着经济的发展，人们对土地的需求越来越大，而土地的有限性、差异性和固定性等特点又限制了土地的供给，使土地成为一种稀缺的资源。二是土地的区位可变性。三是土地的报酬递减性。在一定的技术水平下，连续在一块土地上投资，超过一定限度，就会引起成本增加、收益递减。四是土地经营的垄断性。一宗土地一旦给某人使用，其他单位和个人就不能使用。

此外，从保护、优化生态环境来看，也必须实行土地规划。生态环境是由自然生态系统和人工生态系统组成的。人工生态系统在很大程度上是受城市经济系统制约的。人们如能根据生态环境规律来安排土地的使用，那么生态环境会得到保护，并不断优化，反之就会破坏生态环境。从城市土地规划角度看，必须重视土地区位的地域差异。土地的自然特性决定了自然条件和包括土地在内的自然资源的差异性，也就是不同地区的自然条件和资源条件是存在差异的。自然条件在城市则主要指地形、地貌、地质等，它们在不同的地区是不同的，在房地产开发过程中不同地形地貌的开发成本差异极大。自然资源主要是指气候资源、水资源、土地资源、生物资源、能源和矿产资源等，同时因地而异。在此情况下，只有充分、合理地运用当地的各种资源条件才能使土地配置达到最佳状态。

在现实经济中，土地资源的自然空间和历史上对土地的开发、利用，逐渐形成了土地区位的经济差异或效益差异，即在特定地点或某几个同类地点进行某种经济活动，比在其他地点进行这种经济活动能获得更大的利益和更高的效率。在城市土地利用中存在着强烈的区位效益差异。区位经济差异是由自然条件和社会经济条件即人们社会经济活动中的一系列因素导致的，如资源质量优劣，距离市场或城市中心区的远近，交通通信便利程度，人口密度大小，环境条件好坏，基础设施配备情况等。各种用地的不同区位与布局可获得不同利润，为了利润最大化或成本最小化，就要比较选择最优用途，即同一宗土地有不同用途，就要按照比较利益原则，找出效益最佳的用途。可见，城市土地规划只有符合土地区位规律，才能符合土地最优利用的原则。

（2）住宅区位与城市规划

城市住宅建设的区位选择要服从城市土地利用总体规划和功能分区规划。在城市中，良莠不齐的土地区位，产生不同的使用价值，带来不同土地区位的级差收益。在市场经济条件下，这种级差收益就转化为级差地租。在级差地租的调节下，城市土地的空间布局就表现出一定的规律性。各经济主体、居民户对距离市中心远近不同的地段愿意或能够支付的地租数额是不一样的。金融、商业、服务业在市中心具有较强的竞争能力，故金融、商业、服务业用地位于市中心区，需要支付高于其他任何活动的地租；向外依次是工业、住宅、郊区农业用地。就住宅用地来看，越靠近城市中心，其租金水平就越高，占地面积也就越小；越远离城市中心，租金水平就越低，相对前者所占的面积就大。因此，在城市级差地租杠杆的调节下，住宅用地的区位选择有一定的向外移动的特性。

（3）非住宅区位与城市规划

根据住宅房地产规划，非住宅房地产按照提供服务的性质可以划分为以下几类：工业用房，商业及服务业用房，城市文化教育、卫生、体育事业用房，行政办公及其他公共建筑等。一般来讲，在制定规划时应当注意以下几个方面的问题：

第一，城市非居住用房发展规划要服从城市土地利用规划和城市发展总体规划的基本要求。如果建设过程中没有统一严密的规划，就会造成城市土地使用不合理、城市各项建设设施配套不齐全等后果，则城市各项建设的协调性被打乱，城市的功能不能充分发挥，城市的性质和特点也就无法体现，从而对城市的生存和发展造成严重威胁。

第二，城市非居住用房规划必须体现综合开发的原则，即建设的统一性和有序性。统一性表现在开发建设中高度的统一规划、统一征地、统一设计、统一施工和统一组织管理，主体各配套工程同步进行；有序性指要协调城市非居住用房内部及其与居住用房、城市基础设施等外部设施的比例关系，使它们有计划按比例地协调发展，避免城市建设的无政府状态。

第三，城市非居住用房发展规划要突出公共建筑设施配套功能。可以说，公共建筑设施是构成居住区良好室外环境的物质基础，是使住宅区生活有序、稳定的重要条件。

## 第三节　市场理论

市场理论又称厂商均衡理论，是管理经济学上最为重要的一个理论，研究消费者和厂商之间的交易行为如何共同决定产品的价格和产量。

经济分析将不同的市场结构分为四种类型，即完全竞争市场、完全垄断市场、垄断竞争市场和寡头垄断市场，不同的市场结构对产品价格和产量的决定有不同的影响。

### 一、完全竞争市场的厂商均衡

完全竞争又称纯粹竞争，是一种竞争不受任何阻碍与干扰的市场结构。所谓完全竞争市场，必须同时具备以下四个条件：①存在大量的买者和卖者；②产品是同质的；③资源自由流动，厂商进出容易；④生产者和消费者具有完备的市场知识。

#### （一）完全竞争市场上的短期均衡

从短期看，由于生产规模既定，厂商不能根据市场需求调整其全部生产要素，整个行业的厂商个数也相对稳定，因此，整个行业中的产品可能出现供不应求或供过于求的状况。

对单个厂商而言，按利润最大化原则决定产品的产量，厂商均衡的条件是边际收益等于边际成本。当整个行业的产品供不应求因而市场价格高时，厂商均衡可能造成超额利润；当整个行业的产品供需平衡时，厂商均衡可实现正常利润（超额利润为零）；当整个行业的产品供大于求因而市场价格低时，厂商可能亏损，厂商均衡可使亏损最小。当市场价格降低到使厂商产品的需求曲线正好与边际曲线和平均可变曲线的交点相交时，表示厂商的总收益恰好可以收回全部可变成本，而固定成本不能得到任何补偿，此点为厂商短期均衡的停止营业点，如市场价格更低，则厂商的亏损更大，因此厂商将终止生产。

#### （二）完全竞争市场上的长期均衡

从长期看，各个厂商都可以根据市场价格通过调整资源配置和生产规模来调整产量和产品的生产成本，或者通过自由进出某个行业，从而改变整个行业的供给状况和市场价格。当整个行业的产品供不应求因而价格高时，各个厂商都会扩大生产，其他厂商也会加入该行业进行生产，从而使整个行业的产品供给增加，导致价格水平降低；当整个行业的产品供过于求因而价格低时，各个厂商会减少生产，一些厂商会退出该行业，从而使整个行业的产品供给减少，导致价格水平提高。通过完全市场竞争，整个行业达到供求均衡，单个厂商既不可能继续获得超额利润，也不可能继续出现亏损，厂商的产量也不再调整，进而实现了长期均衡。

## 二、完全垄断市场的厂商均衡

完全垄断市场是指整个行业的市场完全处于一家厂商所控制的情况。它主要有以下特征：①市场上只有唯一的一个厂商生产和销售某商品；②该厂商生产和销售的商品没有任何相近的替代品；③其他任何厂商不可能进入该行业；④垄断厂商是产品价格的制定者。

### （一）完全垄断市场上的短期均衡

在完全垄断市场上，虽然具有垄断地位的厂商可以通过对产量和价格的控制来实现利润最大化，但同时也受到市场需求的制约，所以厂商仍要按边际收益等于边际成本的原则确定产量。当产量决定之后，短期内由于生产规模既定，厂商难以完全按市场需求变动而进行调整，因此仍可能出现供不应求或供过于求的状况，所以短期均衡时同样可能出现厂商获得超额利润、正常利润或出现亏损三种状况。

### （二）完全垄断市场上的长期均衡

从长期看，厂商可以通过调节产量与价格实现利润最大化。厂商长期均衡的条件是边际收益与长期边际成本和短期边际成本都相等。

## 三、垄断竞争市场的厂商均衡

完全竞争与完全垄断是两种极端的市场结构，而绝大多数行业既包括竞争因素，也包含垄断因素。垄断竞争是仅与完全竞争的第二个条件不同，而与其他条件都相同的一种市场结构，即各厂商的产品不同质，存在一定的差别。这些差别主要表现在产品的质量、款式、颜色、包装、品牌以及销售条件等方面的不同，从而对消费者产生不同的心理影响。因此，每一种有差别的产品都能以自身特色在一部分消费者中形成垄断地位，每个厂商对自己的产品都享有一定的排斥其竞争者的垄断权利。产品差别是指同一种产品之间的差别，因此它们之间又有很高的替代性，从而又会引起竞争。此外，垄断竞争市场具有众多的生产者和消费者，加上资源可自由流动和信息畅通，因此垄断竞争市场十分接近于完全竞争市场。

### （一）垄断竞争市场上的短期均衡

为了实现利润最大化，完全竞争市场上的厂商需要选择的变量是产量；完全垄断市场上的厂商需要确定的变量是产品的产量或产品的价格。垄断竞争市场的厂商可以选择的变量有三个，即产品的售价、质量和销售费用。当实现短期均衡时，厂商获得超额利润、正常利润或出现亏损都是可能的，这取决于厂商在均衡产量下的平均成本是小于、等于还是大于销售价格。

### （二）垄断竞争市场上的长期均衡

从长期看，垄断竞争市场的厂商也可以通过调整生产规模来调节产量，而且其他厂商也可以进入或退出该行业。

## 四、寡头垄断市场的厂商均衡

寡头垄断是同时包含垄断因素和竞争因素而更接近于完全垄断的一种市场结构。它的特点是：①一个行业只有几家大厂商，每一家厂商的产量都占有很大的份额；②进入市场很困难但不是不可能；③厂商之间存在着明显的相互依赖性。

### （一）寡头垄断市场上产量的决定

在寡头垄断市场上，当不存在相互勾结时，各寡头依据其他寡头的产量决策，按利润最大化原则调整自己的产量。当寡头之间存在勾结时，产量由各寡头协商确定。而确定的结构对谁有利，则取决于各寡头的实力大小。

### （二）寡头垄断市场上价格的决定

寡头垄断市场上的价格，通常表现为由各寡头相互协调的行为方式所决定。这种协调可以有多种形式，可以是以卡特尔正式协议所表现的公开勾结，但大多是寡头共同默认和遵从一些行为准则而形成的非正式勾结。前者通过建立卡特尔，以达成的协议来协调各寡头的行动，统一制定产品价格，并规定各寡头产品的生产和销售限额；后者则表现为寡头垄断市场上所通行的价格领先和成本加成等定价方法。

## 第四节　制度经济学理论

制度经济学是把经济制度作为研究对象的一门经济学分支学科。它研究制度对于经济发展的影响，也研究经济的发展如何影响制度的演变。旧制度经济学代表康芒斯、米切尔等，考察了制度，但没有对主流经济学的方法有所改进。新制度经济学包括四个基本理论：交易费用理论、产权理论、企业理论和制度变迁理论。

## 一、交易费用理论

交易费用是新制度经济学最基本的理论。该理论认为，企业和市场是两种可以相互替代的资源配置机制，由于存在有限理性、机会主义、不确定性与小数目条件使得市场交易费用高昂，为节约交易费用，企业作为代替市场的新型交易形式应运而生。交易费用决定了企业的存在，企业采取不同的组织方式，最终也是为了节约交易费用。

科斯提出，市场和企业是两种不同的组织劳动分工的方式（即两种不同的"交易"方式），企业产生的原因是企业组织劳动分工的交易费用低于市场组织劳动分工的费用。一方面，企业作为一种交易形式，可以把若干个生产要素的所有者和产品的所有者组成一个单位参加市场交易，减少交易者的数目和交易中的摩擦，以此降低交易成本；另一方面，在企业之内，市场交易被取消，伴随着市场交易的复杂结构被企业家所替代，企业家指挥生产，因此，企业替代了市场。由此可见，无论是企业内部交易，还是市场交易，都存在着不同的交易费用；而企业替代市场，是因为通过企业交易而形成的交易费用比通过市场交易而形成的交易费用低。

所谓的交易费用，是指企业用于寻找交易对象、订立合同、执行交易、洽谈交易、监督交易等方面的费用与支出，主要由搜集成本、谈判成本、签约成本与监督成本构成。

企业运用收购、兼并、重组等资本运营方式，可以将市场内部化，消除由于市场的不确定性所带来的风险，进而降低交易费用。

交易费用的提出，对于新制度经济学具有重要意义。由于经济学是研究稀缺资源配置的，交易费用理论表明交易活动是稀缺的，市场的不确定性导致交易也是要冒风险的，因而交易也有代价，从而也就有了如何配置的问题。资源配置问题就是经济效益问题。所以，制度必须提升经济效益，否则旧的制度将会被新的制度所取代。

## 二、产权理论

新制度经济学家一般都认为，产权既是一种权利，也是一种社会关系，是规定人们相互行为关系的一种规则，并且是社会的基础性规则。产权是一个复数概念，一个权利束，包括所有权、使用权、收益权、处置权等。当一种交易在市场中发生时，就发生了两束权利的交换。交易中的产权所包含的内容影响物品的交换价值，这是新制度经济学的一个基本观点。

产权实质上是一套激励与约束机制。影响和激励行为，是产权的一个基本功能。新制度经济学认为，产权安排直接影响资源配置效率，一个社会的经济绩效如何，最终取决于产权安排对个人行为所提供的激励。

## 三、企业理论

科斯运用其首创的交易费用分析工具,对企业的性质以及企业与市场并存于现实经济世界这一事实做出了先驱性的解释,将新古典经济学的单一生产制度体系——市场机制,拓展为彼此之间存在替代关系的、包括企业与市场的两重生产制度体系。

科斯认为,市场机制是一种配置资源的手段,企业也是一种配置资源的手段,二者是可以相互替代的。在科斯看来,市场机制的运行是有成本的,通过形成一个组织,并允许某个权威(企业家)来支配资源,就能节约某些市场运行成本。交易费用的节省是企业产生、存在以及替代市场机制的唯一动力。而企业与市场的边界在哪里呢?由于企业管理也是有费用的,企业规模不可能无限扩大,其限度在于:利用企业方式组织交易的成本等于通过市场交易的成本。

## 四、制度变迁理论

所谓制度变迁,是指新制度(或新制度结构)产生,并否定、扬弃或改变旧制度(或旧制度结构)的过程。它一定是向更有效率的制度演化。制度变迁是一个动态的现实过程,在这个过程中,涉及谁发动制度变迁、为什么要进行制度变迁、如何进行制度变迁、制度变迁的效果如何等问题。因此,制度变迁的理论应该包括制度变迁的主体、制度变迁的动力、制度变迁的方式、制度变迁的效率评价等方面。

制度变迁理论是新制度经济学的一个重要内容。其代表人物是诺斯,他强调技术的革新固然为经济增长注入了活力,但人们如果没有制度创新和制度变迁的冲动,并通过一系列制度(包括产权制度、法律制度等)构建把技术创新的成果巩固下来,那么人类社会的长期经济增长和社会发展是不可设想的。总之,诺斯认为,在决定一个国家经济增长和社会发展方面,制度具有决定性的作用。

制度变迁的原因之一就是为了节约交易费用,即降低制度成本,增强制度效益。所以,制度变迁可以理解为一种收益更高的制度对另一种收益较低的制度的替代过程。产权理论、国家理论和意识形态理论构成制度变迁理论的三块基石。制度变迁理论涉及制度变迁的原因或制度的起源问题、制度变迁的动力、制度变迁的过程、制度变迁的形式、制度移植、路径依赖等。

科斯的原创性贡献,使经济学从零交易费用的新古典世界走向正交易费用的现实世界,从而获得了对现实世界较强的解释力。经过发挥和传播,交易费用理论已成为新制度经济学理论的一个重要贡献。目前,正交易费用及其相关假定已经构成了可能替代新古典环境的新制度环境,正在影响着许多经济学家的思维和理念。

# 第二章 房地产价格的空间分布和动态变化

## 第一节 区域经济

### 一、区域经济的特点

房地产市场是一个区域性的市场,因此区域经济的状况与房地产市场的兴衰密切相关。本章所说的区域是指拥有多种类型资源、可以进行多种生产性和非生产性社会经济活动的一片相对较大的空间范围,如乡、市、省等。

区域经济有别于国家经济的一些特点如下:第一,区域没有自己的货币,也就无法控制自己的货币供应。这意味着区域不能通过增加货币供应量来刺激自身的经济增长,也不能通过减少货币供应量来减缓自身经济的增长速度。因此,区域经济在很大程度上依赖于国家经济。没有自己的货币还意味着当宏观经济震荡时,无法利用利率来进行缓冲。区域的产品或服务需求下降时,区域无法通过货币贬值来抑制输入或刺激输出,当地必须通过就业率和工资的调整来削弱这种需求变化带来的负面影响。第二,与国家经济相比较,区域经济更加开放,一国内部各区域之间的产品和服务的流动要方便于国家之间的流动。在区域间,商品、劳动力和投资的流动不存在或很少存在法律上的障碍(如关税、配额和其他壁垒)。再加上语言文化的相同或相近,这种开放性造成区域间商品和服务的高度流通。

驱动区域经济增长的源动力主要有两个:一是外区域对本区域产品或服务的需求,需求创造就业机会;二是区域各种生产要素的供给,特别是劳动力的供给。

### 二、区域经济的三部门概念

为了分析上述需求和供给是如何决定区域经济发展的,下面引入一个理想化的、区域经济三部门模型。三部门是指产品和服务提供部门、劳动力提供部门和房地产提供部门，对应的三个市场是：区域产出市场（产品和服务市场）、区域劳动力市场和区域房地产市场。对区域经济来说，劳动力和房地产是两类核心资源。在制度环境相同的情况下，不同区域之间的竞争力主要由这两类资源决定。同一区域内的产出市场、劳动力市场和房地产市场紧密关联，劳动力和房地产是区域产出所必需的投入，并通过产出的销售收入来支付劳动力和房地产的使用价格；支付劳动力和房地产使用价格的费用决定了区域的产出成本，反过来影响区域的竞争力和产出的销售。一个区域内这三个市场之间的关系以及国家经济形势状况决定了区域经济的兴衰。

把区域内的产出销售到区域之外是区域经济增长的源动力之一，这种区域间的输出可以为输出区带来经济收益。影响区域产出需求的因素有：国家的经济状况、区域的产业分布以及产业的竞争力。要达到区域产出，区域内的主要生产要素必须容易获得，如劳动力、建筑物和土地。区域内的人口结构和现有劳动力的技能情况决定当地劳动力资源条件，区域内房地产存量和房地产开发能力决定房地产资源水平。一个区域增加房地产供给的能力，决定了该区域经济能否持续发展。如果区域增加房地产供给的能力较低，需求上升时租金将会急剧上升，最终导致员工工资的上升以及产品价格的上升。区域性生产成本的提高将抑制区域经济的扩张和长期增长。

## 第二节 区域经济增长的三部门模型

### 一、产品和服务市场

在传统意义上认为区域间输出的主要是制造业产品，但在现代经济中，许多服务业也已作为区域间输出的产品。如教育机构吸引外区域的学生，投资咨询机构在全国设立分支机构为全国的客户服务，广告公司的客户遍及整个国家，等等。

在区域经济供给方面，这里讨论几个影响成本的主要因素。由于大多数原材料可以在区域间运输，这些原材料价格在不同区域基本相同，对产品价格的影响非常小。但是，实现生产的两种主要要素——劳动力和房地产，却存在着很大的区域差别。两个要素市场的区域差别会导致生产成本的较大差异。

### 二、劳动力要素市场和房地产要素市场

由于前面已假设不存在要素替代，所以这两种要素的需求仅依赖于产出数量，而不依赖于要素的价格。从长期来看，正是有效工资决定了区域劳动力的供给。向上倾斜的供给曲线表示为了保证横轴的劳动力数量所必需的有效工资，工资增长会吸引劳

动力流入，这将表现为沿劳动力供给曲线向右上方移动。劳动力供给曲线平坦，表示有效工资的提高可以比较容易吸引劳动力的流入；曲线陡直，表示这一区域很难吸引劳动力。

当开发的限制条件较多时，房地产供给曲线可能比较陡直或缺乏弹性；反之，曲线平缓，富有弹性。

## 三、三部门的平衡关系

在上述区域经济三部门模型中，经济增长被看作一种相对静态的变化。下文将分析两种经济增长的情况及其对房地产市场的影响。一种是需求引致的经济增长，它是由对区域产出需求的增长而引起的；另一种是供给引致的经济增长，它是由生产要素劳动力的供给增长所引起。

# 第三节 需求导致的区域经济增长

## 一、需求导致区域经济增长的一般规律

有许多因素的变化可以引起区域输出需求的变化。例如，区域内生产的某种产品或某种服务开始受消费者喜爱，或者该产品或服务在其他区域的价格开始上涨。此时，厂家会面临订单的增加。本节讨论区域市场如何对产品需求变化做出反应，又如何影响房地产市场。

当需求增长时，所有变量的终值必须都大于初始值。如果有任何一个变量的终值小于初始值，结果都会导致终值内部之间的不匹配。例如，一旦某要素价格涨幅过高，引起生产成本过高以至产量下降，那么这一要素的实际需求会下降。结果是要素需求减少而无法维持高价格。因此，在区域输出需求增长的情况下，区域产出、就业、房地产存量必然都会增加；而且，更重要的是，产出价格、工资和房地产租金也都会增加。然而，在这两组变量的增长中存在此消彼长的关系。如果价格、工资和租金这些价格变量增加得多，那么，产出、劳动力和房地产等数量变量就增加得少；反之，如果价格变量增加得少，数量变量就会增加得多。涨幅的相互关系取决于各个要素的供给弹性。

## 二、典型情形的分析

如果劳动力和房地产供给曲线几乎都是垂直的，也就是要素供给完全缺乏弹性，那么，需求的增长会导致工资和租金大幅度增长，因此造成成本曲线大幅度上移，最终结果是区域产出的增长很少；同样，就业和房地产的增长也很少。也就是说，要素供给缺乏弹性意味着在需求增加时，为了增加要素供给，必须大幅度增加工资和租金；而工资和租金的增长，会引起成本的增长，最初要求的需求增长少部分得到满足。

如果要素供给是显著弹性的，那么，要素需求的增长对工资和租金的影响会很小，从而成本线仅有微小的向上平移，最初要求的需求增长就会得到基本满足。

上述是两种比较极端的情形。在这两种情形中，对房地产的需求也各不相同。对于要素供给缺乏弹性的情况，当产出需求增加时，区域不会因需求增加而在地域上有明显的扩张，新建房屋因而就会受到限制。同时价格上升会使大多数居民（工人和业主）变得富有。原有的建筑物会被修复、扩建或装修。如果要素供给富有弹性，而其他条件相同，则工人和业主就不会变得富有，区域的面积就会迅速扩张，大量房地产就会开始兴建。

除了以上两种情形以外，更多的是"混合型"的情形，即一种要素供给富有弹性，而另一种要素供给完全缺乏弹性。从短期考察，由于房地产的不可移动性、耐久性和土地资源的稀缺性，导致其在某一区域内的存量难以大幅度上升或减少，因而缺乏弹性；劳动力相对而言易于流动而富有弹性。因此，从短期来看，区域需求增长时，工资只有小幅度上升，房地产租金却会大幅度上升，区域产出成本的增加幅度则介于二者之间。

而从长期来看，不管要素供给的弹性如何，区域需求增长所引发的工资增长应该大于产出品价格增长，而产出品价格的增长应该大于房地产租金的增长。工资必须比产出价格增长得快，这样才能保证有效工资的上升，从而吸引增加产出所需要的新增劳动力。由于产出价格是要素价格的加权平均，其增长是要素价格增长的加权平均；又由于工资增长高于产出价格增长，故租金增长应低于产出价格增长。

区域产品需求可能增长，也可能下降。对于需求下降的情况，可以用同样的方法分析，只是作用的方向和符号相反。产品需求下降会使所有数量变量减小，同时也会使所有价格变量减小。如果要素供给缺乏弹性，价格、工资和租金会有大幅度的下跌，而产出、就业和房地产的数量下降却相对缓和。如果要素供给富有弹性，则价格方面仅有略微下跌，但产出、就业和房地产的数量下降几乎与需求的下降同步。

### 三、需求导致的区域经济增长规律总结

对于需求导致的区域经济增长，有以下结论：

第一，需求导致的区域经济增长时，产出价格、工资和房地产租金都会上涨，同时，产量、就业人数和房地产存量也会增长。其中，工资的涨幅一定大于价格的涨幅，而价格的涨幅又一定大于房地产租金的涨幅。

第二，如果区域要素的供给富有弹性，需求导致的区域增长会造成产量、就业人数和房地产存量等数量变量的大幅度增长和价格、工资和租金等价格变量的小幅上升；如果要素供给缺乏弹性，需求导致的区域增长会造成价格变量的大幅上升和数量变量的小幅增长。

## 第四节　供给导致的区域经济增长

### 一、供给导致区域经济增长的一般规律

区域资源供给的增加也会带动区域经济的增长，劳动力的增加就是比较常见的情形。本区域工资标准的提高会吸引劳动力流入；其他国家或区域的经济社会条件变化，也会导致劳动力流入，这时劳动力供给的增加表现为整个劳动力供给曲线向右平移。区域劳动力供给变化导致的经济增长，不同于需求变化导致的经济增长情况，下面仍然用三部门模型来分析。劳动力增加导致生产成本下降，产量增长，外区流入本区的劳动力部分而不是全部被吸收。为了吸收新工人，工资降低导致成本降低。

随着成本的降低，产出价格随之下降。也就是说在劳动力供给增长的情况下，劳动力工资下降，产出品价格下降。那么，另一个价格变量——租金又如何变化呢？在房地产市场中，租金水平会上升。为了满足增加劳动力的居住和生产空间，必须进行新的房地产开发建设。在房地产市场其他条件既定的情况下，只有租金上升才能驱动新的开发建设。那么，租金上升会不会超过工资的降幅，而使总的生产成本提高呢？答案是否定的。因为一旦租金的涨幅超过工资降幅，成本就会上升，进而导致产量降低，反过来降低房地产需求。房地产需求降低，租金也随之降低。

供给导致经济增长的模式最终结果是，一方面，工资的降幅超过价格的降幅，有效工资会下降；另一方面，区域产出、就业、房地产存量和房地产租金会上涨。

## 二、典型情形的分析

由于产出、就业和房地产存量等数量变量与工资、价格和租金等价格变量的变化方向相反,分析这些量的相对变化十分重要。此时,区域产出的需求弹性起重要作用。这时区域劳动力供给变化的后果是:价格和工资略微下跌,产出大量提高,新增加的劳动力供给几乎全部被吸收就业。在弹性的产品需求曲线下,容易吸收增加的劳动力供给。由于产量的大幅增长和就业的增加,要求房地产存量和租金的上涨。

另一个极端的情况是,某区域是某一产品的主要产地之一、该产品在国内的市场又非常有限,也就是该产品总需求完全缺乏弹性。在这种条件下,劳动力的吸收相对比较困难。要提高产出量,必须大幅削减产品价格,这又要求更大幅度降低工资。这种综合作用的结果是许多劳动力——其数量几乎与初始流入的劳动力数量相等——离开该区域。此时,产出和就业的小幅增长只需房地产存量和租金的微量增长与之对应。

除了以上两种极端的情形以外,一般情形下产出和价格的变化幅度介于这两种情形之间。有时还会出现区域劳动力供给降低的情形,这时市场反应过程也类似,只是变化方向相反而已。劳动力市场紧缩,工资和价格会上升,而产出量和就业量会下降;同时,房地产供给和租金都会降低。

## 三、供给导致的区域经济增长规律总结

对于劳动力供给增长导致的区域经济增长,得出以下结论:

第一,供给导致区域经济增长时,价格和工资会下跌,而产出和就业上升;工资的跌幅大于价格的跌幅;房地产租金上升,引发房地产存量增长。

第二,如果区域产出需求富有弹性,劳动力供给增长会导致产出和就业大幅度增长,而工资和价格只是略微下跌。原因是新增劳动力很快被吸收。房地产存量的增长则以租金上升为前提。如果区域产出需求缺乏弹性,难以吸收新增加的劳动力,则工资和价格会大幅下降,此时产出量和就业率就会有适度增长,房地产存量也有一定增长,租金也会适度上升。

# 第三章　房地产居间服务的实现机制分析

## 第一节　价格信息传递功能的实现机制分析

决策者在面临决策时，并不具备制定该决策所必需的专业知识。因此，他们常常求助于专家。于是，在掌握某种专门知识的专家和需要利用该知识的决策之间的劳动分工就产生了。决策者常常面对很多不同的决策，如企业的CEO或政府首脑，他们几乎不可能成为所有领域的专家。因此，作为专业分工的结果，在市场决策中，个体强烈地倾向于专家的建议。CEO通常向营销专家、投资银行家和管理顾问寻求建议；政府首脑则需要经济和军事专家的帮助。

拥有完美信息的专家向决策制定者提供建议时，往往是带有偏见的，他们可能并不向决策者提供全部的信息。因为提供建议的专家绝对不是无私的。专家可能并不站在决策者的最优立场影响他的决策。由于掌握专门的技能、知识、经验，专家经纪人可以通过夸大成本或困难来误导他们的客户。

本节主要讨论房地产经纪人与不太了解房地产价格信息的房地产交易者的关系。房地产经纪人作为房地产交易市场上的专家，充分地了解市场信息，比房地产市场上的买方与卖方更清楚房地产的价值和房地产市场的一般情况。这种优势的获得来源于经纪人为此付出的沉默成本，即教育、考试等人力资本积累的费用。尽管在处理每一次交易时，经纪人付出的成本相对较少，但是，为了成为该市场上的专家，付出的沉默成本是比较高的。而买方和卖方偶尔在房地产市场上交易，不会为了一次交易大量地搜集信息、了解行情，所以他们常常寻求经纪人的帮助。由于房地产经纪人以百分比的形式提取佣金，在卖方和经纪人之间就会产生一个激励错位。因为房地产经纪人只能获得房屋售价的很小的一部分，却要承担销售房屋的大部分成本（如广告和营销花费、向潜在的买主展示房屋、看守房屋等），所以经纪人非常希望尽快地卖掉房屋，即便售价偏低一点，经纪人也是愿意的。同样，在协助买方买房时，对于经纪人来说，房屋成交价格越高，其佣金收入越多，而且买方出价越高，交易越容易达成，从而可以确保买方经纪人得到佣金收入,所以经纪人可能会利用自己的信息优势左右房地产交易者的价格决策。

# 一、居间服务对卖方交易价格的影响机制分析

## (一)基本模型

首先给出房地产交易的基本模型,考察当经纪人比卖方更了解房屋市场时这种信息优势带来的价格效应。为此,建立佣金率、卖方和经纪人的销售成本与期望的成交价格之间的关系模型。佣金率通常为房屋售价的百分比,记为 $\alpha$,成交价记为 $p_e$。

## (二)卖方售房获得的期望价格

首先考察如果卖方充分了解市场信息,在选择自己出售房产时卖方所表现出来的市场行为(即卖方选择的销售价格)。在这种情况下,卖方也必须负担销售成本 $C$。如果卖方拒绝 $p_1$,他只能在第二阶段出售房屋,为此必须支付第二阶段的销售成本 $C$,而他在第二阶段能够获得的期望价格是 $\bar{p}$,显然,当 $p_1 > p - c$ 时,卖方会接受 $p_1$,否则卖方将拒绝 $p_1$。于是,成交价 $p_e$ 的期望值为:

$$E(p_e) = E(p_e | p_1 > p-c) \Pr(p_1 > p-c) + E(p_e | p_1 < p-c) \Pr(p_1 < p-c)$$
$$= \left(\frac{h+c}{2}\right)\left(\frac{h-(p-c)}{h-1}\right) + p\left(\frac{\bar{p}-c-l}{h-1}\right) \quad (3-1)$$

## (三)经纪人居间代理时卖方获得的期望价格

通常情况下,卖方所了解的市场信息比经纪人少。因此,卖方会委托经纪人进行居间代理出售房屋。经纪人在向卖方提供接受或拒绝某个出价的建议时,完全从自身利益最大化的角度出发,并且卖方知道这一点。对于任何经纪人希望卖方接受的出价,即使该出价刚刚高于经纪人可以接受的价格底线,经纪人都可能向卖方鼓吹该出价已经非常高了。

给定一个第一阶段的出价 $p_1$,如果卖方接受该出价,经纪人的收益是 $\alpha p_1 - c$。如果卖方拒绝该出价,经纪人第二阶段的期望收益是 $\alpha \bar{p} - 2c$。因此,当 $p_1 - c/\alpha$ 时,卖方是否接受该出价对经纪人来讲是无差异的。于是,当 $p_1 > p - c/\alpha$ 时,经纪人建议卖方接受 $p_1$,而当 $p_1 > p - c/\alpha$ 时,经纪人将建议卖方拒绝 $p_1$。那么,经纪人的建议又会对卖方的决策产生怎样的影响呢?首先考察经纪人建议卖方拒绝的情况。因为卖方知道经纪人的建议基于经纪人自身的利益最大化,所以卖方知道,经纪人建议拒绝的任何出价都不会大于 $\bar{p} - c/\alpha$。因此,当经纪人建议卖方拒绝 $p_1$ 时,卖方将会接受经纪人的建议。

当经纪人建议卖方接受 $p_1$ 时，卖方会怎样决策呢？因为卖方知道经纪人建议接受的任何出价都不会低于 $\bar{p} - c/\alpha$，所以对于给定的 $p_1$，经纪人接受建议意味着 $p \leqslant p_1 + c/\alpha$。经纪人的"接受"建议将更新卖方对出价均值的估计。在采取 $p_1$ 或经纪人的建议前，卖方认为出价的均值为 $\bar{p}_s = p_1 + \hat{\mu}$。因为 $\hat{\mu} \in [-\sigma, \sigma]$ 所以卖方知道 $\bar{p}_s - \sigma < p < \bar{p}_s + \sigma$。当卖方得到经纪人对某个出价 $p_1$ 给出的"接受"建议后，卖方将自己对于出价分布均值的估计更新。$p_s - \sigma < p < \min[p_s + \sigma, p_1 + c/\alpha]$。由于出价服从均匀分布，所以卖方认为：

$$E(p) = \begin{cases} p_s, \\ \dfrac{p_s - \sigma + p_1 + c/\alpha}{2}, \bar{p}_s + \sigma < p_1 + c/\alpha, \bar{p}_s + \sigma > p_1 + c/\alpha \end{cases} \quad (3\text{-}2)$$

此时，卖方知道，如果接受 $p_1$，自己的收益是 $(1-\alpha)p_1$；如果拒绝 $p_1$，第二阶段的期望收益是 $(1-\alpha)E(\bar{p})$。因此，卖方会接受 $p_1 > E(p)$ 的出价，拒绝 $p_1 < E(\beta)$ 的出价。

先考虑 $\bar{p}_s + \sigma < p_1 + c/\alpha$（即 $p_1 > p_s + \sigma - c/\alpha$）的情况。只需考虑 $c/\alpha < \sigma$ 的情形。此时，有 $p_1 > p_s + \sigma - c/\alpha > p_s = E(p)$。因此，卖方将会接受 $p_1$。

当 $\bar{p}_s + \sigma > p_1 + c/\alpha$ 时，卖方的策略是接受 $p_1 > E(\Phi) = \dfrac{p_s - \sigma + p_1 + c/\alpha}{2}$ 的出价，拒绝 $p_1 < \dfrac{\bar{p}_s - \sigma + p_1 + c/\alpha}{2}$ 的出价。

## 二、居间服务对买方交易价格的影响机制分析

下面主要讨论房地产经纪人与不太了解信息的购房者的关系。为购房者提供服务时，经纪人也是以百分比的形式提取佣金。因此，经纪人希望购房者能够出更高的价格。一方面，更高的价格可以使经纪人得到更多的佣；另一方面，购房者出价越高，越容易使交易顺利达成，确保经纪人可以得到佣金收入，而购房者当然希望花更少的钱。下面着重分析经纪人是如何影响购房者的价格决策的。所以，建立佣金率、购房者和经纪人的搜寻成本与期望的成交价格之间的关系模型。

### （一）基本模型

一般来说，经纪人为卖方或买方服务时，佣金率都是相同的。因此，佣金率仍用 $\alpha$ 表示，经纪人的搜寻成本记为 $C$，成交价记为 $p_E$，购房者的保留价格记为 $p_R$。

## （二）买方亲自购房时获得的期望价格

首先考察购房者拥有完全市场信息时购房者所表现出来的市场行为（即购房者选择的成交价格）。在这种情况下，购房者充分地了解市场信息，他会选择自己购买房屋，因此购房者必须负担搜寻成本 $C$。如果购房者拒绝 $p_1$，他只能在第二阶段购买房屋，为此必须支付第二阶段的销售成本 $C$，而他在第二阶段需要付出的期望价格是 $\bar{P}$，显然，当 $P_1 < \bar{P} + C$ 时，购房者会接受 $p_1$，否则购房者将拒绝 $p_1$。于是，成交价 $p_E$ 的期望值为：

$$E(P_E) = E(P_E | P_1 < \bar{P} + C) \Pr(P_1 < \bar{P} + C) + E(P_E | P_1 > \bar{P} + C) \Pr(P_E \ P_1 > \bar{P} + C)$$

$$= \left(\frac{\bar{P} + C + L}{2}\right)\left(\frac{\bar{P} + C - L}{H - L}\right) + \bar{P}\left[\frac{H - (\bar{P} + C)}{H - L}\right]$$

$$= \bar{P} + C) \Pr(P_E | P_1 > \bar{P} + C) \tag{3-3}$$

## （三）经纪人居间代理时买方获得的期望价格

通常情况下，购房者所了解的市场信息比经纪人少，因此购房者会委托经纪人为自己介绍房屋。经纪人向购房者提供"接受"或"拒绝"某个售价的建议时，如果完全从自身利益最大化的角度出发，那么经纪人希望房价越高越好。一方面，是因为更高的价格可以使经纪人得到更多的佣金；另一方面，购房者出价越高，越容易使交易顺利达成，确保经纪人可以得到佣金收入。这显然违背了购房者的意愿。但是，由于经纪人所得的佣金与房价呈正比，所以在一定程度上经纪人会受到与购房者意愿相反的影响，并且购房者知道这一点。

经纪人知道，在观测 $p_1$ 或经纪人的建议前，购房者认为售价的均值为 $\bar{P}_b = \bar{P} + \hat{\mu}$。因为 $\hat{\mu} \in [-\sigma, \sigma]$，所以 $\bar{P} - \sigma < \bar{P}_b < \bar{P} + \sigma$。显然，当 $P_1 > \bar{P} + \sigma$ 时，购房者肯定会拒绝 $p_1$。那么，经纪人应该做怎样的建议呢？考虑到如果交易在第二阶段发生，经纪人还要付出搜寻成本 $C$，由于经纪人的佣金是房屋成交价格的 $\alpha$ 倍，当房价降低 $C/\alpha$ 时，经纪人的佣金收入刚好减少 $C$。因此，当 $P_1 > \bar{P} + \sigma - C/\alpha$ 时（相对于房屋本身的价值来说，购买成本 $C$ 是很小的，所以一般来说，经纪人的信息优势 $C/\alpha$ 小于买方关于房产价格的不确定性 $\sigma$。因此只需考虑 $\sigma - C/\alpha > 0$ 的情形），经纪人会建议购房者拒绝 $p_1$，当 $P_1 < P_1 + \sigma - C/\alpha$ 时，经纪人会建议购房者接受 $p_1$。

那么，经纪人的建议又会对购房者的决策产生怎样的影响呢？首先考察经纪人建议购房者拒绝 $p_1$ 的情形。因为购房者知道，如果经纪人建议拒绝 $p_1$，那么一定有 $P_1 > \bar{P} + \sigma - C/\alpha$，所以购房者会接受经纪人的建议，拒绝售价 $p_1$。

当经纪人建议购房者接受 $p_1$ 时，购房者会怎样决策呢？因为购房者知道经纪人建议接受的任何售价不会高于 $\bar{P}+\sigma-C/\alpha$，所以对于给定的 $p_1$，经纪人的接受建议意味着 $p \leqslant p_1+c/\alpha$。经纪人的接受建议将会更新购房者对售价均值的估计。在观测 $p_1$ 或经纪人的建议前，购房者认为售价的均值为 $\bar{p}_s=\bar{p}+\hat{\mu}$。因为 $\hat{\mu}\in[-\sigma,\sigma]$，所以购房者知道 $\bar{p}_s-\sigma<p<\bar{p}_s+\sigma$。当购房者得到经纪人对某个售价 $p_1$ 给出的接受建议后，购房者将自己对于售价分布均值的估计更新为 $p_s-\sigma<p<\min[p_s+\sigma,p_1+c/\alpha]$。由于售价服从均匀分布，所以购房者认为：

$$E(p)=\begin{cases}p_s, \\ \dfrac{p_s-\sigma+p_1+c/\alpha}{2},\end{cases}\bar{p}_s+\sigma<p_1+c/\alpha,\ \bar{p}_s+\sigma>p_1+c/\alpha \qquad (3\text{-}4)$$

此时，如果购房者接受 $p_1$，购房者的收益是 $(1-\alpha)p_1$，如果购房者拒绝 $p_1$，购房者第二阶段的期望收益是 $(1-\alpha)E(\bar{p})$。因此，购房者会接受 $p_1>E(p)$ 的售价，拒绝 $p_1<E(\beta)$ 的售价。

先考虑 $P_1<\overline{P_b}$ 的情况，此时有 $P_1<\overline{P_b}=E(\bar{P})$，购房者将会接受 $p_1$。

而当 $P_1>\overline{P_b}$ 时，购房者的策略是接受 $P_1<E(\bar{P}=\dfrac{\overline{P_b}+P_1+C/\alpha}{2}$ （即 $P_1<\overline{P_b}+C/\alpha$ ) 的售价，拒绝 $P_1<\overline{P_b}+C/\alpha$ 的售价。

## 三、价格信息传递功能对房地产交易量的影响分析

由前面的讨论可以看到，只要佣金率 $\alpha$ 维持在适当的水平，房地产经纪人的参与就能有效地分析买卖双方的保留价格。具体地说，当 $\alpha<\dfrac{\sqrt{3}}{3}$ 时，经纪人的参与能有效地降低卖方的保留价格，同时，经纪人的参与能有效地提高买方的最终价格。通常经纪人的信息搜寻成本 $C$ 是很小的，所以 $\dfrac{C}{\sigma-\sqrt[3]{3\sigma C^2}}$ 应该是一个接近于0的很小的正值。只要佣金率的水平 $\alpha$ 满足，$\dfrac{C}{\sigma-\sqrt[3]{3\sigma C^2}}<\alpha<\dfrac{\sqrt{3}}{3}$ 经纪人的参与就能够促进房地产交易量的增加。

## 第二节 时间节约功能的实现机制分析

在前面的讨论中可以清楚地看到，在经纪人的建议下，卖方会降低自己对于市场上房屋价格的估计，买方会提高自己的出价水平。经纪人的价格信息传递功能使得

房产市场上能够达成交易的买卖双方的数量增加了,从而增加了房产的交易数量。本节主要探讨房地产经纪居间服务的时间节约功能的实现机制及其对房产交易速度的影响。

## 一、居间服务对卖方销售时间的影响机制分析

### (一)卖方亲自售房时期望的销售时间

首先考察在卖方充分地了解市场信息并且选择自己出售房产时所期望的销售时间。在这种情况下,卖方必须负担销售成本 $C$。如果卖方拒绝出价,他只能在第二阶段出售房屋,为此必须支付第二阶段的销售成本 $C$,而他在第二阶段能够获得的期望价格是 $p_1$,显然,当 $p_1 > p - c$ 时,卖方会接受 $p_1$,否则卖方将拒绝 $p_1$。于是,期望的销售时间可以表示为:

$$E(t) = 1 \cdot \Pr(p_1 > p-c) + 2 \cdot [1 - \Pr(p_1 > p-c)]$$
$$= 2 - \Pr(p_1 > p-c)$$
$$= 2 - \left(\frac{h-(p-c)}{h-l}\right)$$
$$= 2 - \left(\frac{h-(h+l)/2+c}{h-l}\right)$$
$$= \frac{3}{2} - \frac{c}{h-l} \qquad (3\text{-}5)$$

### (二)经纪人居间代理时期望的销售时间

在前一节的讨论中可以看到,给定经纪人的建议,卖方将拒绝两个出价的集合。第一个是当 $p_1 < \bar{p} - c/\alpha$ 时,经纪人建议拒绝的出价。第二个集合由经纪人建议接受,而 $p_1 < p_s - \sigma + \dfrac{p_1 + c/\alpha}{2}$ 的出价。于是,当卖方的信息不充分时,卖方接受 $p_1$ 的充分必要条件是:

因为 $\bar{p}_s = \bar{p} + \hat{\mu}$,所以当 $p - c/\alpha = \dfrac{\bar{p}_s - \sigma + p_1 + c/\alpha}{2}$,$\hat{\mu} = \sigma - 2c/\alpha$。于是 $p_1$ 被接受的概率为:

$$\Pr(p_1 \text{ accpeted}) = \Pr(p_1 \text{ accpeted} \mid \hat{\mu} \leqslant \sigma - 2c/\alpha)\Pr(\hat{\mu} \leqslant \sigma -$$
$$2c/\alpha) + \Pr(p_1 \text{ accpeted} \mid \hat{\mu} > \sigma - 2c/\alpha)\Pr \qquad (3\text{-}6)$$

如果 $\hat{\mu} \leqslant \sigma - 2c/\alpha$,那么当 $p_1 < p - c/\alpha$ 时卖方会接受力 $p_1$;否则,拒绝 $p_1$。此时卖方接受 $p_1$ 的概率为:

$$\Pr\left(p_1 \text{ accpeted} \mid \hat{\mu} \leqslant \sigma - 2c/\alpha\right) = \frac{h-(\bar{p}-c/\alpha)}{h-l}$$

$$= \frac{h-(h+l)/2+c/\alpha}{h-l} \quad (3\text{-}7)$$

$$= \frac{1}{2}+\frac{c/\alpha}{h-l}$$

如果 $\hat{\mu} \leqslant \sigma - 2c/\alpha$（即 $p_1 < p-c/\alpha$），那么当 $p_1 < \bar{p}_s - \sigma + c/\alpha$ 时，卖方拒绝 $p_1$。下面计算在该区间的两个端点的接受概率：

$$\Pr\left(p_1 \text{ accpeted} \mid \hat{\mu} = \sigma - 2c/\alpha\right)$$

$$= \frac{h-[\Phi_s - \sigma + c/\alpha]}{h-l}$$

$$= \frac{h-[\bar{p}+(\sigma-2c/\alpha)-\sigma+c/\alpha]}{h-l}$$

$$= \frac{1}{2}+\frac{c/\alpha}{h-l} \quad (3\text{-}8)$$

$$\Pr\left(p_1 \text{ accpeted} \mid \hat{\mu} = \sigma\right) = \frac{h-[p_s - \sigma + c/\alpha]}{h-l}$$

$$= \frac{h-[p+\sigma-\sigma+c/\alpha]}{h-l} = \frac{1}{2}-\frac{c/\alpha}{h-l} \quad (3\text{-}9)$$

因为 $\hat{\mu}$ 服从均匀分布，且接受的概率随 $\hat{\mu}$ 线性增加，该区域的平均概率为两个端点的概率的均值，即 1/2。而

$$\Pr(\hat{\mu} \leqslant \sigma - 2c/\alpha) = \frac{\sigma-2c/\alpha-(-\sigma)}{2\sigma} = \frac{\sigma-c/\alpha}{\sigma} \quad (3\text{-}10)$$

$$\Pr(\hat{\mu} > \sigma - 2c/\alpha) = \frac{\sigma-(\sigma-2c/\alpha)}{2\sigma} = \frac{c/\alpha}{\sigma} \quad (3\text{-}11)$$

将其代入（3-6）式得：

$$\Pr\left(p_1 \text{ accpeted}\right) = \left(\frac{1}{2}+\frac{c/\alpha}{h-l}\right)\left(\frac{\sigma-c/\alpha}{\sigma}\right) + \frac{1}{2}\left(\frac{c/\alpha}{\sigma}\right)\Pr\left(p_1 \text{ accpeted}\right)$$

$$= \left(\frac{1}{2}+\frac{c/\alpha}{h-l}\right)\left(\frac{\sigma-c/\alpha}{\sigma}\right) + \frac{1}{2}\left(\frac{c/\alpha}{\sigma}\right) \quad (3\text{-}12)$$

由出价被接受的概率，容易得到期望的销售时间为：

$$E(t) = 1 \cdot \Pr\left(p_1 \text{ accpeted}\right) + 2 \cdot \left[1 - \Pr\left(p_1 \text{ accpeted}\right)\right]$$

$$= 2 - \Pr(p_1 \text{ accpeted})$$

$$= 2 - \left(\frac{1}{2} + \frac{1}{h-l}\left(\frac{c}{\alpha} - \frac{1}{\sigma}\left(\frac{c}{\alpha}\right)^2\right)\right)$$

$$= \frac{3}{2} - \frac{1}{h-l}\left(\frac{c}{\alpha} - \frac{1}{\sigma}\left(\frac{c}{\alpha}\right)^2\right) \tag{3-13}$$

令 $\Delta_3$ 为卖方亲自售房和卖方选择经纪人的居间服务时销售时间的差值，则：

$$\Delta_3 = \frac{3}{2} - \frac{c}{h-l} - \left[\frac{3}{2} - \frac{1}{h-l}\left(\frac{c}{\alpha} - \frac{1}{\sigma}\left(\frac{c}{\alpha}\right)^2\right)\right]$$

$$= \frac{1}{h-l}\left((1-\alpha)\frac{c}{\alpha} - \frac{1}{\sigma}\left(\frac{c}{\alpha}\right)^2\right) \tag{3-14}$$

可见，当 $\alpha - \alpha^2 > \frac{c}{\sigma}$ 时，亲自售房的卖方的期望销售时间更长。

## 二、居间服务对买方搜寻时间的影响机制分析

下面比较在买方市场上，当房地产经纪人居间代理购房与买方亲自购房时所耗费的交易时间的关系。

### （一）买方亲自购房时期望的等待时间

首先考察购房者拥有全部市场信息时，其在交易达成时期望的等待时间。在这种情况下，由于购房者充分地了解市场信息，他会选择自己购买房屋，因此购房者必须负担搜寻成本 $C$。如果购房者拒绝 $P_1$，他只能在第二阶段购买房屋，为此必须支付第二阶段的搜寻成本 $C$，而他在第二阶段需要付出的期望价格是 $\bar{P}$。显然，当 $P_1 < \bar{P} + C$ 时，购房者会接受 $p_1$；否则，购房者将拒绝 $p_1$。

于是，期望的等待时间可以表示为：

$$E(T) = 1 \cdot \Pr(P_1 < \bar{P} + C) + 2\left[1 - \Pr(P_1 > \bar{P} + C)\right]$$

$$= 2 - \Pr(P_1 < \bar{P} + C)$$

$$= 2 - \frac{\bar{P} + C - L}{H - L}$$

$$= 2 - \frac{(H+L)/2 + C - L}{H - L}$$

$$= \frac{3}{2} - \frac{C}{H-L} \tag{3-15}$$

## （二）经纪人居间代理时期望的等待时间

在前一节的讨论中可以看到，给予经纪人的建议，购房者将拒绝两个售价的集合。第一个是当 $P_1 > \bar{P} + \sigma - C/\alpha$ 时，经纪人建议拒绝的售价；第二个集合由经纪人建议接受，而由 $P_1 > \bar{P}_b + C/\alpha$ 的售价构成。于是，当购房者的信息不完全时，购房者接受 $P_1$ 的充分必要条件是 $P_1 < \min\{\bar{P} + \sigma - C/\alpha, \bar{P}_b + C/\alpha\}$。

因为 $\bar{P}_b = \bar{P} + \hat{\mu}$，所以当 $\bar{P} + \sigma - C/\alpha = \bar{P} + \hat{\mu} + C/\alpha$ 时，$\hat{\mu} = \sigma - 2C/\alpha$。于是，$P_1$ 被接受的概率为：

$$\Pr(P_1 \text{ accpeted}) = \Pr(P_1 \text{ accpeted} | \hat{\mu} \leqslant \sigma - 2C/\alpha)\Pr(\hat{\mu} \leqslant \sigma - 2C/\alpha) + \Pr(P_1 \text{ accpeted} | \hat{\mu} > \sigma - 2C/\alpha)\Pr \tag{3-16}$$

如果 $\hat{\mu} > \sigma - 2C/\alpha$，那么当 $P_1 < \bar{P} + \sigma - C/\alpha$ 时购房者会接受 $P_1$；否则，拒绝 $P_1$。此时购房者接受 $P_1$ 的概率为：

$$\Pr(P_1 \text{ accpeted} | \hat{\mu} > \sigma - 2C/\alpha) = \frac{\bar{P} + \sigma - C/\alpha - L}{H - L} \tag{3-17}$$

如果 $\hat{\mu} \leqslant \sigma - 2C/\alpha$，那么，当 $P_1 < \bar{P}_b + C/\alpha$ 时购房者会接受 $P_1$；否则，拒绝 $P_1$。下面计算在该区间的两个端点的接受概率：

$$\Pr(P_1 \text{ accpeted} | \hat{\mu} = \sigma - 2C/\alpha) = \frac{\bar{P} + \hat{\mu} + C_1/\alpha - L}{H - L}$$

$$= \frac{\bar{P} + \sigma - 2C/\alpha + C/\alpha - L}{H - L}$$

$$= \frac{1}{2} + \frac{\sigma - C/\alpha}{H - L} \tag{3-18}$$

$$\Pr(P_1 \text{ accpeted} | \hat{\mu} = -\sigma) = \frac{\bar{P} + \hat{\mu} + C/\alpha - L}{H - L}$$

$$= \frac{\bar{P} + (-\sigma) + C/\alpha - L}{H - L} \tag{3-19}$$

因为 $\hat{\mu}$ 服从均匀分布，且接受的概率随 $\hat{\mu}$ 线性增加，该区域的平均概率为两个端点的概率的均值，即 1/2。而

$$\Pr(\hat{\mu} \leqslant \sigma - 2C/\alpha) = \frac{\sigma - 2C/\alpha - (-\sigma)}{2\sigma} = \frac{\sigma - C/\alpha}{\sigma} \tag{3-20}$$

$$\Pr(\hat{\mu} > \sigma - 2C/\alpha) = \frac{\sigma - (\sigma - 2C/\alpha)}{2\sigma} = \frac{C/\alpha}{\sigma} \tag{3-21}$$

将其代入（3-19）式得：

$$\Pr(P_1 \text{ accpeted}) = \frac{1}{2}\left(\frac{\sigma - C/\alpha}{\sigma}\right) + \left(\frac{1}{2} + \frac{\sigma - C/\alpha}{H-L}\right)\left(\frac{C/\alpha}{\sigma}\right)$$

$$= \frac{1}{2} + \frac{1}{H-L}\left(\frac{C}{\alpha} - \frac{1}{\sigma}\left(\frac{C}{\alpha}\right)^2\right) \tag{3-22}$$

由出价被接受的概率，容易得到期望的购买时间为：

$$E(T) = 1 \cdot \Pr(P_1 \text{ accpeted}) + 2 \cdot [1 - \Pr(P_1 \text{ accpeted})]$$
$$= 2 - \Pr(P_1 \text{ accpeted})$$
$$= 2 - \left(\frac{1}{2} + \frac{1}{H-L}\left(\frac{C}{\alpha} - \frac{1}{\sigma}\left(\frac{C}{\alpha}\right)^2\right)\right)$$
$$= \frac{3}{2} - \frac{1}{H-L}\left(\frac{C}{\alpha} - \frac{1}{\sigma}\left(\frac{C}{\alpha}\right)^2\right) \tag{3-23}$$

令 $\Delta_4$ 为买方亲自购房和买方选择经纪人的居间服务时购买时间的差值，则：

$$\Delta_4 = \frac{3}{2} - \frac{C}{h-l} - \left[\frac{3}{2} - \frac{1}{h-l}\left(\frac{C}{\alpha} - \frac{1}{\sigma}\left(\frac{C}{\alpha}\right)^2\right)\right]$$
$$= \frac{1}{h-l}\left((1-\alpha)\frac{C}{\alpha} - \frac{1}{\sigma}\left(\frac{C}{\alpha}\right)^2\right) \tag{3-24}$$

可见，只要 $\alpha - \alpha^2 > \dfrac{C}{\sigma}$，亲自购房的买方的期望搜寻时间更长。

## 三、时间节约功能对房地产交易速度的影响分析

通过前面房地产经纪人的居间服务对卖方销售时间和买方搜寻时间的影响机制分析，可以发现，当佣金率和经纪人的成本满足 $\alpha - \alpha^2 > \dfrac{c}{\sigma}$ 时，房地产经纪人的居间服务能够有效地缩短卖方的销售时间和买方的搜寻时间。这里，$C$ 是指每个时期经纪人为卖方服务的销售成本或为买方服务的搜寻成本，而 $\sigma$ 是买方或卖方关于房地产价格的不确定性。相对于 $\sigma$ 来说，经纪人的成本 $C$ 是很小的，因此，条件 $\alpha - \alpha^2 > \dfrac{c}{\sigma}$ 很容易得到满足。目前，房地产经纪市场上现行的佣金率为 1%，购买一套总价为 50 万元的住房，一般来说每个时期的搜寻成本大约为 500 元，而购房者对于市场信息的不确定性通常为 5 万元，这些数字刚好满足模型得出的条件 $\alpha - \alpha^2 > \dfrac{c}{\sigma}$。因此，在当前市场条件下，房地产经纪人的居间服务能够有效地缩短买卖双方的交易时间，从而有效地提高了房地产市场的交易速度。

## 第三节 促进居间服务规模效益的经济分析

为了考察经纪企业规模的经济条件，本研究首先论述了经纪企业所面临的竞争环境，并在此基础上说明为什么应该扩大现有经纪企业的规模。在日益激烈的市场竞争和经济全球化背景下，企业既不会单纯采取合作的策略，也不会简单地采取竞争的策略。协同竞争自然是企业的最优选择。当两个企业在某些活动中合作而又在其他活动中相互竞争时，就呈现出一种二元对立的矛盾关系，我们将这种关系称为协同竞争。协同竞争是协同与竞争的统一，是协同与竞争矛盾的双方相互转化、相互依赖的对立统一过程，是企业间在竞争中合作、在合作中竞争的一种战略服务。企业间的协同竞争是一种动态过程，也是一种不断的选择过程，在此过程中既可能出现合作，也可能出现背叛。企业行为的出发点都是以最少的投入获得最多的收益。

协同竞争是知识经济时代企业竞争观念的创新。知识经济更强调顾客化、灵活性、迅速反应和价值链的非内在化与非结构化，这些都促进了企业之间的合作。传统企业间有多种合作方式，从关系契约到特许经营、供应链关系以及风险均担等。传统企业间合作的形成分为四个阶段：①公司制定关于合作还是不合作的决策；②选择开发路径；③选择合作伙伴；④决定如何与伙伴开展工作。经纪企业与传统企业有所不同，它是买方和卖方之间的一座桥梁，通过掌握一定的信息将买卖双方联系起来。只有当经纪人同时掌握了有共同需要的买卖双方的信息时，经纪公司交易才能达成。

互补是企业合作竞争的基本前提。当一个经纪企业获得了某个买方的购买愿望信息，却不拥有相同的卖方信息，而另一个经纪企业拥有卖方的信息，正在寻找买方时，拥有互补信息的这两个企业之间就有暂时合作的可能。经纪企业创造的价值主要是信息匹配程度的有效性和即时性，经纪企业间的合作能够增强即时性。因此，从这个意义上讲，经纪企业之间的竞争与传统企业之间的竞争有所不同，经纪企业之间的合作更具有即时、灵活的特性。

除了互补性前提之外，利益分配机制是合作发生的另一前提。我们假设合作分配的原则基本上是按劳取酬，则成本是决定合作发生的另一因素。

在不同的行业背景中，相互合作的经纪企业各自搜寻信息的成本不同。在婚姻中介、房产经纪等行业，经纪企业搜寻供给方和需求方的难度相当，收益也大多在合作的经纪企业间平均分配，这时候可以用一个对称二人博弈模型描述经纪企业之间的合作与竞争；在很多市场中，搜寻买方信息的成本与搜寻卖方信息的成本并不相同。例如，在人才经纪市场上，优秀的管理人员或具有某种专长的技术人员都是稀缺的，很多企业都有需求这些人才的可能。因此，与掌握企业需求信息的经纪企业相比，掌握人才供给信息的经纪企业在谈判中处于更有利的地位，而对保险经纪公司来说，搜寻投保人的难度要比搜寻保险公司的难度大得多。因此，如果两个经纪企业进行合作，所得收益一般不会在两者之间进行平均分配，毫无疑问，在谈判中处于有利地位的一方会获得更大的收益份额。在这种情况下，可以用非对称二人博弈来体现经纪企业之间的协同竞争行为。

## 一、基本假设

假设市场上有若干家为同种类型的客户提供相同质量的服务的经纪企业。它们都接受客户委托，为客户寻找所需的交易对象。这些经纪企业受客户委托而为其寻找交易伙伴的机会是相等的。这些经纪企业有时会受到供给方的委托，为他们寻找需求方；有时会受到需求方的委托，为他们寻找供给方。假设每个经纪企业持有的是供给方的信息还是需求方的信息其他经纪企业是知道的。事实上，这个假设是合理的。因为，中介为了招收自己需要寻找的客户，总会想办法将自己拥有的信息类型公布出来，所以，每个经纪企业都很容易了解其他经纪企业持有的信息类型，并且每个经纪企业拥有两种信息的概率是相等的。持有互补信息的经纪企业随机匹配，进行二人博弈。设 $I=\{1,2\}$ 分别代表每一次参加博弈的两个经纪企业；令 $S_1=S_2=\{$竞争，合作$\}$ 为参与者策略集，即当拥有卖方信息和拥有买方信息的经纪企业相遇时，每个经纪企业都有两个策略可以选择。当两个经纪企业都选择合作时，双方都把自己拥有的一部分信息提供给对方，并分享交易所得的收益；当两个经纪企业都选择竞争时，每个经纪企业都放弃与其他经纪企业的合作而选择自己搜寻所需的信息，搜寻信息是有成本的，独立完成交易的经纪企业可以独占该交易的全部收益；如果一个经纪企业选择合作的策略，将自己拥有的信息告诉了另一个经纪企业，而对方却选择竞争的策略，那么对方就可以不付出任何搜寻成本而掌握了买卖双方的信息。提供信息的经纪企业获得的支付为0，而得到信息的经纪企业将获得该交易的全部收益。

由于在不同的中介市场上，搜寻卖方信息和搜寻买方信息的难度可能相近，也可能相差很大，所以下面我们将分别建模，描述在不同情况下产生的演化结果。

## 二、对称二人博弈

如果在一个市场上，搜寻卖方信息与买方信息的难度相当，我们认为，两个经纪企业在合作时会平均分配交易所得利润。为此，我们建立以下模型。

当两个经纪企业都选择合作时，双方都可以从自己的客户那里得到支付 $v/2(v \geq 0)$

；当两个经纪企业都选择竞争时，每个经纪企业都付出搜寻成本 $c \geqslant 0$，而从买卖双方各得到支付 $v/2$，两个经纪企业的收益各为 $(v-c)$；如果一个经纪企业选择合作的策略，而对方却选择竞争的策略，提供信息的经纪企业获得的支付为 0，得到信息的经纪企业获得的支付为 $v$。于是，参与者 1 和参与者 2 的支付矩阵为：

$$A = \begin{pmatrix} v-c & v \\ 0 & v/2 \end{pmatrix} \qquad B = \begin{pmatrix} v-c & 0 \\ v & v/2 \end{pmatrix}$$

下面分两种情况进行讨论：

（1）若 $v-c \geqslant 0$，对每个经纪企业来讲，竞争策略都是他们的占优策略，这个博弈有唯一的演化稳定策略（简称"ESS"）——（竞争，竞争）。

（2）若 $v-c<0$，策略 1 的最优反应是策略 2，策略 2 的最优反应是策略 1。因此，非对称的纯策略对（合作，竞争）和（竞争，合作）分别构成该博弈模型的严格纳什均衡。另外，如果参与者 2 以 $x^* = \dfrac{v}{2c-v}$ 的概率使用策略"竞争"，以 $1-x^*$ 的概率使用策略"合作"，则参与者 1 的两个纯策略获得相同的期望支付 $cv/(2c-v)$，因此，用 $\lambda$ 表示以 $x^* = \dfrac{v}{2c-v}$ 的概率使用策略"竞争"，以 $1-x^*$ 的概率使用策略"合作"的混合策略，则 $(\lambda,\lambda)$ 构成了该博弈的一个对称纳什均衡，且该纳什均衡是演化稳定的。

由此可见，经纪企业的竞争、合作策略选择是由企业本身的成本收益决定的。只要经纪企业独自完成业务的净收益大于 0，为了防止在与其他经纪企业合作时上当受骗，经纪企业会选择独自完成业务。尽管经纪企业的这种行为对其自身来讲是最优的，但并不一定是社会效率最大的。这是因为，$c>v/2$ 当时，$v-c<v/2$，如果经纪企业选择（合作，合作）的策略组合，双方的收益都大于选择（竞争，竞争）的策略组合；只有当 $c>v/2$ 时，（竞争，竞争）才是帕累托最优的。

当经纪企业独自完成业务的净收益小于 0 时，企业也不会完全选择（合作，合作）的策略组合。因为如果其中一个经纪企业选择了"合作"的策略，另一个企业选择"竞争"将会得到更大的收益。如果两个企业同时选择"竞争"的策略，双方的收益更低，各为 $v-c<0$。所以，任何一个企业都不会一直使用"合作"的策略，也不会一直使用"竞争"的策略，而是以 $x^* = \dfrac{v}{2c-v}$ 的概率使用"竞争"的策略，以 $1-x^*$ 的概率使用"合作"的策略。

## 三、非对称二人博弈

当搜寻买方信息的成本与搜寻卖方信息的成本并不相同时，如果两个拥有互补信息的经纪企业进行合作，所得收益一般不会在二者之间进行平均分配，毫无疑问，在谈判中处于有利地位的一方会占有更多利润。为此，我们建立以下模型：

令拥有相对稀缺资源信息的经纪企业为参与者1，另一个经纪企业称为参与者2；并设如果选择自己搜索相关信息且独自完成业务，参与者1的搜索成本是$C_1$，参与者2的搜索成本是$C_2$，$0 \leq C_1 < C_2$。如果完成中介服务，参与者1的客户付费为$F_1$，参与者2的客户付费为$F_2$，$0 \leq F_1 < F_2$，令$0 \leq F_1 < F_2$。如果两个经纪企业都选择"合作"，由于参与者1处于有利的谈判地位，参与者2具有相对弱势，二者的利益分配可能不仅仅是均分这么简单。我们假设如果二者合作，参与者1获得的收益为$R_1 \geq 0$，参与者2获得的收益为$R_2 \geq 0$，由于参与者1在谈判中处于有利地位，应该有$R_1 > R_2 \geq 0$。显然，$R_1 + R_2 = F$。于是，参与者1和参与者2的支付矩阵可以表示为：

$$N_1 = \begin{pmatrix} F - C_1 & F \\ 0 & R_1 \end{pmatrix} \qquad N_2 = \begin{pmatrix} F - C_2 & 0 \\ F & R_2 \end{pmatrix}$$

下面对该模型进行渐进稳定性分析：

第一，当$F > C_2$时，只有（（竞争，竞争），（竞争，竞争））是演化稳定策略。此时，两个参与者独自完成交易的净收益均为正，经过长期反复博弈，学习和策略调整的结果是两种类型的博弈方都采取"竞争"的策略。

第二，当$C_1 < F \leq C_2$时，[（竞争，合作），（竞争，合作）]是演化稳定策略。此时，参与者1独自完成交易的净收益为正，参与者2独自完成交易的净收益为负，这意味着经过长期反复博弈，学习和策略调整的结果是独自完成交易净收益为正的参与者将选择"竞争"的策略，而独自完成交易无利可图的参与者将采取"合作"的策略。

第三，当$F \leq C_1$时，演化稳定策略有两点，分别是[（竞争，合作），（竞争，合作）]和[（合作，竞争），（合作，竞争）]。此时，两个博弈方独自完成交易的净收益都为负数，经过长期反复博弈，学习和策略调整的结果是其中一方采取"竞争"的策略，而另一个参与者将采取"合作"的策略。

## 四、我国房地产经纪市场的特点及竞争态势

现阶段，我国房地产经纪行业由有限责任公司、合伙公司、非公独立法人企业和个人独资企业4类企业组成。各个企业的规模相差很大，总体来看，该行业内小规模企业数量多、比重大，同时存在一些有品牌、规模经营但还未达到优秀的大企业引领市场竞争的水平。

目前，我国房地产经纪业主要有两大类经营模式：无店铺模式（以代理业为主）和有店铺经营模式（以居间业为主）。居间服务业中的大量小企业为单门店经营；规模化经营的大型居间服务企业通常采用直营连锁或加盟连锁模式经营。目前，直营连

锁和加盟连锁经营模式保持着强劲发展的势头，其中有些企业已经建立起了自身的信息化平台，通过网络在企业内部实现信息共享。这些企业的信息化对我国房地产经纪行业的信息化发展起了很大的带动作用，成为行业现代化、高效率发展的领头羊。

目前，我国房地产市场供需两旺，相对均衡，对房地产经纪人来说，搜寻卖方和买方信息的难度相当。一般来说，如果两个经纪企业通过合作共同促成一桩交易，它们会平均分配交易所得利润。

由于在我国房地产经纪行业中小规模企业占绝大多数，这些企业经营方式陈旧，以人力搜索和发布信息为主，所以信息搜寻成本相对较高。当小规模的经纪企业收到交易一方的经纪请求时，很难在短时间内以低成本投入为该交易者找到合适的交易伙伴。因此，这些小型的经纪企业通常愿意通过与其他经纪企业的合作来共同完成经纪业务。这就是我们常常看到的，在同一条街上的若干家小型的房地产经纪企业通常具有良好的伙伴关系。当顾客走进一家经纪企业的店面，没有发现合意的房产时，该企业的服务人员会立即到附近的其他经纪企业，为其寻找合意的交易方。但是，我们也看到，这种合作并非是绝对的，由于一些从业人员素质低下，不规范竞争的状况时有发生，同一条街上的不同经纪企业之间也常常为了争夺潜在的客户以获得全部的佣金收入而暗自较量。所以，对于小型的房地产经纪企业来说，会在"合作"和"竞争"的策略间徘徊，采取有时"合作"、有时"竞争"的策略，其演化稳定策略为对称二人博弈模型中 $(\lambda,\lambda)$ 构成的纳什均衡，即以 $x^* = \dfrac{v}{2c-v}$ 的概率使用"竞争"策略、以 $1-x^*$ 的概率使用"合作"策略的混合策略。其中，$C$ 为经纪人的搜寻成本，$v$ 为该交易带来的收益。

然而，在房地产经纪行业中，并非所有的经纪企业都采取以上的竞争策略。采取直营连锁和加盟连锁经营模式的大型经纪企业一般都拥有自己的信息化平台，通过网络在企业内部实现了信息共享。这些企业本身的信息量相对充足，各个连锁店之间的信息共享一般能够满足客户的经营需求，所以它们与其他经纪企业合作的空间很小。即使它们暂时没有能够满足客户需求的信息，由于它们技术水平先进、信息搜集渠道广泛，也能以较低的成本完成信息的搜寻。因此，这类企业一般不会采取"合作"策略。但是，我们仍然看到这类企业内部的各个连锁门店之间是合作共生的关系。这充分说明房地产经纪行业具有规模经纪效益。为了适应客户对房地产经纪业提出的更高要求及企业自身提高经营收入的需要，房地产经纪企业应该团结协作，在更大的范围内实行信息网络化与共享化，从而形成联合，消除人为的障碍。

然而，由于行业内部不规范行纪和恶性竞争的存在，房地产经纪企业间的合作还具有相当大的难度。房地产经纪企业要坚持规范执业，需要在规范管理、提高员工专业技能、服务素质、开发信息技术等诸多方面比不规范经营的企业投入更多的成本。在市场有序、竞争机制有效的情况下，这些企业可以形成竞争优势而更多地获利。但由于我国房地产经纪行业发展快、市场准入门槛较低，且管理存在一定紊乱，致使素质不高的企业相对过多，优秀企业相对较少。即使一些大品牌企业，其单个的门店也常常被同一区域内更多无品牌且不规范执业的小企业所包围，冲淡了规范经营企业的品牌优势。不规范企业利用低投入的低质服务，导致规范经营企业的高成本劣势，使得市场存在"优不胜、劣不汰"的无序竞争现象。由于规范执业缺乏法律的支持和管理的保护，一方面，不规范经营的企业通过不正当的经纪执业行为获取高利润，以反面示范效应冲击规范企业的价值取向，引诱它们"劣化"；另一方面，通过恶性竞争挖走规范经营企业投入培训成本的人员，抢走它们已投入服务的客户，使规范企业的成本投入没有获得相应的收益，导致市场在一定程度上表现出资源优化配置的失灵。这种市场效率的缺失是由于市场的管理效率低下造成的，并非因为市场本身缺乏效率。在这种情况下，规范经营、愿意进行行业协作的经纪企业当然会越来越少。

然而，随着经济发展的现代化与科学手段的日益更新，社会的需求更加讲究信誉和公信力，企业之间谋求发展的机会更加需要相互之间的资源共享和合作互利，而相互之间的恶性竞争只会减少各自生存发展的机会，恶化生存和发展的环境。因此，加强市场监管力度，鼓励经纪企业之间建立资源共享与合作互利的机制，有利于在企业之间创造良好的共生环境和广阔的发展空间。

## 第四节 提升从业者道德水准的经济分析

从业者的素质直接影响房地产经纪行业的整体信誉。然而在我国，房地产经纪机构中相当一部分从业人员的职业道德水准很低，操作程序极不规范：有的私拿定金；有的乱收看房费、手续费；有的在买卖双方之间哄抬价格，故意让双方见不着面，并对双方封锁信息；有的不告诉客户真实信息，故意弄假，进行信息欺骗；有的做虚假广告，对其提供的信息不负责任；有的篡改合同，任意操作，唯利是图，有意损害客户利益；有的还违反法律、法规的规定，进行非法经纪、代理活动等。这些现象对房地产经纪行业的损害是巨大的。为了考察该行业内从业者素质发展的情况，本研究使用演化博弈分析道德水平的演化动态，并最终为行业监管和制度设置提供参考建议。

对于经纪人提供的服务，在消费这种服务前，消费者通常并不了解该服务的质量，只有交易完成后，消费者才能衡量服务质量。另外，房产对于消费者来说，是耐用品。消费者很少多次购买房产，一般不会形成购买经验。因此，消费者既不了解房产的属性和项目，也不了解经纪人的服务水平，可是为了买到合意的房产，消费者还是常常求助于经纪人。正是由于这种原因，一些不法经纪人趁机欺骗消费者，提供虚假信息并从中谋利，使得房地产经纪市场秩序相对混乱。本章针对这一现象，试图用演化博弈理论分析在不同的条件下，房地产经纪行业的服务水平如何向不同的方向发展，寻找能够规范经纪人行为的制度设置，为规范经纪行业、提高从业人员的素质提供一些理论依据和对策建议。

## 一、基本模型的描述

假设顾客 $C$ 有两个行动策略——选择中介服务或不选择中介服务，以下简记为"$Y$"和"$N$"，房地产经纪人也有两个行动策略——为顾客提供高质量服务或为顾客提供低质量的服务，以下简记为"$H$"和"$L$"。我们假设对所有房地产经纪人来说，提供服务的能力是无显著差异的，选择提供高质量还是低质量的服务取决于房地产经纪人的从业道德水准。高道德水准的经纪人认为应该为顾客提供高质量的服务，做到童叟无欺和诚信经营；而道德水准低的经纪人不坚持按劳取酬原则，只是唯利是图和投机钻营。

显然，消费者和经纪人构成了一对博弈关系，而消费者拥有的关于经纪人从业道德水平的信息将直接影响博弈的最终结果。下面将从完全信息假设开始，放松假设，递进式地深入讨论房地产经纪市场上从业道德水准的演化规律。为此，本节建立了三个模型：①确定性决策模型，即顾客了解经纪人的道德水平状况时，做确定性决策的情形；②风险决策模型，即顾客不了解经纪人的道德水平状况但了解市场上经纪人道德水平状况的概率分布时，做风险决策的情形；③混合决策模型，顾客付出一定的成本后可以获得关于经纪人道德水平的信息，获得了经纪人道德信息的顾客做的是确定性决策，不了解经纪人道德信息的顾客做的是风险决策。

最后，为了考察经纪人群体道德水准的演化，我们假设博弈是在随机成对匹配的博弈方之间进行的。每个博弈方（个体）来自其相应的无限总体。博弈方选择或放弃某种策略是遵循复制适应动态的。

## 二、确定性决策模型

首先讨论完全信息的情况，即顾客了解经纪人的道德水平的情形。如图3-1所示，顾客和经纪人的初始禀赋分别为 $r$、$s$，如果双方不发生交易，各自的收益分别为 $r$、$s$。当双方发生交易时，如果经纪人提供的是高质量的服务，顾客和经纪人的收益分别为 $v$、$p-w$，其中，$v$ 表示中介服务对顾客的价值，$p$ 表示中介服务的价格，$w$ 表示经纪人提供高质量服务带来的损失；如果经纪人提供的是低质量的服务，顾客和经纪人的收益分别为 o、p-m，其中的 m 表示提供低质量服务给经纪人带来的效用损失（经纪人懊悔或自责的成本），它由经纪人的道德水平决定。本文的目的是研究在何种条件下经纪市场上的道德水平会向好的方向发展。

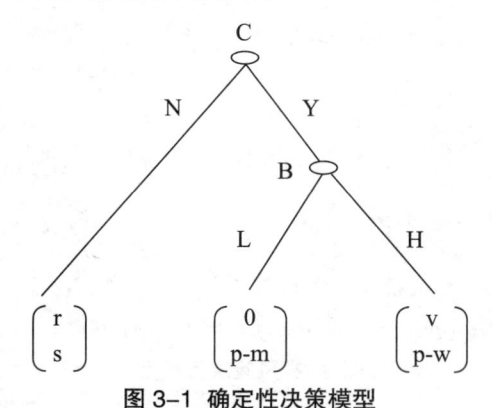

```
            C
          /   \
         N     Y
                \
                 B
                / \
               L   H
      ⎡r⎤   ⎡ 0 ⎤   ⎡ v ⎤
      ⎣s⎦   ⎣p-m⎦   ⎣p-w⎦
```

图 3-1 确定性决策模型

以上所有参数都是非负的，并且满足

$$v>r>0, p-w>s \geq 0 \tag{3-25}$$

为了讨论方便，我们将参数标准化为 $s=0$，$u=1$。

假设经纪人有两种类型，分别用 $m_1$ 和 $m_2$ 表示。当提供低质量的服务时，$m_1$ 型的经纪人的支付 $p-m_1$ 小于 $p-w$，$m_2$ 型的经纪人的支付 $p-m_2$ 大于 $p-w$。显然在交易中，$m_1$ 型的经纪人会选择策略"$H$"，顾客会选择策略"$Y$"，此时二者收益分别为 1、$p-w$；$m_2$ 型的经纪人会选择策略"$L$"，顾客会选择策略"$N$"，此时二者收益分别为 $r,0$。根据演化博弈理论的复制动态法则，在一个生物种群中，复制更成功的生物类型在种群中所占的比例将越来越大。因此，我们假设收益高的个体类型在群体中的比例将越来越大。由（3-25）式 $p-w>s$ 易知，选择策略"$H$"的经纪人将会越来越多，选择策略"$L$"的经纪人在市场上将消失。

## 三、风险决策模型

通常情况下，在交易之前，顾客并不知道房地产经纪人提供的是高质量的服务还是低质量的服务。我们假设房地产经纪人群体中的从业道德水平构成是共同知识，如图 3-2 所示，有比例为 $P \in (0,1)$ 的经纪人是 $m_1$ 类型的，这些经纪人提供的是高质量的服务；有比例为 $1-P$ 的经纪人是 $m_2$ 类型的，这些经纪人提供的是低质量的服务。

图 3-2 风险决策模型

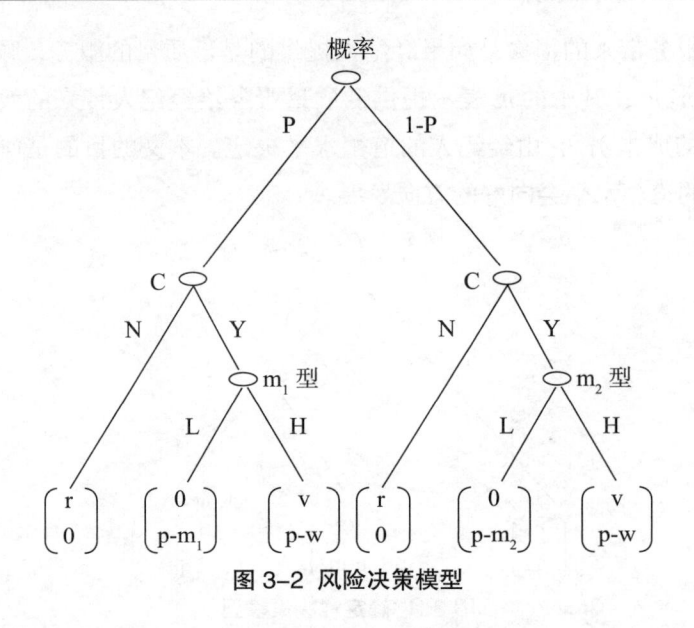

如图 3-2 所示，顾客在房地产经纪市场上遇到 $m_1$ 型经纪人的概率为 $P$，遇到 $m_2$ 型经纪人的概率为 $1-P$。当顾客与 $m_1$ 型经纪人交易时，双方的收益是 1、$p-w$；当顾客与 $m_2$ 型经纪人交易时，双方的收益是 0、$P-m_2$。因此，顾客面临一个风险决策，当 $P\cdot 1+(1-P)\cdot 0 > r$ 时（即 $P > r$ 时），顾客选择与房地产经纪人进行交易，此时，$m_1$ 型经纪人的收益为 $p-w$，$m_2$ 型经纪人的收益为 $p-m_2$。因为 $p-m_2 > p-w$，所以当 $P > r$ 时，$m_2$ 型经纪人是更成功的经纪人类型，这意味着 $P$ 将逐渐减小。当 $P > r$ 时（这里我们主要关心的是 $P$ 的演化方向，因此暂时不考虑 $P = r$ 的退化情形），顾客应该选择策略"$N$"，但是，由于参与者是有限理性的，在决策中可能会出现失误。只要有某些顾客在决策中出现失误并选择了策略"$Y$"，$m_2$ 型经纪人的比例就会增加。事实上，如果有比例为 $\varepsilon \in (0,1)$ 的顾客选择了策略"$Y$"，那么 $m_1$ 型经纪人的期望收益为 $(p-w)\varepsilon, m_2$ 型经纪人的期望收益为 $(p-m_2)\varepsilon$，显然成 $m_2$ 型经纪人是更成功的类型，所以 $m_2$ 型经纪人在群体中的比例越来越大，从而使 $P$ 越来越小。综上所述，当顾客不了解房地产经纪人的道德类型时，房地产经纪市场上 $m_1$ 型经纪人在群体中的比例越来越小，房地产经纪行业的从业道德水准朝着更低的方向变化，提供高质量服务的房地产经纪人在市场上将逐渐消失。

## 四、混合决策模型

如果顾客付出一定的成本，可以获得经纪人的道德类型，那么了解经纪人道德类型的顾客将做确定性决策；没有花费成本、不了解经纪人道德类型的顾客将做风险决策。因此，我们将图 3-3 所示的博弈模型称为混合决策模型。相对于与经纪人进行的交易来讲,顾客为获得经纪人的道德类型而付出的成本 $c>0$ 为沉没成本。因此,可能有一部分顾客不愿意付出成本 $c$ 进行信息分辨活动。于是,我们设有比例为 $\mu \in (0,1)$ 的顾客愿意付出成本 $c$ 获得经纪人的道德类型从而进行确定性决策;有比例为 $1-\mu$ 的顾客不去了解经纪人的道德类型而进行风险决策。在图 3-3 中,各类参与者的收益分别为:

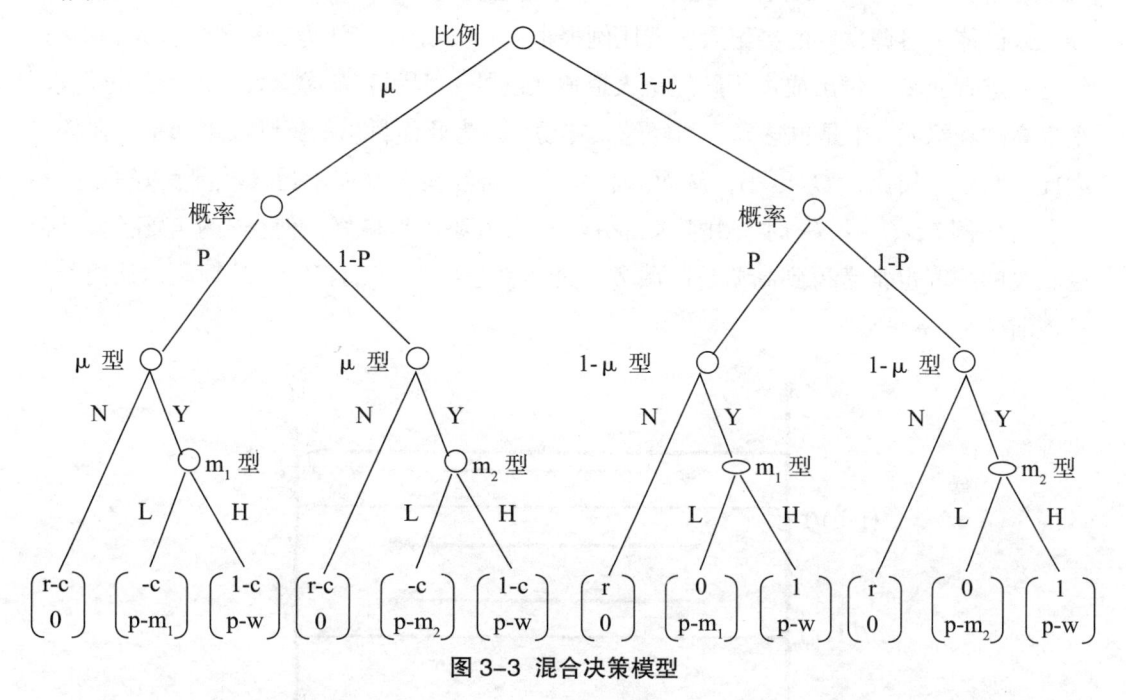

图 3-3 混合决策模型

$$B_{m_1} = \begin{cases} p-w, & P>r \\ \mu(p-w), & P<r \end{cases} \tag{3-26}$$

$$B_{m_2} = \begin{cases} (1-\mu)(p-m_2), & P>r \\ 0, & P<r \end{cases} \tag{3-27}$$

$$C_\mu = P(1-c)+(1-P)(r-c) \tag{3-28}$$

$$C_{1-\mu} = \begin{cases} P, & P>r \\ r, & P<r \end{cases} \tag{3-29}$$

其中,$B_{m1}$、$B_{m2}$ 分别表示 $m_1$ 型和 $m_2$ 型经纪人的收益,$C_\mu$、$C_{1-\mu}$ 分别表示 $\mu$ 型和 $1-\mu$ 型顾客的收益。要使 $C_\mu > C_{1-\mu}$ 成立,必须有

$$\begin{cases} P(1-c)+(1-P)(r-c)>P, P>r \\ P(1-c)+(1-P)(r-c)>r, P<r \end{cases} \tag{3-30}$$

从而有

$$c/(1-r)<P<(r-c)/r \tag{3-31}$$

$$c<r(1-r) \tag{3-32}$$

如果（3-31）式所示的区间是非空的，（3-32）式也是自然成立的。如图3-4所示，当$c/(1-r)<P<(r-c)/r$，$\mu$将逐渐增大，即愿意付出成本了解经纪人从业道德水平的顾客在群体中所占的比例越来越大。当$c<r(1-r)$，且$P<c/(1-r)$或$P>(r-c)/r$时，$C_\mu<C_{1-\mu}$不了解信息的顾客收益更高，$\mu$将逐渐减小。这一事实可以理解为，当经纪人群体中道德状况良好的经纪人所占比例$P<c/(1-r)$时，由于经纪人群体中道德良好的经纪人所占比例很小，$1-\mu$型顾客认为交易风险很大，不与经纪人进行交易；付出成本了解经纪人道德状况的$\mu$型顾客常常会发现对方是道德水平不高的经纪人，于是也选择不与经纪人交易，但为此而付出的沉默成本却是存在的。因此，与$C_{1-\mu}$相比，$C_\mu$更小，从而$\mu$将减小。当经纪人群体中道德状况良好的经纪人所占比例$P>(r-c)/r$时，由于大部分经纪人道德水平良好，使得不了解经纪人道德状况的顾客也常常得到高质量的服务，这样就会出现$C_{1-\mu}$好于$C_\mu$的现象，从而$C_\mu$将逐渐减小。

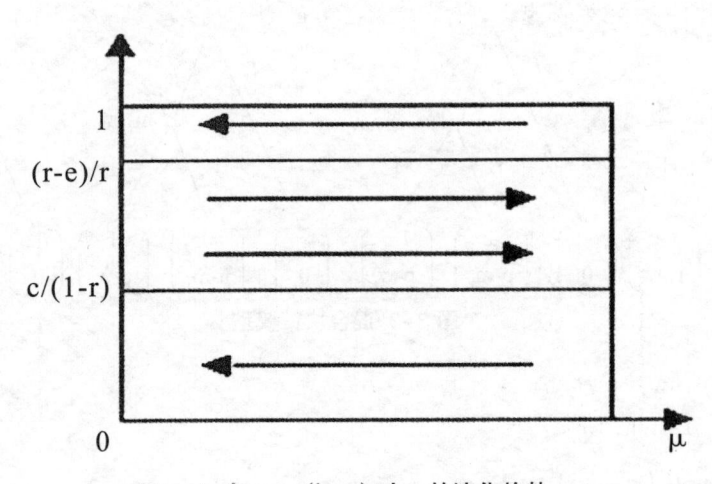

图3-4 当$c<r(1-r)$时$\mu$的演化趋势

如果（3-32）式不成立，即当$c>r(1-r)$时，无论经纪人群体中道德水平的构成比例如何，也即无论$P$为何值，了解信息的顾客都获得较差的收益，于是，了解信息的顾客将在群体演化的过程中逐渐消失。

下面再来考察$P$的演化情况。

当$P<r$时，若$\mu>0(c<r(1-r))$，则$B_{m_1}>B_{m_2}$，$m_1$型经纪人是更成功的类型，型经纪人在经纪人群体中的比例将越来越大，即$P$将增加；而当$P<r$时，要使$B_{m_1}>B_{m_2}$，必须满足$\mu>(w-m_2)/(p-m_2)$（由（3-25）式$p-w>s\geq0$和$p-m_2>p-w$知，$0<(w-m_2)/(p-m_2)<1$，符合实际意义）。即当$P>r$，而且愿意付出沉默成本$c$了解经纪人从业道德水准的顾客的比例$\mu>(w-m_2)/(p-m_2)$时，$m_1$型经纪人才是更成功的经纪人类型，这时$P$将逐渐增大。这一事实可以理解为，当道德水平高的经纪人在群体中所占的比例 $P<r$ 时，顾客与经纪人交易的风险很大，不了解经纪人道德状况的顾客，以及一部分付出成本后发现经纪人从业道德水准不高的顾客都选择不与经纪人进行交易，只有一部分付出成本后发现经纪人从业道德水准良好的顾客选择与经纪人进行交易，$m_1$ 型经纪人的收益更好，这就迫使经纪人改变自身的道德状况，以吸引更多的顾客进行交易；而当道德水平高的经纪人在群体中所占的比例 $P>r$ 时，顾客与经纪人交易时上当受骗的概率不是很大，一些顾客为了节约成本可能不去调查经纪人的从业道德水准而选择直接与经纪人进行交易，这就会导致一部分道德水平不高的经纪人为谋取更高的收益而提供低质量服务的动机。因此，只有愿意付出成本了解经纪人从业道德水准的顾客在群体中所占的比例 $\mu>(w-m_2)/(p-m_2)$ 时，才能抑制经纪人从业道德水准向低水平的方向演化，从而使 $P$ 逐渐增大；反之，当 $P>r$，且 $\mu<(w-m_2)/(p-m_2)$ 时，有 $B_{m_1}<B_{m_2}$，$P$ 将逐渐减小且趋向于 $r$。图 3-5 给出了当 $c<r(1-r)$ 时，信誉良好的经纪人在群体中所占比例 $P$ 的动态演化趋势。由于函数 $\mu=(w-m_2)/(p-m_2)$，关于 $m_2$ 是单调递减的，当 $m_2 \to w$ 时，有 $\mu \to 0$，$m_2$ 增大会使直线 $\mu=(w-m_2)/(p-m_2)$ 向左移动。

所以，$m_2$ 的增大可以使区域 $D=\{(\mu,P)\in(0,1)^2|\ P>r\ \mu<(w-m_2)/(p-m_2)\}$ 缩小，而在区域以外，道德水准都是向高水平演化的。

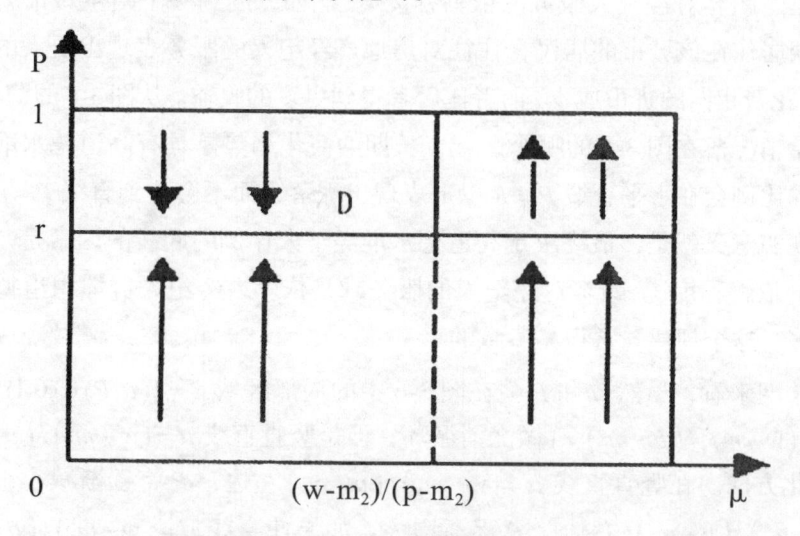

图 3-5 当 $c<r(1-r)$ 时 $P$ 的演化趋势

由于 $P$ 和 $\mu$ 的演化是相互影响的，下面将 $P$ 和 $\mu$ 的演化规律综合起来考虑，结果见图 3-6。

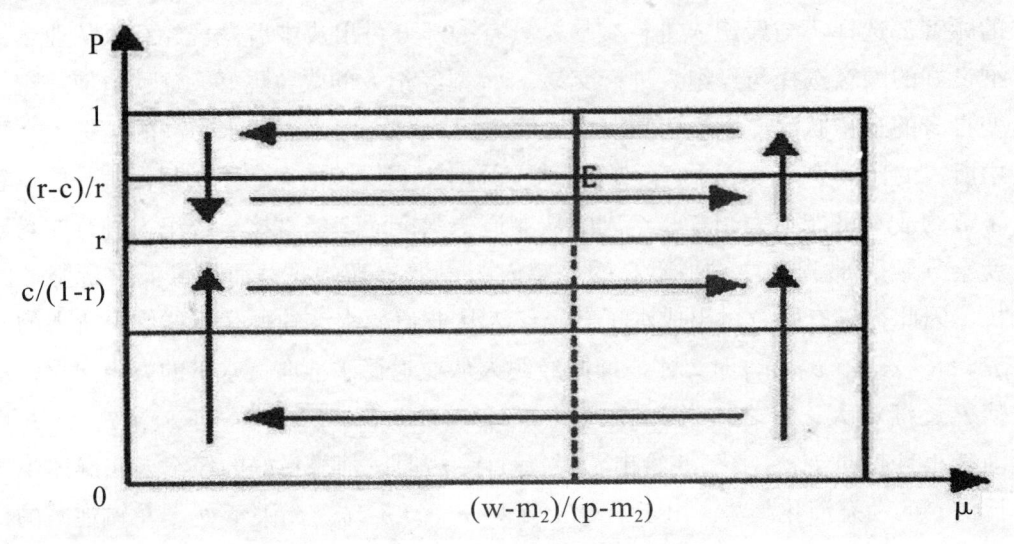

图 3-6 当 $c<r(1-r)$ 时 $P$ 和 $\mu$ 的演化趋势

在图 3-6 中，$r$（实际应为 $r/v$，为了简化，前面已经把 $v$ 标准化为 1 了）的现实意义是"顾客对经纪人服务的依赖程度"。比如，刚到一个陌生城市就业的人，相对于长期居住在该城市的居民，往往对房地产经纪人的服务表现出更大的依赖性。换句话讲，花费相同的货币成本，前者比后者得到更多的收益。从图 3-6 的演化规律来看，无论初始情况落在图 3-6 的哪个区域，长期的演化趋势是具有高道德水准的经纪人占其总体的比例会在水平直线 $P=R$ 以上表现出涨落，而不会落到直线 $P=r$ 以下。这一结论的现实意义就是，最终决定高道德水准经纪人比例的底线的因素是"顾客对经纪人服务的依赖程度"。顾客对经纪人的服务越是依赖，经纪人群体中道德水准低的人可能越多。这个规律与常识是一致的。

从长期来看，虽然 $\mu$ 和 $P$ 会在图 3-6 中的局部区域 $E=\{(\mu,P)\in(0,1)^2|\ P>r\}$ 里围绕中心 $((w-m_2)/(p-m_2),r)$ 做涨消循环，但是竖直直线 $\mu=(w-m_2)/(p-m_2)$ 决定了 $P$ 的演化方向。在竖直直线 $\mu=(w-m_2)/(p-m_2)$ 左边，$P$ 将逐渐减小；而在直线 $\mu=(w-m_2)/(p-m_2)t$ 右边，$P$ 逐渐增大。如果使直线 $\mu=(w-m_2)/(p-m_2)$ 向左移动，从而减小 $P$ 向低水平演化的区域，这对消费者来讲是好事。

根据图 3-6，干预直线 $\mu=(w-m_2)/(p-m_2)$ 的方法有：①控制 $m_2$ 的值，因为函数 $\mu=(w-m_2)/(p-m_2)$ 关于 $m_2$ 是单调递减的，$m_2$ 的值增大会使直线 $=\mu=(w-m_2)/(p-m_2)$ 向左移动。$m_2$ 值增大，其意义就是使得经纪人从业人员在提供低质量服务时经受的心理自谴更大。如果做到这一点，就可以采取的方式是宣传教育，或限制道德水平低的人进入该行业。比如，在房地产经纪人的从业标准上设置道德标准，采用道德水平测量，阻止道德水准很低的人进入该行业。②降低 W 的值，也就是降低经纪人提供中介服务所需的成本。可以通过应用网络等高新技术降低经纪人的服务成本，从而提高经纪人的服务效率。③提高服务价格的比值。价格应该由市场来决定，不应该人为地进行限制，至少不应该将价格限制在过低的水平上。

## 第五节　促进我国房地产居间服务功能提升的对策建议

### 一、逐步改进房地产经纪机构的市场准入制度

通过前面对经纪人从业道德水准的演化分析，我们看到通过规范经纪人的市场准入制度，可以改善房地产经纪行业的秩序、提高经纪人整体的道德水平。所以改善房地产经纪机构的市场准入制度是当务之急。目前，我国采取的是比较宽松的市场准入制度，按照《城市房地产管理办法》第 57 条规定，设立房地产经纪机构，仅须向工商行政管理部门申请设立登记，领取营业执照后就可以开业。这种不需要前置专业行政许可的市场准入制度，在前期对于加速发展房地产中介行业的确起到了积极的推动作用，当市场发展到一定程度以后，这种缺失专业化管理环节的市场准入制度就显现出极大的弊端。因此，现阶段急需规范房地产经纪机构的市场准入制度，要对从业者的资质进行严格审核，从源头上制止劣质企业进入该行业。

### 二、推进统一的全国房地产经纪人员执业资格注册制度

改进房地产经纪机构的市场准入制度，必须以完善房地产经纪人员执业资格注册制度为前提。只有执业资格良好的从业者，才能经营信誉良好的经纪机构。近几年来，由于《城市房地产管理法》对房地产经纪人员执业资格注册制度未作出明确规定，且地方有关规定不尽一致，影响了房地产经纪人员执业注册制度的全面实施。为了提高经纪人员队伍的素质，必须建立全国统一的房地产经纪人员职业资格注册制度，并且应该在房地产经纪人的资格注册制度中实施职业道德水平测量，防止道德水准过低的人进入该行业。

### 三、充分发挥房地产经纪行业协会的作用

问卷调查反馈的信息显示，无论是房地产经纪从业人员还是消费者都普遍认为，目前房地产经纪行业协会没有发挥应有的作用。房地产经纪主管部门应将房地产经纪

活动中自己不该管、管不了的事项尽快转移给房地产经纪行业协会，真正建立以房地产经纪行业协会自律平台为基础的行业管理模式。为了充分发挥房地产经纪行业协会的自律平台作用，房地产经纪行政管理的大部分职能应转由行业协会来发挥作用。今后，政府部门主要应该按照"合法经营、规范运作、公平竞争"的基本准则监管房地产经济活动，行业协会则在此准则之上树立更高的行业标准，并通过一系列自律管理制度来维护行业标准。为此，在市场准入制度中，应该强调申请注册的经纪机构加入所在地行业协会后方可营业。这样便于行业协会在行业监管中发挥更大的作用。另外，信息披露制度对行业监管是非常有效的手段。行业协会等行业自律组织可以设置这样一种制度，即将经纪机构及其从业人员的信用状况披露给消费者，形成约束"失信"行为的机制力量，使整个房地产经纪业在良好的自律环境下运行。另外，行业协会还应该担负教育培训的职能，在不断提高从业者的业务水平的同时，对其进行职业道德教育，使不规范行纪的经纪人所遭受的心理自谴更大，进一步提升经纪人的从业道德水准。

## 四、建立行业保证金制度

由于房地产经纪机构的日常运营成本较低，注册资金较少，一旦发生违法、违规现象，难以对其实施有力的处罚。这也是部分道德水平不高的经纪人失信经营的一个重要原因。所以，应该建立一种职业保证金制度，加大房地产经纪机构由于不规范执业而付出的成本，对其产生一定的约束力。另外，部分房地产经纪企业的不规范运作也会影响该行业在消费者心目中的整体形象。为此，应该建立行业共同基金会，一旦消费者因为个别经纪人的失职行为遭受损失，在难以追回责任人的赔偿时，可以由行业共同基金为消费者做出一定赔偿。这一措施可以改善房地产经纪行业在消费者心目中的整体形象，增加消费者对行业的认同感，对行业整体业务的增加是十分有利的。

## 五、适当放开房地产经纪收费水平

适当提高房地产经纪的服务价格有利于经纪人的从业道德水平向好的方向演化。因此，应该适当放开房地产经纪收费水平。同时，在市场经济体制下，完全竞争行业所提供的商品或服务应由市场的价格机制来决定。我国的房地产经纪行业基本上处于完全竞争的市场状态，没有必要实行政府定价，应该让价格杠杆自发地进行调节。一方面，市场自觉定价可以使提供高质量服务的企业获得更高的收益，凸显品牌优势，实现优胜劣汰；另一方面，房地产经纪企业可以在保证自身利益空间的基础上，为行业协会等公益组织提供一定的资金支持，推进行业自律组织的建设和发展，形成一个良性的循环。

## 六、促进房地产经纪行业的资源共享、合作互利

房地产经纪行业具有边际成本递减和规模经济的特点，所以促进房地产经纪行业的资源共享和合作互利能够促进行业的整体利益，避免行业内部的恶性竞争，形成良好的行业氛围。尤其是互联网等先进技术的应用，促进了企业间的信息交流，对于降低经营成本、加强企业合作具有重要作用。另外，降低运营成本可以使经纪企业保证一定的利润空间，有利于经纪人道德水准的提高。同时，企业经营成本的降低，必然导致服务价格下降，最终受益的将是消费者。为此，政府和行业组织应该致力于促进行业的资源共享和企业的合作互利。例如，美国的房源信息系统（MLS），就是这样的一个资源共享平台，它一般由当地的行业协会组织实施，加入行业协会的经纪人只需负担很少的费用，就可以访问该信息系统，以较低的成本发布和获得房源信息。几十年的实践检验已经证明这是一种低廉、高效的运营模式，值得我们参考和借鉴。

# 第四章 房地产经济的宏观调控与可持续发展

## 第一节 房地产经济宏观调控的必要性和目标

### 一、房地产经济宏观调控的必要性

房地产经济的宏观调控，是指政府通过经济的、法律的，并辅之以计划的、行政的政策手段和市场机制，对房地产行业的经济运行进行的宏观调节和控制。

在社会主义市场经济条件下，对房地产经济实施宏观调控的根本目的，是为了确保房地产业健康运行，并与其他产业协调发展，促进国民经济持续稳定增长。具体来说，对房地产经济宏观调控的必要性主要体现在以下几方面。

#### （一）房地产经济宏观调控是房地产资源优化配置的需要

宏观调控是政府的基本职能之一、它是社会主义市场经济的内在要求，我国的社会主义市场经济是社会主义国家宏观调控下的市场经济。发挥市场配置资源的决定性作用，相对于计划经济体制来说有利于提高社会资源配置效率，但同时必须看到市场配置资源也存在着自发性、滞后性、盲目性和分化性等问题和缺陷，容易造成大起大落等状态，也可能造成资源的浪费。为了克服市场经济的弱点，保证国民经济的健康稳定发展，政府必须对市场经济的运行实施宏观调节与控制，以达到社会资源配置最优化的目的。房地产经济是整个国民经济的重要组成部分，是市场经济中的一个子系统。按照社会主义市场经济体制的要求，既要充分发挥市场机制对房地产资源配置的决定性作用的同时，又要发挥政府的货币政策、财政政策、产业政策和计划机制的协调作用，真正使房地产资源配置达到高效率。房地产行业消耗资源较多，特别是土地和房屋是重要的社会资源，作为房屋等建筑物基础的土地是一种稀缺资源，不可再生，土地资源的合理配置是关系到整个国民经济可持续发展的重大战略问题。所以，世界各国政府对房地产经济的调控和干预相对较强。我国20世纪90年代初，房地产业一度出现发展过热的问题,主要原因在于对房地产的源头——土地供应控制不力。事实证明,在社会主义市场经济条件下,政府对房地产经济的宏观调控是十分必要的。

### (二)房地产经济宏观调控是引导房地产业健康发展的需要

同其他产业相比,房地产业具有一系列特点:一是房地产是不动产,位置固定不能移动,一旦形成建筑物就难以调整,所以必须由政府出面进行合理规划和控制;二是房地产投资具有投资量大、周期长的特点,从投入到产出一般要两三年时间,投资决策正确与否,要经受较长时间的考验,所以对房地产投资的调控显得格外重要;三是房地产是价值量巨大、使用年限特别长的超耐用品,对整个社会总供给量和总需求量的平衡以及结构平衡关系极大,所以对房地产投资必须有效控制;四是房地产交易是一种产权交易,要依法通过产权转让来完成,如产权的界定、分割、复合、重组、转移等都要靠法律来确认和保护,因而更需要用法律手段规范其运行。

上述特点决定了政府对房地产业的宏观调控较其他产业的宏观调控更为必要。只有针对这些特点采取相应的对策措施,才能引导房地产业健康发展。我国的实践证明了这一点。在20世纪80年代以前,由于计划经济体制排斥房地产的商品性,房地产业长期处于停滞状态。只有针对房地产业的特点,加强宏观调控,才能引导房地产业持续、稳定、健康发展。

### (三)房地产经济宏观调控是促进国民经济持续稳定增长的客观要求

房地产业是先导性、基础性产业,又是国民经济中的支柱产业。房地产业的产业链同国民经济中的其他产业关联度强。房地产业的发展状况,直接影响相关产业的发展,对建筑业、建材业(如钢铁、水泥、木材、墙体材料、装修材料等)甚至有决定性的作用。同时,住宅建设和消费的发展,还会带动家电、家具和家用装饰品及其产业的发展。所以房地产业是拉动我国国民经济发展的新经济增长点。目前,中国房地产业的增加值已占国内生产总值的7%左右。房地产投资已占社会固定资产投资的20%左右,有的大城市甚至已达30%以上。住宅消费已占家庭消费总支出的10%以上,对市场消费需求产生重要影响。正是这种重要地位和作用,决定了房地产业的发展直接影响社会总供给与总需求的平衡和结构平衡,对整个国民经济的发展至关重要。所以,对房地产经济的宏观调控,就成为政府对整个国民经济实施宏观调控的重要环节。

房地产经济宏观调控是经济发展的客观要求,反映了经济规律的作用,必须体现在房地产经济运行的全过程,而绝不是可有可无、时有时无的。事实上,对房地产经济的宏观调控是自始至终必须坚持进行的,只不过宏观调控的方向、力度和重点在不同时期有所区别而已。

## 二、房地产经济宏观调控的目标

房地产业与其他产业相比既有共同性又有特殊性。因此，对房地产经济的宏观调控，既要服从全社会的国民经济宏观调控的总目标，又要根据房地产业本身的特点和特殊要求设定房地产经济宏观调控的具体目标。

### （一）调节供求关系，实现房地产经济总量的基本平衡

这里所说的总量平衡，是指房地产的供给总量和需求总量的平衡，这是房地产经济宏观调控的首要目标。从全社会的角度考察，房地产商品的社会总需求是指某一时期（一般为一年）内全社会或某一地区内房地产市场需求的总量，包括投资性的生产用房需求和消费性的生活用房需求两大方面。前者主要指厂房、商业用房、办公用房等，后者主要指住宅和娱乐设施等。既包括国内、地区内需求，也包括地区外和外商的需求。房地产商品的社会供给则是多种所有制经济主体投资建造的各类房地产商品的总和。房地产供求总量平衡是一个动态概念，由于房地产市场的供给和需求是随各种经济因素的变动而经常发生变化的，所以供求的绝对平衡几乎是不可能的。宏观调控的目标也只能是求得房地产总供给和总需求的基本平衡；房地产经济的总量平衡具有极端重要性，只有当房地产总供给和总需求平衡时，才能保证房地产市场正常运行和健康发展，优化房地产资源配置，也才能保持房价基本稳定。在实践中要尽量避免严重供过于求和供不应求的情况发生，以免大起大落的损失。

由于房地产供给和需求的特殊性，在实现供给和需求总量平衡时，要注意以下几点：其一，房地产商品固定性的特点造成其供给和需求的地区性特别强，所以要重在一个地区或城市内实现供求平衡；其二，房地产市场需求存在着潜在需求和有效需求的区分，潜在需求是指房屋消费的欲望，而有效需求则是指有支付能力的现实需求，房地产商品的供给总量不能以潜在需求为依据，而是必须与市场有效需求总量相平衡；其三，房地产经济作为一个子系统，不仅要实现自身的供给和需求的平衡，而且要放在整个国民经济范围中加以考察，协调房地产经济总量与整个国民经济总量，特别是地区经济总量的关系，实现平衡发展。

### （二）优化房地产业结构，提高资源配置效率

结构协调和结构优化是房地产经济宏观调控的重要目标。结构协调，主要是指与现阶段经济发展水平相适应的合适的比例关系，协调发展；而结构优化则是指结构的升级换代。产业结构最优化主要包括两方面内容：一是从国民经济全局来说，房地产业的发展要与其他产业的发展相协调，同整个国民经济和地区经济的发展相适应，既能带动相关产业和国民经济的发展，又与其他产业保持合适的比例，以保证国民经济

协调发展。我国现阶段房地产业增加值在国民生产总值中所占比例偏低，有较大的增长空间，随着经济发展其比重将逐步提高。二是房地产业内部的供给结构要与市场需求结构相协调，生产用房与消费用房，包括厂房、商业用房、办公楼，居民住宅、娱乐设施等各类用房，要符合市场需求的比例，一般来说住宅建设应占主体地位。而住宅的供给结构又必须与市场需求结构相适应，根据居民收入结构，合理安排高档房、中档房、中低档房建设等，以满足不同层次的需求，实现结构基本合理。通过结构平衡和结构优化，以达到充分合理利用房地产资源的目的，提高其资源配置效率。

### （三）房地产价格合理化，保持房价的基本稳定

房地产价格是价格体系中的基础性价格，对于相关产品的价格具有重大影响，特别是住宅价格直接关系到居民的购房承受能力和居住水平。所以，实现房地产价格的合理化，保持房价的基本稳定，也是对房地产经济实施宏观调控的重要目标之一。所谓房价的基本稳定并不是说房价固定不变，而是指房价的涨幅保持在一个合理的范围内，避免商品房价格暴涨暴跌。从世界各国的经验来看，在经济起飞阶段，由于土地等稀缺资源价格的上涨和市场需求拉动等因素的作用，房地产价格必然呈现出一种上升趋势，关键在于控制房价上涨的幅度。一般规律是房价上涨的幅度要小于居民可支配收入增长的幅度，并与房屋升值的幅度相协调。

在市场经济条件下，房地产价格是由市场机制调节的，但政府也可以运用经济、法律等手段，运用市场机制，在一定程度上控制房价。一是通过控制土地价格和合理税收政策，影响房地产开发成本，促进房地产价值构成合理化；二是通过信贷政策和财政政策，调节房地产供给和需求，促使供求平衡，从而实现房价基本稳定；三是通过法律法规和工商行政管理等手段，规范房地产市场价格秩序，制止乱涨价、价格欺诈等违法行为，使房价纳入法制化轨道。在房价问题上，要把市场调节和宏观调控有机地结合起来，实现房价的基本稳定。

### （四）确保房地产业持续稳定健康发展，更好地满足生产建设和居民生活消费的需要

这是房地产经济宏观调控的最终目标。所谓持续发展，就是指房地产经济长期发展，不仅要考虑当前的发展，而且要为今后的长期发展创造必要的条件，绝不能片面追求当前的发展，而损害今后的发展。所谓稳定发展，就是要保持适当的增长速度，避免忽高忽低、大起大落的波动。所谓健康发展，就是按比例地协调发展，既有正常的发展速度，又有比例关系的相对平衡，取得较高的经济效益。

对房地产经济实施宏观调控的最终目的，是通过房地产业的健康发展，一方面，满足生产建设各方面的需求，促进国民经济增长；另一方面，满足居民住房消费的需求，

保证居民居住水平不断提高。

从总体上说，房地产经济的总量平衡和结构平均是互相制约、互相促进的。总量平衡是结构平衡的前提和基础，当总量平衡了，结构平衡就较易实现；而结构平衡则是总量平衡的重要保证，结构平衡可以促进总量平衡，结构不平衡也会引起总量失衡。所以，要把房地产经济的总量平衡和结构平衡结合起来考虑，才能快速达到宏观调控的目标。

## 第二节 房地产经济宏观调控的主要政策手段

为了实现房地产经济宏观调控的目标，政府必须运用适当的政策手段进行有效的调节和控制。房地产经济宏观调控的主要政策手段有房地产产业政策、货币政策、财政政策、投资政策、法律手段、行政管理和计划管理等。

### 一、房地产产业政策

通常所讲的产业政策，是指政府在某一时期为了实现本国社会经济增长和各产业之间的协调发展目标，所采取的产业调整政策措施。一般根据实际情况分为产业促进政策或产业抑制政策两种。房地产业是国民经济中的重要产业部门，房地产产业政策，是政府通过产业定位、产业发展规划和政策导向，对一定时期房地产业发展制定并实施的基本政策，以此促进房地产业与国民经济协调、稳定健康发展，它是对房地产经济实施宏观调控的重要政策手段。

#### （一）房地产产业政策的目标

产业政策一般包括政策目标和政策手段两个方面。房地产产业政策目标，是政府根据经济发展需要和房地产业的现实状况所制定的发展目标。主要有以下三个方面：

1. 房地产业发展水平目标

房地产业作为重要的产业部门，既可以带动相关产业发展，促进国民经济的增长，同时又受到其他产业和整个国民经济发展水平的制约。所以，在确定房地产业发展规模和水平时，一要以国民经济整体水平和一定时期发展规划为依据；二要以社会上的相关经济资源可供量为限度，如土地资源、能源、建材资源等；三要以房地产商品的市场需求为依托，适销对路；四要根据各个地区的实际情况而有所不同。综合考虑上述因素，才能使房地产发展水平目标建立在科学的基础上。

2. 房地产业内部结构协调目标

房地产业内部存在着各种类型的房地产，如工业用房（厂房）、商业用房、办公用房、居住用房（住宅）、文化娱乐用房以及其他各类用房等。所以，要按各类房地产需求的比例，协调进行建设，获得结构合理、平衡发展。

3. 房地产业效益目标

这里所说的效益目标包括宏观效益和微观效益两个方面。由于房地产业的发展与经济建设、环境建设和居民生活关系密切，因此，宏观效益应是经济效益、社会效益和环境效益的统一。微观效益包括劳动生产率、投资回报率和资本利润率等。提高微观经济效益是房地产企业追求的目标，只有把宏观效益和微观效益统一起来，才能达到房地产资源配置的高效率。

## （二）房地产产业政策的实施手段

房地产产业政策的目标是通过一定的产业政策手段实现的。由于房地产产业政策是一种方向性、导向性的政策措施，因而其实施的方法主要是运用间接的、经济性的调控手段，并辅之以必要的行政控制手段。

1. 间接的经济调节手段

政府通过财政政策、货币政策、投资政策、技术政策等调节市场，由市场影响企业，引导房地产业按政府设定的方向和目标促进经济活动。如按房地产经济运行现实状况，运用税收政策、信贷政策，支持或抑制房地产业的发展速度，使其与相关产业和整个国民经济的发展相适应，实现稳定健康的发展。

2. 信息引导手段

政府可以利用所掌握的产业发展现状、房地产开发建设总量和结构、市场销售情况、需求变化方向等定期发布信息，使房地产企业获得正确的信息资源；同时，还可以公布中长期的房地产产业政策，使企业明确发展方向。科学的经济信息，可以引导房地产企业进行正确的投资决策，及时调整内部结构，稳定市场，促使房地产业正常发展。

3. 直接的行政控制手段

针对房地产业发展中的倾向性问题，政府还可以运用行政权力，对房地产业的发展方向进行直接的行政控制。如城市规划控制、土地供应量控制，以及实施住房制度改革，调整住房政策等，使房地产业的发展达到国民经济发展的整体要求。

## （三）房地产产业政策的层次

房地产业本身的特点决定了房地产产业政策划分为三个层次。

第一个层次是关系国民经济全局的总体房地产产业政策，主要是房地产产业定位和房地产产业发展政策。前者包括房地产产业分类、房地产业在整个国民经济中所处的地位和作用、在国民生产总值中应占的比重等政策；后者包括房地产业发展的规模和速度、影响商品房市场供给量和市场需求量的相关政策等。

第二个层次是房地产行业内部的各类政策，主要包括土地使用制度政策、城镇住房制度及其基本政策、产业内部各类房地产商品比例结构政策、房地产综合开发和综合经营政策、培育和完善房地产市场体系政策、房地产行业管理政策等。

第三个层次是各类房地产政策体系中更为具体化的政策，规范房地产市场运行的房地产市场交易政策、房地产价格政策、房屋租赁政策、物业管理政策等，实施城镇住房制度的住房供应政策、住房公积金制度、住房分配政策等。

区分上述三个层次，主要目的在于明确不同层次的房地产产业政策的决策机构应有的权力和所承担的决策责任，以确保房地产产业政策的科学性。

## 二、货币政策

### （一）货币政策的含义和主要任务

一般意义上的货币政策，是指一个国家的中央银行通过一定的措施调节货币供应量，进而控制货币的投放量和需求量，最终达到总量平衡目的的政策手段。总量平衡即社会总供给和总需求的平衡。社会总供给是指能够向市场提供的各种最终产品和劳务，它是由投资量和投资规模决定的，与货币投放量直接相关。社会总需求指的是有效需求，它是由货币供应量及其周转速度所体现的现实购买力形成的。调节货币供应总量，就可以使之体现的社会总供给与社会总需求的规模相适应。所以，货币政策是宏观调控最重要的手段。

运用货币政策对房地产经济实施宏观调控，核心是控制投入房地产业的货币供应量，主要体现在以下三方面：一是控制货币投放量，以保证货币供应适应房地产业发展的需要；二是控制房地产业的投资规模，使房地产市场供给量与需求量达到动态平衡；三是控制房地产信贷总规模，使之既能满足房地产开发经营和支持居民购房的资金需求，又能防止过度膨胀，确保信贷平衡等。

### （二）货币政策的主要工具

货币政策对房地产经济宏观调控的作用是通过一定的金融工具来实现的。主要有以下几种：

1. 利率政策

利率是货币信贷政策最重要的杠杆。国家可以通过银行运用利率杠杆来调节流入房地产业的货币投放量。当信贷规模过大、资金供应紧张时,提高贷款利率,使房地产开发融资成本上升,抑制开发量;住房消费信贷利息负担加重,减少住房消费贷款,抑制住房需求量。反之,降低贷款利率,则作用相反。银行降低存贷款利率,不但减轻了房地产开发企业资金成本负担,为降低房价创造了条件,而且少了运用消费信贷购房者的利息支出,鼓励居民贷款购房,对促进住房消费和住宅市场的发展,起了良好的推动作用。

2. 公开市场业务

公开市场业务,是指中央银行在公开市场上,通过买卖有价证券的办法来调节货币供应量,从而调节社会总供给和总需求的金融业务活动。当国民经济出现衰退时,中央银行可以在公开市场上买进有价证券,增加货币供应量,从而刺激投资和消费,促进经济复苏。而当出现经济过热、通货膨胀时,则卖出有价证券,回笼货币,减少货币供应量,从而抑制投资和消费需求,促进经济稳定。公开市场业务不仅从总体上调节房地产供给和需求,而且通过买卖住宅债券,直接调节投入房地产开发和消费的货币供应量,达到控制房地产经济总供给和总需求趋向平衡的目的。

3. 法定存款准备金率

法定存款准备金率是指政府规定的商业银行向中央银行交存的存款准备金占总存款量的比例。中央银行通过提高或降低存款准备金率,影响商业银行的贷款能力,从而控制信贷总量。提高存款准备金率,即提高商业银行向中央银行交存的法定准备金,可以使商业银行收缩信贷,从而紧缩货币供应量,抑制投资和消费增长。反之,降低存款准备金率,即减少商业银行向中央银行交存的法定准备金,使商业银行可贷资金量增加,扩大货币供应量,鼓励投资,刺激消费等。存款准备金率的高低,通过商业银行信贷投放量,使房地产信贷扩张或收缩,从而使房地产总供给和总需求得以有效控制。

4. 再贴现率

再贴现率是指中央银行对商业银行及其他非银行金融机构的再贷款利率。各商业银行主要通过两种方式向中央银行贷款:一是将各种票据如国库券等政府公债,向中央银行再贴现;二是用自己所拥有的政府债券和其他财产作为担保,向中央银行贷款。中央银行运用提高或降低贴现率的办法来调节货币投放量。当经济过热时,中央银行通过提高再贷款标准和利率,限制商业银行的融通资金量,紧缩信贷;反之,当经济衰退时,则中央银行通过降低再贷款标准和下调再融资利率,扩大商业银行融通资金量,扩张信贷。再贴现率的高低直接影响商业银行的信贷规模,从而也调节其对房地产开发投资和消费的贷款总量。

上述金融工具所体现的货币政策对整个国民经济都发挥着关键性的调节作用。作为国民经济重要组成部分的房地产业，它的开发建设和消费都离不开金融业的信贷支持。政府运用货币政策，合理安排房地产业的资金总量，就可以达到控制和调节房地产经济发展水平的目的。

## 三、财政政策

财政政策，就是政府运用财政收支的各种工具，通过调节国民收入分配、再分配的方向和规模，以达到经济总量平衡和结构平衡目的的政策手段。在宏观调控中，财政政策具有最直接、最有效的作用。对房地产经济的宏观调控，财政政策也同样起着十分重要的作用。

财政政策的主要内容包括两个方面：一是政府的财政收入政策；二是政府的财政支出政策。

### （一）财政收入政策

财政收入政策主要是税收政策，通过税种和税率的变动，调节社会总供给和总需求。税收对房地产经济宏观调控的作用主要体现在以下两方面：

1. 税收对房地产市场消费需求的调节作用

在房地产市场交易中，税种增加、税率提高等，将使市场需求减少；反之，将使市场需求增加。

2. 税收对房地产市场供给的调节作用

对房地产开发企业的税种增加、税率提高，导致开发成本上升，投资的预期收益减少，抑制房地产投资增长率；反之，税种减少，税率下降，投资的预期收益增加，促进房地产开发投资增长率上升。所以，正确实施税收政策，合理税费，是对房地产经济实施宏观调控的重要手段。

### （二）财政支出政策

财政支出对调节国民收入的分配和再分配、社会总需求、生产和供给、产业结构等方面都有重要作用。从对房地产经济的调节和控制来讲，首先，在财政支出中，增加或减少对房地产开发投资量，会直接影响投资品需求和房地产商品供给量。例如，近年来国家为扩大内需，增加对住房建设的投资，既促进了房地产业的发展，又拉动了整个国民经济增长。其次，在财政支出中增加职工工资，实施住房消费补贴，增强了居民购房能力，扩大了住房消费，直接提升了住房消费需求。最后，通过财政支出结构的变动来调节房地产业在国民经济中的比重，调节房地产业内部各类房地产的比例。例如，房地产开发建设中，通过增加住宅建设投资、压缩办公用房和商业用房投资，促使房地产业内部结构趋向合理。

## 四、投资政策

投资政策是指政府作为宏观经济管理者，根据国民经济发展的总体目标和产业政策的导向，对投资方向、投资规模和投资结构进行调节的政策手段。在市场经济条件下，由于企业是市场经济的主体，也是投资主体，因而除了政府投资可以直接控制之外，主要运用经济手段进行引导，以达到宏观调控的目标。

房地产投资政策主要把握以下两个方面：

### （一）房地产投资规模控制

房地产投资规模直接关系到房地产业的增长速度及其在国民经济发展中的地位和作用的发挥。房地产投资规模受到一系列因素的制约，所以，政府对房地产投资规模的控制，应重点把握以下准则：

1. 投资目标准则

房地产投资是全社会固定资产投资的重要组成部分，受到一定时期国家经济发展和结构调整总目标的制约，房地产投资规模必须服从宏观经济总目标的要求，避免盲目扩张或过于滞后，寻求一个比较合理的、与国民经济发展相协调的规模。

2. 投资品保证准则

投资品是投资的物质基础。房地产投资必须具备钢材、水泥、木料等建筑材料、土地资源以及相应的配套基础设施条件，必须以此为根据确定投资规模。超过这个限度，会因投资品缺乏而停工待料；如果投资规模过小，也会造成投资品积压，资源浪费等。

3. 市场需求准则

任何投资都会形成现实的和未来的生产能力和市场供给，最终都要受到市场需求的制约。房地产投资规模的确定，必须建立在社会对房地产商品市场需求的基础上。20世纪90年代初，由于房地产投资的高回报率，曾误导一些房地产企业盲目扩大投资，不顾市场需求状况，而到20世纪90年代中期建成的商品房集中上市，造成阶段性供给过剩，商品房大量空置，这是一个深刻的教训。所以，政府实施投资政策，要充分利用各种方法，引导房地产企业正确进行投资决策，把房地产投资规模控制在一个合理的区间内。

### （二）房地产投资结构控制

这里所说的房地产投资结构，是指房地产业内部资金投向各种类型和各个方面的比例关系。主要包括以下三方面：

1. 房地产投资的客体结构

即投资于生产用房、商业用房、办公用房、游乐设施和住宅等各种房地产类型。一般来说，住宅建设投资应占主体地位，在住宅中尤以满足中等和中低收入家庭需要的普通商品住宅为主。

2. 房地产投资的时间结构

即房地产投资在各个年份均衡增长，以与市场需求增长相适应。避免因过于集中而引起大起大落，造成阶段性供求失衡的状态。

3. 房地产投资的空间结构

即房地产投资要素在全国各地区中比例关系的合理配置，力求做到地区分布相对平衡。目前，我国的房地产投资70%左右集中在东南沿海经济发达地区，过于集中，而中西部地区则相对落后，应做出适当调整。

## 五、法律手段

市场经济是法制经济，国家通过规范经济活动的准则来调节市场经济的有序运行。对房地产业进行宏观调控的法律手段，是指政府通过立法和司法，运用法律、法规来规范房地产经济运行秩序，引导房地产业健康发展的方法和手段。法律手段具有强制性、规范性、稳定性特点，并具有强制的约束性，是间接宏观调控的重要手段。

广义上的房地产法，是指调整房地产经济关系的各种法律和法规的总和。具体来说，就是指调整公民之间、法人之间、公民与法人及国家之间在房地产权属、开发建设、交易管理等与房地产相关的各种社会关系的法律规范的总称。狭义的房地产法仅指直接调整房地产关系的法律法规，与一般法律相比，房地产法具有以下特征：

### （一）主体的多样性

任何组织和个人都会与房地产发生联系，由此形成涉房利益关系，从而使房地产法律关系的权利主体和义务主体呈现多样性。

### （二）调整关系的综合性

房地产法调整的房地产关系较为复杂，既包括房地产所有者、使用者、经营者依法享有的所有权、使用权和经营权等各种社会关系等，又包括房地产开发、经营、管理以及涉外房地产等各项活动及其引起的纵向、横向的社会关系，因而综合性特征十分突出。

### （三）调整手段的交叉性

房地产法属经济法、行政法、民事法下的子法，自然就有三种基本法采用手段的结合交叉的特点。

### （四）权属的基础性

作为不动产的房屋财产和土地财产，其转移并非实际物体发生移位，而是权利主体发生变动（交易和转让）。房地产权属的设定转移都必须办理权属登记，所以房地产法律规范是一个以权属为基础的法律规范。运用法律手段规范房地产经济运行，必须充分考虑房地产法的上述特点。

房地产法律手段的调控，是通过立法和司法来实现的。立法是指房地产法规的制定。房地产法律体系应当包括土地征用、土地批租、房地产企业的开发经营、住宅建设、房地产交易以及租赁、抵押、房地产权登记、房地产估价、房地产金融、房地产售后服务和中介服务等内容，它主要调整房地产方面的经济法律关系、民事法律关系和行政法律关系。同时，还要加强房地产司法等。近年来随着房地产交易活动的扩大，涉房经济纠纷明显增多，加强司法工作，能够及时、准确、公正地解决各种纠纷，有力地打击违法犯罪活动，维护正常的房地产经济运行秩序，促进房地产业发展。

## 六、行政管理和计划管理

### （一）房地产行业行政管理和计划管理的必要性

行政手段包括行政政策法令、规划以及少量的指令性计划等，它是直接的宏观调控手段。相对其他行业来说，房地产行业的行政管理和计划管理更为必要。这是因为：第一，房地产开发与城市建设的发展关系极为密切，盲目布点和开发会导致城市布局结构失衡。而由于房地产是不动产，位置固定，一旦出现失衡，调整极为困难，或者要花费很大代价来调整。所以，必须由政府出面进行统一的城市规划，制定必要的行政法规来加以严格管理。第二，土地是稀缺资源，不能再生，城市土地的合理利用和开发，是直接关系到城市建设可持续发展的重大问题，只有政府通过行政手段，统一管理土地，加强土地规划，才能保证土地资源配置的高效率，避免浪费。第三，市场机制配置房地产资源固然能发挥基础性的调节作用，但同时也存在着盲目性、滞后性等缺陷和弱点，容易引起大起大落等不稳定性，造成供求失衡。所以，政府必须通过行政手段和计划手段，实施必要的行政管理，直接干预房地产经济活动，以保证房地产业的健康发展。正因为上述理由，世界各国政府都加强了对房地产业的行政管理，房地产开发经营已成为各国政府行政干预最深的一个领域。

## （二）房地产行业行政管理和计划管理的内容和作用

1. 加强土地管理，实施可持续发展战略

土地政策是宏观调控的重要手段。为了保证土地、特别是城市土地的合理利用和节约使用，发挥土地资源的最大效能，政府必须通过行政立法、行政手段等措施，加强土地管理。针对我国人多地少的国情，更应节约土地，防止滥占耕地等浪费土地资源的情况发生。城市的土地管理，主要是控制土地使用总规模和使用性质、使用方向，实行土地有偿、有期限、有计划的实施制度，通过建房基地计划供应控制房地产开发总规模。土地的利用不仅要满足当代人的需要，而且必须考虑后代人的土地需求，以不损害后代人的利益为原则，所以，必须坚定地实施可持续发展战略。

2. 制定房地产开发建设计划，协调与国民经济发展的关系

房地产业是国民经济的重要组成部分，既受到国民经济特别是地区经济的制约，又能促进国民经济和地区经济的发展。为适应国民经济发展的要求，各级政府和相关部门要根据实际情况制定房地产开发建设计划，把房地产投资纳入社会总投资规模之中，控制投资增长速度和开发建设规模。计划手段主要突出战略性、宏观性和政策性，应以长期指导性计划为主，实行必要的指令性计划。

3. 搞好城市规划，保证房地产开发符合城市发展的方向

城市规划是政府行使对房地产业行政管理，调控房地产开发的重要手段。世界各国的中央政府和地方政府都运用城市规划法或城市规划条例来规范房地产开发行为。城市规划是城市建设发展的整体布局，而房地产综合开发则是其中的一个局部，房地产开发应服从于城市规划的管理，必须坚持从全局出发的原则，才能达到经济效益、社会效益和环境效益的统一。政府通过城市规划对房地产开发进行控制，引导房地产开发向健康的方向发展。我国的城市规划滞后、朝令夕改的现象比较严重，这一调控手段尚未得到充分的发挥。因此，要进一步搞好城市规划，强调城市规划的严肃性和全面性，真正发挥其对房地产开发的调控作用。

## （三）我国房地产行政管理和计划管理的发展与完善

近年来，我国政府对房地产行业的行政管理和计划管理采取了一系列重大改革措施，如土地使用制度改革、城镇住房制度改革、房地产行政管理体制改革等，并制定了一些专项房地产法律法规，加强了规范化、法制化管理，但仍跟不上房地产业迅速发展和开发规模日益扩大的形势需要。进一步发展和完善对房地产行业的行政管理和计划管理仍是一项重大任务。一是要认真研究市场机制调节与房地产行政管理的关系，既不能越俎代庖，也不能放任不管。分清哪些由市场机制调节，哪些应由行政管理，把该管的认真管好。二是要正确处理管理与服务的关系，增强以服务为中心的管理观

念，为市场经济主体提供优势服务。三是要把国有房地产企业的资产管理与行政管理区分开来，建立国有资产管理和经营机构，专司国有房地产企业的资产管理职责，精简房地产行政管理机构，专司宏观调控职能。四是要建立房地产行政管理体系，加强管理的力度，简化管理的手续。为改变施政机构杂乱、政出多门的状况，可以采取联合办公的形式，集中处理行政管理事务，使之既便捷又达到高效管理的目的。五是要坚持依法管理，增强行政管理的透明度，体现公开、公平、公正的原则，加强民主管理和科学管理，提高管理水平等。

## 第三节　房地产经济宏观调控体系

### 一、直接调控和间接调控

　　房地产经济宏观调控的方式可分为直接调控和间接调控两种方式。直接调控方式是指政府通过行政手段和指令性计划管理，直接控制房地产开发、流通、分配、消费诸过程，从而达到对房地产经济宏观调控目标的一种调控方式。间接调控是指政府运用经济手段、经济参数调节各类房地产市场，再由市场机制（供求机制、竞争机制、价格机制等）引导市场经济主体（企业）的行为，使之符合房地产经济宏观调控目标的一种调控方式。

　　在社会主义市场经济条件下，由于企业成为市场经济的主体，是自主经营、自负盈亏、自我约束、自我发展的独立的商品生产者和经营者，具有独立的经济利益，它的生产经营活动以市场为中心展开，在市场竞争中求生存和发展。市场机制起着决定性的调节作用，政府一般不再直接干预企业的生产经营活动，而主要通过市场机制、经济杠杆等间接的手段来调节市场经济运行，引导企业按政府制定的目标方向发展。所以，经过改革，计划经济体制下的直接调控方式为主，也就转换成适应市场经济要求的间接调控方式为主。间接调控方式在房地产经济调控中，主要表现为运用财政政策、货币政策、产业政策、投资政策和房地产法律、法规等手段，调节各类房地产市场供求状况，再由供求机制、价格机制、竞争机制、利率机制等市场机制引导房地产企业的投资开发（生产）、流通、分配和消费的生产经营活动。

　　但是，间接调控为主并不排斥必要的直接调控。对关系国民经济命脉、国家安全和国计民生的重大项目建设和重要产品的生产和流通，仍然需要实行一些直接调控。房地产业由于其自身的特点，同城市建设、生态环境和居民生活质量关系密切，房地产业的发展和房地产市场状况，对整个国民经济和人民生活影响极大。所以，相对一般竞争性行业来说，直接调控方式的运用更为必要。如城市规划管理、建设项目的行政管理、土地管理和房地产市场交易的管理等，都显得更为严格一些。房地产经济宏观调控方式的运用，要把直接调控与间接调控结合起来，坚持以间接调控为主，辅以必要的直接调控，二者的完美结合才能取得良好的调控效果。

## 二、宏观调控的力度和效应

政府对房地产经济的宏观调控要获得成功并取得高效率，必须注意宏观调控的力度和效应。

### （一）房地产经济宏观调控的力度

房地产经济宏观调控的力度是指调控的强度，即对调控对象作用力的大小。把握调控的力度要以宏观经济态势和房地产市场的现实状况为依据，宏观经济态势是房地产业发展的外部环境，如国民经济增长率。市场总供给和总需求的均衡度、产业结构合理度以及人民收入和生活水平提高情况等。房地产业作为国民经济的重要组成部分，必然受到整个国民经济和地区经济状况的制约。房地产市场的现实状况包括房地产开发投资状况、市场供给状况、市场需求状况、各类房地产的结构比例状况、供求均衡状况，以及土地、建筑材料等可供资源状况、生态环境状况等。此外，还要掌握房地产市场特有的供求变动规律、房地产供给弹性、房地产需求弹性等影响调控效应的因素。这样才能使调控力度掌握在适当的范围以内，以避免出现过紧、过松等，引起房地产业发展中出现大起大落的不稳定状态。以货币政策为例，在经济过热、房地产开发过热时，采取从紧的货币政策，紧缩对房地产投资贷款，利用信贷机制抑制房地产业发展；而当经济不景气、房地产市场需求疲软时，则采取宽松的货币政策，增加对房地产的开发投资贷款和住房消费贷款，扩大货币供应量以启动房市。调控力度的把握是一件比较困难的事，重点是要取得正确、完善的经济信息，预测调控的效应，进行科学的决策。

### （二）房地产经济宏观调控的效应

这里所说的宏观经济调控的效应，是指各种调控政策手段实施以后，所达到的实际效果，即对房地产经济宏观调控所要实现的目标。宏观经济调控效应的发挥，取决于下列因素：

1. 调控政策本身的正确度

决策科学，力度适当，就可保证调控手段取得较好效应；反之，则会产生相反的结果。

2. 多种政策手段的配合应用

如货币政策、财政政策、产业政策、行政手段都要按调控目标的同一方向作用，如果一项政策与其他政策不协调，就会因相互抵消而削弱整体的作用效应。

3. 宏观调控的时滞

从房地产经济政策制定到贯彻执行，取得预期的调控效果有一定的时间间隔，称为调控的时滞。产生时滞的主要原因：一是政策本身有一个传导过程和完善过程；二是政策的实施有一个由点到面的推广过程；三是政策手段所产生的影响，也有一个市场经济主体的接受和反应过程。研究宏观调控的时滞问题，其意义在于把握房地产经济宏观调控政策的作用过程，使调控措施在预定的时期内达到最佳的效果。

4. 地区差异

一项经济政策的制定，总是依据一般经济状况而做出的，有较为广泛而普遍的适用性。但实际情况是各地区之间发展不平衡，政策效应也不完全相同。例如，政府制定的发展经济适用房的政策，在那些经济不发达、房地产业发展缓慢的地区，经济适用房的比例可以大一些；而在东南沿海经济发达地区，房地产业发展迅速的地区，则一般商品房的建设可以多建一些，经济适用房的比重相对小一些。既要保持政策的严肃性，又不搞"一刀切"。

根据上述因素，对房地产经济实施宏观调控必须坚持决策科学性，各种政策要配套运用，把握政策的作用过程，注意地区差别，使宏观调控取得最大效果，达到调控的高效率。

## 三、房地产经济宏观调控体系的建立与完善

房地产经济宏观调控是个完整的体系。从广义来说，它包括房地产经济宏观调控的目标、任务、内容和手段等；从狭义来说，这个体系包括房地产经济的决策系统、控制调节系统、信息咨询系统和监督保证系统。

### （一）房地产经济宏观调控的决策系统

经济决策正确与否，直接关系到宏观调控的成败，所以经济决策系统是房地产经济宏观调控体系的中枢。根据社会主义市场经济体制的要求和房地产业的特点，对房地产经济宏观调控的决策分为两个层次。第一个层次是国家的集中决策。它是国家执行社会经济管理职能的集中体现。我国房地产经济集中决策机构包括：全国人民代表大会及其常务委员会是决策的最高权力机构，有关房地产业的全国性法律法规和包含房地产业的社会经济发展计划都是由它做出决定的；国务院是决策的最高行政机构，国家发展和改革委员会和国家住房和城乡建设部是下属的决策的办事机构，其对房地

产业发展的重大方针政策和总体规划做出决策，引导房地产业健康发展，如把住宅业培育成新的经济增长点、加快住宅建设的决策、城镇住房制度改革的决策，都是由国务院决定的。第二个层次是地区性决策。鉴于房地产业地区性强的特点，地方各级人民代表大会和政府机构、主管委办，在执行中央决策的过程中，根据本地区实际情况进行具体决策，并相应制定符合本地区特点的房地产地区性法规、条例和具体实施措施，如住房分配货币化方案，各地区都有一定差异。两个层次决策，既体现了全国的统一性，又反映了地区的灵活性，二者结合有利于房地产经济宏观决策的贯彻实施。

房地产经济宏观决策的内容主要有：房地产业发展的战略目标；指导性发展计划或规划；涉及房地产业的法规和重大方针政策；土地规划、房地产投资规模、房地产市场的供求平衡；房地产业的内部结构；对房地产业的财政政策和货币政策；住房制度及其改革等。

为了保证房地产经济宏观决策的正确性，必须做到：①科学决策。在全面充分掌握准确信息的基础上，认真进行可行性研究，预测未来发展方向，提高决策的准确性和科学性。②民主决策。按照民主程序，广泛征求社会各界、专家学者和房地产企业的意见，对多种方案进行比较分析，选择最优方案。③建立决策的责任制。领导机构要依法决策，实行激励和约束相结合的决策机制，对产生巨大效益的正确决策给予奖励，对造成严重后果的决策失误给予必要的惩罚，直至追究法律责任。决策机构承担决策责任，有利于慎重决策，提高决策的正确度。

### （二）房地产经济宏观调控的控制调节系统

控制调节系统是指政府综合运用经济的、法律的、计划的和行政的各种手段调节和控制房地产经济运行的体系。它通过这些手段调节市场，进而由市场引导企业的经济活动，按宏观调控的目标健康运行。在市场经济条件下，房地产资源的配置以市场机制调节为基础，政府对房地产业的宏观调控，利用市场机制的调节作用，以间接调控方式为主，同时辅之以必要的行政的直接调控方式。为使宏观调控达到高效率，必须建立计划、金融、财政之间相互配合、综合协调的制度等。计划部门提出房地产业发展的目标、任务，以及需要配套实施的有关经济政策；房地产金融部门通过提供投资开发贷款、住房抵押贷款支持并监督房地产业的发展和住房消费需求的扩大；土地管理和房地产管理部门，则主要通过土地规划、供应、重大项目审批，制定有关的法律条文等行政手段，规范房地产市场运行秩序，控制房地产业发展规模和结构。各种调节手段既有分工，又有协作配合，相互协调，共同调节房地产商品总供给和总需求的平衡，实现结构优化，促进房地产业稳定、协调和健康发展。

### （三）房地产经济宏观调控的信息咨询系统

建立和健全房地产信息咨询系统，是政府进行科学决策的重要依据，是政策执行情况动态反馈的基本前提，也是影响房地产企业决策、个人决策及其经济行为的重要手段。在"互联网+"和信息化时代，信息是最重要的资源，信息的生产、收集、传递和分配可以产生巨大的效益。信息服务的职能是准确、及时、全面地反映房地产经济总量供求平衡和内部结构平衡的情况，经过信息中心的综合分析、整理、传递，及时反馈到房地产经济决策系统、控制调节系统和各类经济实体，以便迅速有效地采取行动，促使房地产经济健康运行。同时，政府还可以通过定期发布信息，引导企业和个人生产经营和消费决策，以促使宏观调控目标的实现。

咨询部门和机构的职能是根据大量信息分析现实状况，预测未来发展趋势，进行可行性研究，提供各种可行性方案，为政府的房地产经济宏观决策和企业的微观决策提供科学依据和对策措施。为此，要尽快建立和完善我国房地产经济运行的监测预报体系，积极发展咨询服务中介机构，提高服务质量，健全信息咨询系统。

### （四）房地产经济宏观调控的监督保证系统

任何经济机制的调节都需要有强有力的监督保证系统。房地产经济宏观调控的监督，是指国家通过各种监督机构和手段对房地产业的再生产过程中生产建设、流通、分配、消费等各环节，进行全面监察和督导。具体包括财政监督、税务监督、银行监督、审计监督、统计监督、会计监督、财务监督、法律监督、工商行政监督及其他行政监督等。宏观调控中经济监督的主要任务是监察和督导调控中的决策正确性，各种调控手段、法律法规、相关政策的贯彻实施，以保证其作用得到正常发挥。同时，通过监督规范企业和个人的经济行为，约束和引导房地产企业的生产经营活动符合宏观调控的目标。我国房地产经济宏观调控中监督不力的情况较为普遍地存在，必须加强监督力度，建立和完善监督保证系统。

## 第四节 房地产经济宏观调控的完善

### 一、正确认识和应对房地产经济新常态

新常态是中央对我国经济发展进入新阶段的重要战略判断，它是党和政府制定发展战略和采取各项政策措施的客观依据。新常态是就中国经济的全局而言的，它适用于经济领域的各部门、各行业，但各行各业的具体情况又有所不同，不能简单地照抄

照搬。房地产业是我国改革开放以来形成和发展起来的新兴产业，又是国民经济发展中重要的支柱产业，要研究其新常态下的新特点，并以此为据，采取适当政策措施，主动适应新常态，引领新常态，最终目标是要实现稳定增长。

### （一）新常态"新"在哪里

中国经济发展进入新常态，首先要搞清"新"在哪里。

一是从发展速度上看，经济增长速度从高速增长转为中高速增长。所谓高速增长，一般标准是GDP年均增长在8%~10%区间内，超过10%就是超高速增长。中速增长是指4%~7%的区间内增长，中高速是指6%~7%的增长。低速增长一般指1%~3%的增长。目前，所说的新常态就是指经济增长速度从前30年年均增长9%左右的高速增长，转入7%左右中高速增长的趋势，这是符合经济增长规律的。

二是从发展方式上看，经济发展方式从规模速度型粗放增长转向质量效益型集约增长。

三是从经济结构上看，就是经济结构从低度化转向高度化，不断优化升级。

四是从发展动力看，就是经济发展动力从要素驱动、投资驱动为主，转向创新驱动和消费驱动。

归结起来，经济发展新常态，就是新增长速度、新发展方式、新经济结构、新发展动力的总和。

### （二）房地产经济新常态的特点

房地产经济的新常态，应该同全国经济发展趋势相一致，但由于其行业的特殊性，也存在一些特点。

1. 房地产经济增长速度减缓，从高速增长转向中速、甚至低速增长

主要原因是支撑房地产高速增长的因素正在减弱。在20世纪80年代初，一是由于城镇居民住房水平普遍很低，存在大量住房困难户，需求旺盛；二是住房商品化、市场化的体制机制的活力显现；三是住房制度改革和土地使用制度改革的双动力。这三大因素促使房地产经济出现高速增长30年的黄金时期。而目前由于人均住房水平已超过30平方米（建筑面积）以上，需求拉动因素减弱，房地产领域的改革滞缓等因素，房地产经济增速必然减缓，可能比整个国民经济的增速还要小一些，不是中高速，而是趋向中速增长。

2. 房地产市场的结构由新建商品房为主，转向存量房交易为主

这个结构变化在前几年已显现出来，目前上海存量住房交易量与新建商品住房交易量已基本持平。在一些国家，如美国已很少见到新建商品房，90%以上是存量住房交易。这是由于新建商品房累积增多，城市化已基本实现，居民住房问题基本满足以

后必然出现的一种带有规律性的现象。

3. 房地产经济增长的动力由投资驱动为主，转向消费驱动、创新驱动为主

从 20 世纪 90 年代以来，房地产投资在全社会投资中所占的比重一般都在 30% 左右，有些地区高达 50%。随着需求的减弱，房地产投资也会下降，而住房消费对房地产经济的拉动作用将进一步上升，特别是存量房消费将继续增长。

第四，商品住房价格将从高增长转向趋稳，目前，多数地区将呈下降趋势，往后趋稳、微升或微降将成常态。

### （三）稳增长、增效益

在新常态的"四个新"中，新速度是结果，新方式、新结构是途径，而新动力则是关键。适应新常态，引领新常态，可以用六句话概括：稳增长，提质量，增效益，优结构，转方式，深改革。

稳增长，增效益，是引领房地产经济发展新常态所要实现的目标。要实现这个目标就要突出一个"新"字，抓住一个"稳"字，依靠一个"改"字。

突出一个"新"字，首先，要转变思想，树立新常态的观念。房地产过去那种跨越式发展、高速增长的时代已成过去式，要适应中速增长甚至低速增长态势，要尽力避免负增长。其次，要拓展房地产经济新增长点，开拓老年房地产、旅游房地产、商务房地产、文化教育和体育房地产等。同时，要进一步发展存量住宅市场和住房租赁市场。再次，要激发房地产业发展的新动力。随着房地产投资趋向平缓，在国民经济发展和总投资中的占比下降，必须扩展房地产消费市场，大力发展住房市场。最后，要抓住新常态带来的新机遇。城镇化、城乡一体化、信息化、新型工业化，都会对各种类型的房地产带来新需求，由此促使房地产经济保持稳定增长。

抓住一个"稳"字。一是要稳房价，主要是稳定住房价格。房价大幅上涨，现在有所回落是正常的，但也要防止大落，避免房价大起大落伤害房地产市场；要促使住房价格基本稳定，从而稳定房市。二是要稳需求，重点是扩大住房需求。对刚性住房需求和改善型住房需求，在贷款政策和税收政策上要坚持采取优惠政策，对购房投资性需求 2 套以内者也要放宽限购政策。要争取到境外买房者回归国内购房，拉动内需。三是调控稳，即调控政策要基本稳定，不要频繁变动。包括货币政策、财政政策基本面要稳定，积极支持住房消费，特别是住房税收政策，要降低销售环节税率，减少税种；增加住房保有环节税种，尽早出台物业税。四是稳增长。这是新常态的落脚点和最终目标。房地产业是支柱产业，稳增长不仅是行业发展的需求，也是稳就业，稳整个国民经济高速增长的客观需要，更不能拖国民经济发展的后腿。为此，要千方百计保持一定的房地产投资规模和增长速度，促使住房消费需求持续增长。

依靠一个"改"字，就是要继续深化房地产经济体制改革。近年来，这方面的改革几乎处于停滞状态，甚至有些方面出现倒退现象。要主动引领新常态，必须深化房地产经济体制改革，这是实现稳增长的动力所在。

其一，要深化土地制度改革。国有土地使用制度要进一步规范化、法制化，完善招投标土地出让制度，严控土地使用权价格无序乱涨价，带动房价失控。迅速改变农村集体土地制度改革严重滞后的状况，积极推进城乡土地制度一体化改革。实现农村土地产权明晰化，土地产权结构股份化，土地资产价格显性化，土地流转市场化，土地资产经营资本化。真正达到城乡土地资源集约、节约、高效利用，土地市场规范运行。

其二，要深化住房制度改革。要坚持住房商品化、市场化的改革方向，继续深化改革。一是住房保障重点要转向租赁房，帮助新产生的住房困难者解决住房问题。其中主要是两类人：一类是新成长的青年职工，收入不高，暂时买不起房，要为他们提供廉租房；另一类是新进城的农民工，他们家乡有住房，来城市后又成为无房者，只能租房入住。要设法建造一些面积紧凑、设备齐全的廉租住房，使之既实用、方便生活，经济上又能承受等。二是要改革住房财税制度，从重流通税、轻保有税，改为重保有税、轻流通税，这样才有利于促进房地产市场流通，控制投资性购房，同时使地方财政从过分依赖土地出让金收入，转向房地产税收的稳定收入。

其三，要改善房地产市场宏观调控。在调控中正确处理好政府与市场的关系，充分发挥市场在房地产资源配置中的决定性作用，政府调控方式以间接调控为主。尽快取消政府限价、限购政策。构建调控长效机制，充分运用市场机制调控。调控政策手段尽可能制度化、法制化。

其四，加快房地产法制建设。当前，一些地方土地市场混乱，重要原因就是制度缺失。应通过立法改革，积极推动房地产法制建设。

## 二、理顺政府与市场关系是改善房地产经济宏观调控的核心

完善房地产市场宏观调控，同样必须深化改革，关键也在于理顺政府与市场的关系，才能更好地发挥调控效应。

### （一）定位政府与市场关系的客观依据

1. 市场决定资源配置的三个基点

市场决定资源配置是市场经济的一般规律，市场经济本质上就是市场决定资源配置的经济。市场决定资源配置立足于三个基点。

（1）市场经济的客观规律，是支配社会资源配置的决定性因素

市场经济的一般规律，主要包括价值规律、供求规律和竞争规律。市场在资源配

置中起决定性作用,从根本上说,就是市场经济三大规律调节市场经济运行,支配资源投资,协调资源供需,合理配置资源,从而达到节约资源,充分利用资源,最优配置资源,提高资源配置效率的目的。市场经济配置资源效率高的缘由正在于此。

(2)市场机制是调节社会资源合理配置强有力的决定性手段

市场经济规律是通过市场机制作用的发挥来实现的。价格机制、供求机制和竞争机制这三大市场机制,是调节资源配置具有决定性的最重要的机制。

(3)市场经济利益是驱动社会资源配置方向的决定性动力

市场经济本质上是一种利益经济。社会资源配置的方向以及如何配置,必然受经济利益的制约和驱动。从微观经济考察,企业作为市场经济主体,其配置资源的动力在于获取最大的经济利益。为此,在企业内部人力、物力、财力、技术、管理、信息等资源的配置,必然精打细算,充分利用资源,避免浪费,从而达到微观经济效益最优化。从宏观经济考察,市场也具有经济稳定器和发动机的作用。市场机制的内在联系,价格机制、供求机制和竞争机制的交互作用,会产生一种自行调节的功能。宏观经济利益也是市场机制作用的动力源,使产品的生产符合市场需求,使各类产品的生产符合社会对各类产品需求的比例,从而提高宏观经济效率。

总的来说,充分发挥市场在资源配置中的决定性作用,有利于激发各类市场主体创业、创新活力,有利于推动经济更有效率、更加公平和更加可持续地发展。

2.认准政府在资源配置中的角色

市场在社会资源配置中的决定性作用,并非否定和削弱政府的作用,而恰恰是要更好地发挥政府的作用。在这里问题的关键在于要认准政府的地位及其在资源配置中应当扮演的角色,在政府与市场关系的认识上,一定要有辩证思维和互补性理念。市场经济并不是万能的,市场机制调节也有一定的自发性、盲目性、滞后性和分化性等缺陷。原因在于市场主体的趋利性动机,可能为获取自身利益最大化与社会利益、公众利益发生冲突等,影响社会公平,如开发商哄抬房价就是一例。这些缺陷被称之为"市场失灵"。所以,提出市场在资源配置中的决定性作用并不是说可以把一切都交给市场,所有领域都市场化,更不是政府对市场可以撒手不管。在现代市场经济中,政府的宏观调控和市场监管,都不是要弱化市场的作用,而是要弥补市场失灵,为市场有效配置资源和经济有序运行创造良好环境。

宏观调控的实质,是政府对市场的某种干预。但是,政府作为制定、实施宏观调控政策的主体,对市场的干预又必须建立在尊重市场规律的基础上,这就要求加快政府职能转变,简政放权,以统筹兼顾、间接引导等方式为主,充分提高政府的效能,把政府的地位和作用定位在"弥补市场失灵"上,既可以充分发挥市场在资源配置中高效率的优势,又可以充分发挥社会主义制度集中力量办大事、统筹兼顾、以人为本的优越性，实现二者的完美结合。

### （二）改善和创新房地产宏观调控的五大关节点

必须以改革的精神、思路和办法，改善和创新房地产市场宏观调控，抓好五大关节点。

第一，坚持社会主义市场经济改革方向，树立"市场主导、政府引导"的基本理念。房地产市场宏观调控的指导思想，要转换到"使市场在资源配置中起决定性作用和更好发挥政府作用"的理论创新思维上来。

改善房地产市场宏观调控，在指导思想上首先必须强化市场在房地产资源配置中的决定性作用，大幅度减少政府直接配置资源的行为。要破除政府主导型市场经济模式思维定式，牢固树立"市场主导、政府引导"的基本理念。所谓市场主导，就是凡是市场能自行调节的，政府就不要横加干预，充分发挥市场配置房地产资源的决定性作用。所谓政府引导，就是政府以发展规划、城市规划引导企业投资方向；以法律手段规范房地产市场运行；以优惠政策鼓励住房建设，满足居住需要。政府引导是方向性的、间接的，是在遵循市场经济规律的基础上进行引导。

第二，明晰政府在房地产市场宏观调控中的职能和作用，弥补市场失灵，规范运作。长期以来，政府对房地产市场的宏观调控职能没有一个明确界定，似乎是"万能政府"。改革的方向，是要把政府的宏观调控职能定位在"弥补市场失灵"这个基点上。这就是说，要相信市场也具有经济稳定器的作用，小幅的经济波动，住房价格波动，即使政府不调控，市场也会自行调节。市场经济配置房地产资源效率高，就在于市场功能的充分发挥。20世纪80年代开始的市场化的住房制度改革，市场化导向的房地产开发经营，开创了我国房地产业繁荣的新局面，带动和促进了我国经济快速发展的事实已证明了这一点。所以，凡是市场能自行调节的，一般来说，政府就不要去直接干预。

具体到房地产市场宏观调控中，政府的职能和作用可归结为以下几条：①政府应着重搞好城市发展规划和土地规划，实施规划管理调控。②土地是房地产市场的源头，城市土地归国家所有，政府应主动规范土地市场，控制地价，保证商品房、保障房的土地供应。③落实服务型政府要求，尽量减少房地产审批项目，建设小区周边的道路、交通、给排水公共设施建设，为企业发展创造良好的环境条件，提供优质公共服务。④重点抓好住房社会保障，公平合理分配，保障中低收入群体的基本住房需求，努力实现住房公平。⑤加强房地产市场监管，维护市场秩序，反对垄断，提倡公平竞争，制止哄抬房价和投机行为，抑制投资性购房，满足普通劳动者购房需求。⑥推进生态环境建设，发展节地、节能、节水环保型住宅，搞好小区周围和小区内的绿化建设，保护和建设生态环境，促进房地产市场可持续发展。

第三，确立科学的房地产市场宏观调控目标，明确以总量和结构控制为主。房地产业作为整个国民经济的重要组成部分，应当服从这个总体任务和目标。近年来的房地产调控却是宏观微观一把抓，把具体的房地产产业政策当作宏观调控目标，由此出现对房地产资源配置干预过多、干预不当的情况，特别是把应由市场决定的住房价格这个微观经济问题，当作最重要的宏观调控目标，层层落实问责制，与宏观调控的主要任务极不相符，成效甚微。

作为整个国家宏观调控的一个分支，房地产市场宏观调控的目标应当是：①实现房地产经济总供给和总需求的总量平衡，特别是住房供给总量和需求总量平衡。②实现房地产供给结构和需求结构协调，特别是住房的户型结构、商品房与保障房结构的协调发展。③缓解房地产周期性波动，防范地价、房价大起大落，防范房地产泡沫累积和破裂，稳定预期等，促进房地产业与国民经济相适应地持续稳定健康发展。

调控目标应坚持以宏观为主，不要再把降低住房价格作为调控目标。其一，这是微观经济问题，不属宏观调控目标；其二，这是市场自行调节的范围，房价有升有降是市场经济规律，非政府所能左右。所以，只需防范房地产价格泡沫累积和破裂，房价大起大落即可。此外，房地产业作为国家的重要产业，对国民经济发展有重要作用，但千万不要再把"保增长"的任务压到房地产业身上，避免房地产业异常发展，房价大幅上涨的情况再度发生。

第四，推进调控手段机制化，确定以财政政策和货币政策为主要手段。调控手段受到经济体制的制约。计划经济时期调控手段主要是政府的指令性计划和行政命令；而市场经济则是由市场规律支配，必须以市场机制为主要调控手段。应转到市场经济的轨道上来，政府的调控政策，必须顺应市场经济规律，充分利用市场机制调节，主要是财政政策、货币政策和法律手段等。

财政政策有两方面：一是财政收入政策，主要是税收政策；二是财政支出政策。税收政策是房地产调控行之有效的最重要的调控手段，目前，房地产税收存在名目繁多、负担过重和税种分布不合理，重流转税、轻保有税等问题。所以，为充分发挥税收的调控作用，要减轻房地产销售流转税，加征房地产保有税，使之有利于抑制投资、投机性购房，减轻自住性住房消费者的负担。

过去财政支出政策的调控作用往往被忽略，其实也是很重要的。因为社会保障房的建设资金来源主要靠财政供应，供应量的多少，直接关系到住房公平的实现程度，所以，也应当很好地发挥财政在支持保障房建设和分配中的作用。

货币政策主要是运用金融手段来调控房地产。一方面，通过银行的房地产开发信贷，支持或收缩房地产开发；另一方面，住房消费信贷通过发放住房抵押贷款的多少，影响购房者的需求量和住房消费。金融作为房地产经济运行的血液，也是调控房地开发、流通和消费最重要的手段之一，应当好好利用起来。

法律手段是至今房地产调控中使用最少的手段。法律具有规范性、强制性、严肃性，而且有很强的约束力，所以在宏观调控上具有很大的优势。遗憾的是，我国至今没有一部完整的房地产法，更没有住宅法、住房保障法，在许多方面房地产调控缺少法律依据，更多的是国务院部委和地方政府发布的条例、意见。须知市场经济是法制经济，房地产市场要靠法律来规范，政府要按照市场经济规律依法调控。所以，要加快房地产立法，加强执法，提高执法水平。

第五，构建房地产宏观调控体系，提高调控的科学性和有效性。从20世纪90年代开始对房地产调控以来，已有20多年时间，但至今尚未建立起真正科学的宏观调控体系，许多政策都是临时采取的应急手段，是多变的短期政策，地方政府贯彻不够，企业和购房者则采取观望态度，搞乱了政策预期和市场预期，最后往往以效果不佳告终。近10年，年年出台新的调控政策，差不多都是这种情况。构建科学的房地产市场宏观调控体系，应包含以下几个要点：①前提是要明确房地产市场调控体系是整个国民经济宏观调控体系的子系统，应当服从于国家发展战略和规划并以此为导向，是中长期的，而不是短期的。②应强化市场功能，减少政府直接干预，提高政府调控效能。③在目标制定上，要调整房地产市场调控目标，坚持以总量控制和结构控制为主，不宜把微观经济列入调控目标。总体要立足于促进房地产市场持续稳定健康发展。④在调控手段上，建立以市场机制为主的长效的调控机制，要遵循市场经济规律，以财政政策和货币政策以及相应的税收机制、利率机制为主要手段，坚持以间接方式调控为主。⑤在贯彻实施中，要区别对待，分类调控，不搞一刀切。房地产市场的区域性特别强，我国面积大，东中西部各城市的地区差别很大，房地产市场（包括供给、需求、人气、房价、收入水平等）一、二、三线城市分别已越来越明显。一项政策不可能适用于全国，所以，中央的政策对不同类别城市应提出不同要求，能局部调的不搞整体调，能由地方城市调的不搞中央调。根据房地产市场地区性特别强的特点，房地产市场宏观调控可以放权给地方政府，中央政府只出台原则性的调控政策，主要由地方政府因地制宜采取具体的政策措施，贯彻实施，注重实效。

## 三、构建房地产经济宏观调控的长效机制

总结前几年宏观调控的经验教训，要使调控取得较好效果，关键在于构建长效机制。

### （一）宏观调控目标常态化

为确保房地产市场的宏观调控能坚持不懈地持久进行下去，必须使宏观调控目标

常态化。房地产经济宏观调控主要有五大目标：一是调节供求关系，实现房地产经济的总量平衡；二是优化房地产业结构，提高资源配置效率；三是促进房地产价格合理化，保持房价的基本稳定；四是确保房地产业持续稳定健康发展，更好地满足生产建设和居民生活消费需要；五是协调与其他产业和国民经济的关系，充分发挥支柱产业作用。所谓调控目标常态化，就是要使上述五大目标确定为调控经常性要实现的目标任务，持续稳定长期坚持。

### （二）宏观调控方向明晰化

宏观调控方向是指政府对房地产市场实施调控的政策走向。一般来说，主要包括三种可供选择的指向：一是紧缩政策；二是宽松政策；三是松紧适度的中性政策。明晰调控的方向，是房地产市场宏观调控成败的关键。

明晰宏观调控的方向是一件十分复杂的事情，需要做到以下几点：

一要做到依据充分，方向明确。正确的调控方向是建立在科学分析房地产市场形势基础上的，为此要建立房地产信息咨询系统，进行细致分析研究，解决存在问题，确定政策调节的目标和方向，有针对性地予以解决。

二要突出重点，区别对待。所谓突出重点，就是在房地产市场存在的问题中找出倾向性的主要矛盾和问题，重点制定倾斜政策，着力予以解决。所谓区别对待，就是也要顾及一些次要矛盾，有区别地制定不同的政策，相应得以解决。政策调控的重点是抑制投资投机性需求，而对于一般居民特别是首次买房的消费需求，则要相应予以保护甚至鼓励。不加区分地紧缩所有住房需求，造成房市低迷，也是前几年宏观调控难以坚持的重要原因之一。

三要坚持调控方向，促进健康发展。长期以来，在业内人士中存在一种把调控与发展对立起来的模糊观念，认为加强宏观调控，必然影响发展。人所共知"发展是硬道理"，但是发展是有周期性规律的，是波浪式螺旋形前进的，不可能永远高速发展。调控的紧缩政策，是因为发展过快过热，超越客观可行性，容易引起大起大落，通过调控进一步协调结构，实现供求平衡和结构平衡，有利于今后更快更好的发展。

### （三）宏观调控力度科学化

房地产经济宏观调控力度是指调控的强度，即对调控对象作用力的大小，科学地把握调控力度也是构建宏观调控长效机制的重要环节。前几年的紧缩政策下为什么房价越调越高，很大程度上是由于地方政府贯彻不力、力度不足造成的。科学地把握调控力度，主要应抓好以下几点：

1. 调控力度要与市场形势相适应

科学的调控力度就是强弱适当的力度，衡量力度是否适当的标准是市场供需适应，价格平稳。

2. 调控力度要看政策组合配套形成的协调作用力和合力

每一种调控政策手段都有一个力度大小的问题，调控的经济手段、法律手段和行政手段，以及经济手段中的货币政策、财政政策、投资政策和产业政策之间，必须搞好协调结构，避免相互矛盾的抵消力，尽力争取形成并发挥组合作用力。

3. 宏观调控中要努力提高政策手段的执行力

政策再好，而执行乏力，等于空谈。这次中央的调控新政加了一条"问责制"，要追究地方政府主要领导者责任。所以，不少大中城市迅速出台了一系列具体政策贯彻落实，使房地产市场宏观调控政策的执行有了很大提高。

### （四）宏观调控政策系列化

房地产市场宏观调控的政策手段是多种多样的，所谓宏观调控政策系列化，就是要在调控中配套运用上述一系列政策手段，使之互相配合、协调运用，发挥长期的、稳定的调控效应。

从构建宏观调控长效机制来看，调控政策的配套运用必须注意以下几点：

1. 坚持以经济手段为主、行政手段为辅的基本原则

在市场经济条件下，经济手段是经常起作用的、长期的、效率较高的调节机制，所以是稳定的长效机制。同时，又由于房地产是不动产，对城市规划、土地利用、生态平衡和居民居住生活等关系十分密切，计划手段和行政手段的作用又特别明显，尤其是在房地产市场大起大落、房价失控等特殊情况下，可以采取限价、限贷、限购等"三限"行政措施，但应该明确这些都是暂时的措施，并不是长效措施。所以从总体上说，坚持以经济手段为主、行政手段为辅，才是真正的长效机制。

2. 提高调控政策的稳定性

宏观调控最忌讳的是政策的多变性，朝令夕改，容易造成房地产市场动荡不安。在前五年多次调控中，没有一次能持续半年的，引起人们对中央政策正确性的怀疑。所以，提高调控政策的稳定性极为重要。首先，要增强政策的科学性；其次，要正确处理统一性和区别性的关系；最后，要提高政策的透明度和预期效应。

3. 充分发挥土地在宏观调控中的重要作用

土地市场是房地产一级市场，是房地产市场的源头，土地对房地产市场调控有着特殊的意义，是理想的、稳定的长效机制。其一，政府通过调节土地出让量可以调节房地产供给总量，促进商品房供给和需求平衡。其二，地价是房地产成本中的主要部分，政府可以通过土地使用权出让价格影响和调节房价。其三，国家通过城市土地规划，可以调节房地产结构，促进房地产资源合理配置。

调控政策的多样性、系列化和稳定性，有助于构建宏观调控长效机制。

### （五）宏观调控运行法制化

建立和健全房地产法律法规体系是加强和改善房地产市场宏观调控的重要保证。政策有许多局限性，如时效性、多变性和伸缩性等问题，缺乏强制力和执行力，中央的政策到了地方，常会由于利益矛盾出现"上有政策，下有对策"等不正常情况，阻碍政策全面贯彻执行。而法律手段具有规范性、强制性、稳定性和长期性。通过相关法律把宏观调控的目标、原则、要求、手段等用法律条文固定下来，产生法律效力，无论政府、企业和个人都必须遵守，权利、义务和责任都得到规范，违法者要受到惩罚，具有权威性，可以长期、稳定发挥作用，取得较好效应。

宏观调控法制化，首先，要在认识上克服"重政策、轻法律"的思想，加快房地产法律体系建设，抓紧立法，特别是要把土地市场交易法、住宅法、住房保障法摆到议事日程，尽快出台，为加强宏观调控提供法律保证。其次，依法制定调控决策。法律是房地产市场调控的最高权威，调控决策要以法律为准绳，而且决策的程序要合理，保证调控决策的正确性，使之能发挥长期效能。最后，依法贯彻执行。调控决策重在贯彻执行，要善于运用法律手段的严肃性、权威性来提高执行力，保证其贯彻执行。通过明确规定权利、义务和责任，规范执行者的行为，实行问责制是一个良好的开端。

如果能真正实行调控目标常态化、调控方向明晰化、调控力度科学化、调控政策系列化和调控运行法制化，那么房地产经济宏观调控长效机制也就基本形成了。而只有建立长效机制，才是实现宏观调控目标、促进房地产市场持续稳定健康发展的可靠保证。

## 第五节 房地产经济可持续发展

房地产经济的可持续发展，是整个国民经济可持续发展的重要方面，对于房地产业发挥其对经济社会发展的促进作用具有重大意义。本章在阐述房地产经济可持续发展基本原理的基础上，展开分析房地产经济可持续发展的主要内容和基本要求，并就房地产业发展与社会发展互动关系进行深入研究。

### 一、房地产经济可持续发展的内涵及相关因素

#### （一）房地产经济可持续发展的内涵

所谓可持续发展就是既要满足当代人的各种需要，又要保护生态环境，不对后代

人的生存和发展构成危害的发展。房地产经济作为国民经济重要的产业部门，体现在社会发展的各个重要方面，它涉及土地资源利用和环境保护等一系列的协调问题。所以，房地产业的持续发展，既要满足当代人对房地产的各种需求，合理利用土地资源，又要保护生态环境，为后代人的生产生活创造必要的空间发展条件。

由于房地产业既与自然环境、生态保护密切相关，又与城市经济社会发展关系重大，可以对房地产经济的可持续发展从两方面进行考察。

1. 从房地产业与经济社会发展关系的角度考察

从房地产业与经济社会发展关系的角度考察，房地产经济的可持续发展，实质是持续、协调、稳定和健康发展等，就是要建立房地产业与整个国民经济及社会的和谐发展，具体可包括三层含义。

（1）持续发展

持续发展是指房地产经济的长期持久的发展，保持适度的增长率，既符合市场需求，又符合房地产资源的最佳利用效率。要避免房地产"过热"或"过冷"。如果房地产经济增长过快，会导致资源短缺，市场供给超过市场有效需求，出现供给过剩和空置率上升；反之，如果房地产经济增长率过低，房地产资源得不到合理利用，出现生产能力闲置，从而影响经济发展和人民居住生活水平提高。房地产经济的这种"过热"或"过冷"的情况，都是不正常的经济运行，都不能实现长期的持续发展。只有每年保持适度的增长速度，才是正常状态下的房地产经济的可持续发展。

（2）稳定发展

稳定发展，即保持适当的、平稳的发展速度，避免大起大落的剧烈震荡。在房地产业发展过程中，由于主客观条件的变化，每年的增长速度不可能完全一致，不平衡和波动是难以避免的，略有涨落是正常状态。问题在于不要人为地造成大幅波动，大起大落影响房地产业和整个国民经济的稳定。只有稳定的增长，才能实现可持续发展。

（3）协调发展

协调发展，即房地产业与其他产业保持结构协调，房地产业与地区经济和整个国民经济协调，房地产经济与城市建设、社会建设和生态环境建设协调发展。这是因为，一方面，房地产业发展受到地区经济和整个国民经济的制约，不能孤军突击；另一方面，房地产业的发展又能促进地区经济和整个国民经济的发展。只有保持结构平衡，协调发展，才是可持续的发展。

持续、稳定、协调发展，三者之间是互相联系、互相制约的统一体。其中，协调发展是基础，长期持续稳定发展是目标，最终要使房地产业健康运行，以实现房地产资源配置的高效率，取得良好的经济效益、社会效益和环境效益等，为搞好城市建设服务。

## 2. 从人与自然关系的角度考察

从人与自然关系的角度考察，房地产经济的可持续发展，就是建立人与自然的和谐关系。具体包括三层含义：一是在房地产开发建设过程中，要合理、节约、高效利用自然资源，既要防止浪费，又要留有余地，为子孙后代造福；二是积极发展低碳房地产经济，最大限度地利用非碳素的可再生能源，实现低能耗、高舒适度的完美结合；三是保护自然环境，严防污染，发展绿色房地产经济，改善居住条件。

## （二）房地产经济可持续发展的主要相关因素

### 1. 经济发展状况

房地产业是国民经济的重要组成部分，既受到整个国民经济，特别是地区经济的制约，又可以促进国民经济和地区经济的发展，所以，房地产业的发展必须与国民经济和地区经济的发展相适应。主要是房地产开发投资量，要取决于国民经济实际能够提供的资金量，如果房地产投资过多过高，会侵占其他产业的投资，形成房地产业片面发展，影响其他产业和整个国民经济的发展。

### 2. 居民收入水平

房地产业，特别是住宅产业的发展与居民收入水平和消费水平的高低密切相关。相对于其他商品来说，商品住宅的价值量大，价位较高，需要有较高的收入水平才能买得起商品房。一般来说，在房价既定的情况下，收入水平越高，购房的承受能力越强，越能支撑住房建设和房地产业的较快发展。

### 3. 市场需求程度

在社会主义市场经济条件下，商品房的建设和销售最终取决于市场需求。住宅的生产开发是住宅再生产过程的起点，而住宅消费则是其出发点和归宿点。如果离开了住宅市场需求，片面追求住宅建设速度，势必造成供给过剩而空置积压。市场需求可分为潜在需求和有效需求两种。潜在需求是居民购房的意愿，而有效需求才是有支付能力的需求。住宅潜在需求很大，但是要转化为有效需求，必然要受到房价、收入、住房体制和有效供给等因素影响。所以住宅建设和房地产业的发展，必须以住房有效需求为依据，以住宅消费需求的扩大，拉动房地产业的发展。

### 4. 房地产资源配置机制

房地产业的发展受到土地、能源、建筑材料和水资源等的严重制约，要提高资源配置效率，必须以市场机制作为资源配置的基础，同时要求加强政府的宏观调控。

### 5. 政府产业政策

产业政策是政府实施宏观调控的重要手段。房地产业的产业定位、产业规划和产业导向，是房地产经济持续健康发展的重要因素。21世纪以来，虽数经调控，但房地产仍然对城市建设和经济增长发挥了重要的推动作用。

6. 经济效益、社会效益和环境效益的统一

房地产是土地和房屋建筑物的统一。房地产业的发展，不仅涉及城市规划、基础设施建设、产业结构、房屋建筑物的布局，同城市建设的关系极为密切，而且涉及城市土地资源的配置、水资源利用、能源消耗，以及空气、绿化等生态环境建设。同时，住宅建设和消费还直接影响城市居民的居住质量和居住水平。事实上，随着社会经济发展，人们对居住质量和生态环境的要求日益提高。所以，不能片面追求经济增长和经济效益，而是必须服从城市建设的总体规划，合理利用土地，兼顾生态环境，把经济效益、社会效益和环境效益统一起来，才能实现可持续发展。

## 二、房地产经济可持续发展的基本要求

### （一）房地产业可持续发展的指导思想

坚持"以人为本"，全面推进经济、社会的协调和可持续发展，促进经济社会的全面进步、实现人的全面发展。这是我们党对社会主义现代化的指导思想。这对于房地产业的全面、协调和可持续发展，进一步发挥房地产业对于国民经济发展和社会全面进步的发展作用，具有十分重要的指导意义。

其指导作用主要体现在以下几方面：

1. 牢固树立"以人为本"理念，努力为提高居民的居住水平和居住质量服务

"以人为本"是房地产业可持续发展的出发点和归宿点。住宅是人们生活的基本消费品，随着经济发展和收入提高，广大居民改善居住条件的需求越来越强烈。房地产行业坚持"以人为本"的指导思想，要认真处理好经济效益和社会效益的关系，避免单纯追求经济效益、忽视社会效益的倾向，尽力把二者统一起来。要积极推进住宅建设，增加商品房供应，满足人们日益增长的住房需求；同时，在住房设计、内在品质和生态环境等方面进行创新，提供更多的宽敞型、舒适型、享受型住宅，充分体现社会全面进步、人的全面发展要求，满足住房需求水平不断提高的需求。

2. 牢固树立协调发展的理念，优化住房结构

结构协调是科学发展观对房地产业的基本要求。从住宅市场来看，主要是要使住房供应结构与消费需求结构相适应，实现总量平衡和结构平衡。一是要坚持住房建设和供应结构以适应中等收入者需求的普通商品住宅为主，努力满足不同收入群体的住房需求。二是根据住房需求水平与居民收入水平相适应的原则，引导和调整需求结构，从当前实际情况出发，要坚持抑制投资投机性需求，减缓旧区动拆迁速度，有计划地解放动拆迁引发的引致性需求。三是加快住房社会保障制度建设，以更好地满足中低

收入家庭的住房需求。

3. 牢固树立全面发展的理念，保持房地产业与国民经济发展相适应

房地产业作为国民经济的重要组成部分，一方面，要进一步发挥支柱产业的作用，为促进国民经济增长作出应有的贡献；另一方面，又必须与国民经济的发展相适应，保持全面协调的发展。既要避免房地产业发展过于滞后，拖国民经济发展的后腿，又要避免房地产业过热，出现泡沫经济，危害国民经济的全面协调发展。

4. 牢固树立节约资源的观念，提高资源配置效率

房地产业是消耗资源较多的行业，尤其是土地资源的占用量大。鉴于中国人多资源少的国情，房地产业的可持续发展一定要建立在高效利用并最大限度节约资源的基础上，尤其是集约利用和节约土地资源。提高土地利用效率，一是要发挥城市规划、土地利用规划的引领、指导和制约作用；二是要建立和健全土地市场体系，充分发挥市场机制在房地产资源配置中的基础性作用；三是要加强政府对土地资源的管理，严控土地供应量，合理地节约使用土地等。

5. 牢固树立可持续发展的理念，加强生态环境建设

房地产是房屋实体与生态环境的统一体，房地产业与生态环境密切相关。这就要求房地产开发过程和使用环节中要高度重视生态环境建设，不仅要避免对原有环境可能带来的破坏，而且更要精心优化生态环境，建设一个结构合理、运行协调的城市生态环境系统，实现人和自然的和谐发展。

（二）房地产经济可持续发展必须正确处理的关系

根据科学发展观的基本要求，实现房地产业的可持续发展必须正确处理以下六个关系：

1. 正确处理 GDP 增长与经济社会发展的关系

GDP 是衡量经济增长的重要指标。房地产增加值的增长，一方面，反映房地产业自身的发展水平和成熟程度提高；另一方面，也反映房地产业对整个国民经济增长的贡献度增强。但是，GDP 的增长毕竟偏重于数量型的扩张，如果人力、物力、财力的投入量大，消耗的资源多，只是依靠生产要素的增加实现量的增长，劳动生产率并没有实质性提高，就不能确切反映经济增长质量和效益；而高质量的经济发展则要求在技术进步的前提下，依靠投入生产要素的质的提高，通过科技含量的增加，提高劳动生产率，实现经济全面发展，从而能真正反映经济增长的内在质量和效益。必须清醒地看到，前一阶段我国房地产业的快速发展主要还是数量型的扩张，依靠科技进步实现质量型、效益型的发展还显得不充分。所以，房地产业的长期发展，必须注重科技创新，着力提高经济增长质量和效益，避免片面追求房地产增加值的数量增长。同时，

房地产业的发展还必须带动和促进社会全面发展，包括促进城市建设、改善城市生态环境和提高市民的居住水平等。

#### 2. 正确处理房地产业与国民经济协调发展的关系

房地产业与国民经济之间存在着互相制约、互相促进的辩证关系。从全局和局部的关系来看，房地产业是国民经济的组成部分之一、它受制于国民经济，特别是地区经济的发展程度，局部应当服从全局整体。从深层关系来看，二者之间又存在着互相联系、互相促进的关系。房地产业作为先导性、基础性和支柱产业，对国民经济增长发挥着举足轻重的作用，无论从全国还是地区来看，要实现经济增长都离不开房地产业的发展，这里涉及以下两个比较关键的问题。

其一，房地产投资增速问题。为了促进国民经济的发展，现阶段我国房地产投资须保持一定的增速。如何衡量房地产投资增速的合理度是个相当复杂的问题，一般而言，只要能拉动经济发展而不形成泡沫，其增速就是合理的。由于经济增长有波动性，房地产投资略高于或低于全国固定资产投资增幅均属正常范围。

其二，房地产投资占固定资产投资的比重问题，即怎样的比重才是合理的。目前的状况是，全国房地产投资占固定资产投资的比重在四分之一到三分之一区间波动，基本合理。有些地区房地产投资额的比重长期处于40%以上的高位，实际上侵占了其他产业的投资，是不协调的一种方式，应加以调控。

#### 3. 正确处理房地产业与金融业的关系

房地产业与金融业存在着密切的联系，一方面，房地产业的发展需要金融业的支持，包括房地产开发贷款对商品房开发建设的支持和个人住房抵押贷款对住房消费的支持。实践证明，我国房地产业的快速发展是同金融业强有力的支持分不开的。另一方面，金融业在支持房地产业的过程中，也拓展了金融业务，促进了金融业自身的发展。前一时期，在房地产投资利润率较高，且银行贷款利率相对较低的情况下，大量贷款涌入房地产行业，容易产生泡沫，一旦出现波动，就会增加金融风险，从防范风险的角度提出警示是必要的。进入21世纪以来，个人住房抵押贷款迅猛发展，对支持居民买房，促进住宅业发展发挥了重要作用。近年来，对投资投机性购房和自住性购房采取了差别化政策，增强了房地产业发展的可持续性。

#### 4. 正确处理房地产经济效益、社会效益和环境效益的关系

从微观经济的角度来看，房地产企业是市场经济中的利益主体，总是要追求最大限度利润，获取良好的经济效益；但从宏观层面来看，房地产业的发展要与经济发展、社会发展和生态环境的改善相协调。一个地区或一个城市房地产市场的发展，不仅要促进经济增长，而且要以此带动城市发展和竞争力的增强、社会基础设施的健全、城市文化教育的进步、社会关系的协调和人的全面发展；同时要以不损害生态环境为原

则，力求改善生态环境，促使人与自然的协调发展。所以，房地产业的发展规划必须以城市综合规划和土地利用规划为前提和基础，协调好与各方面的关系。

5. 正确处理房地产业发展与资源条件的关系

房地产业的发展同任何产业一样，都要受到国内外资源条件的制约。要跳出房地产业本身，从资源可供量看房地产业的发展。如果仅从市场需求来看，随着经济发展、居民收入提高，特别是城市化人口的增加，我国的住宅市场需求量非常庞大，房地产业的发展确实有着十分广阔的前景。问题在于我国地少人多、人均资源占有量少的情况下，不可能把大量资源都用于发展住宅建设和房地产业。所以，出路只能是节约用地、集约用地，提高土地资源利用效率，大力发展居民住宅。

6. 正确处理房地产业的当前发展和长期持续发展的关系

房地产业的发展随经济发展呈现出一定的阶段性，根据其他国家走过的路程，以产业的成熟程度划分，大体可分为初期阶段、中期阶段和发达阶段三大阶段。因此，既要立足当前的发展，又要顾及长期的持续发展，努力探求中国房地产业发展的轨迹，明确发展方向和未来趋势，把当前的发展放到历史长河中考察。

经过改革开放后多年来的发展，中国大城市房地产开发投资已达到了相当大的规模，房地产业在国民经济中已上升到支柱产业地位，中国房地产市场体系基本建立，有关法律规定逐步健全，人均居住面积已达到中等国家水平，由此判断，中国房地产业已进入中期发展阶段。从这一基点出发，今后的主要任务是朝着发达阶段的方向发展。所以，中国房地产业素质的提高应列为主要目标。

## （三）实现房地产经济可持续发展的主要举措

实现房地产经济可持续发展是个系统艰巨的任务，既需要相关体制机制的完善，也需要在相关领域做大量的工作。从我国房地产业发展的现实状况出发，今后要十分重视做好以下三个主要方面的工作：

1. 加强对土地资源的节约、集约、高效利用

土地是房地产的基础性物质条件，土地市场是房地产市场的基础性市场，土地价格是房地产价格的重要组成部分，亦即基础性的成本价格，土地权属关系是房地产的基本经济关系，因此，土地的合理利用是房地产业可持续发展的关键。土地具有稀缺性，尤其是在中国人多地少、土地人均占有量不足的具体国情下，节约、集约和高效利用土地，对我国房地产业和国民经济可持续发展具有特别重要的意义。

所谓土地的节约利用，是指在满足土地使用基本功能的前提下，通过采用一些技术、经济和政策措施，降低对土地资源的消耗，要大力发展节地型建筑和节地型住宅。可以采取的措施是：一方面，要改进住宅小区规划，适度控制道路和绿化面积，合理

安排建筑密度，适当提高容积率，着力控制高档次、大面积、大户型等别墅和豪宅建设，较多地建设 60～70 平方米、80～90 平方米的中小户型住宅，既可节省土地，又可多增加住宅套数，降低土地成本，较好地满足了中等收入以下者的住房需求。另一方面，要严格土地管理制度，制止土地闲置、荒芜等浪费土地资源的不良行为。

所谓集约利用，是指在土地资源既定的情况下，通过土地集聚性利用和增加对土地的有效投入，提高土地的利用效率和经济效益，发挥土地资源更大功能。如改进城市建设用地利用结构，增进用地利用强度，提高建设用地效益等。

所谓高效利用，是指通过技术、经济和政策手段，对现有土地挖潜改造，提高整体利用效率。它反映单位土地的经济支出，其衡量指标包括单位用地财政收入总额、单位用地 GDP 总额、单位用地房地产增加值等。具体落实就是要对空闲、废弃、闲置和低效利用土地进行全面清查，摸清各类建设用地中闲置和低效利用的数量、构成和分布情况，通过完善手续，调整位置，对分散和不便利用的碎块土地，整合成为具备较高利用价值的土地资源。同时，对旧区、棚户区的改造，不仅可提高土地利用率，而且还可改善居民居住条件，改变城市面貌。

2. 积极推进住宅产业化和现代化

房地产业的可持续发展必须依靠先进科学技术的推动。住宅产业是房地产业的主体部分，积极推进住宅产业化和现代化，是有效提高住宅性能和行业综合效益，实现可持续发展的重要途径。

住宅产业化就是采用工业化生产的方式生产住宅，以提高住宅的整体质量，提高劳动生产率，降低资源和能耗。具体说来，包括住宅建筑标准化、住宅产业工业化、住宅生产经营一体化和住宅协作服务社会化等四方面的含义。

住宅产业现代化，是以科技进步为核心，用现代科学技术改造传统的住宅产业，通过住宅设计标准化、住宅产业工业化、新技术大量广泛应用，大幅提高劳动生产率和住宅质量水平，全面改善住宅的使用功能和居住质量，高速度、高质量、高效率地建设符合市场需求的住宅。

住宅产业化与住宅现代化是两个相互联系的范畴，因为在住宅产业化的过程中，都伴随着科技的不断进步，渗透着现代化的理念，其本身就是一个现代化的过程，只不过各自的侧重点不同。住宅产业现代化强调的是，以科技进步为核心，加速科技成果转化为生产力，其宗旨是改善住宅使用功能和居住环境质量，目标是提高劳动生产率和工程质量，并降低生产中的能耗物耗，走可持续发展之路。

3. 大力发展低碳房地产

低碳房地产对于节能减排，实现房地产经济可持续发展具有重要意义。低碳房地产的基本理念是，最大限度地利用非碳素的可再生能源，实现低能耗、高舒适度的完美结合。低碳建筑是可持续建筑,从建筑节能到绿色建筑,再到低碳建筑,可以看到对建筑"可持续"的研究不断深入和发展,能取得建筑节能非常高的效率,符合社会和自然和谐的要求。中国房地产研究会住宅产业发展和技术委员会推出低碳住宅技术体系,涵盖了低碳设计、低碳用能、低碳构造、低碳运营、低碳排放、低碳用材、低碳营造和增加碳汇八个方面。例如,将低碳理念引入设计规范,合理规划城市功能区布局;在建筑物的建设中,推进利用太阳能,尽可能利用自然通风采光,选用节能型取暖和制冷系统,选用保温材料,倡导适宜装饰,实行全装修房;在家庭推广使用节能灯和节能电池等,应积极组织落实。在实践中,建筑的太阳能利用、地热利用、风能利用、水循环利用、能量循环利用和简约设计风格等都取得了较好效果。

## 三、房地产业发展与社会发展

房地产业既是整个国民经济的重要组成部分,又与社会发展密切相关。因此,必须高度重视房地产业发展与社会发展的良性互动,着重要关注房地产业与城市建设的互动发展,强调住宅是民生之本,以及生态环境建设等。

### (一)房地产业与城市建设的互动发展

房地产业同城市建设之间存在着既互为条件,又互相推动的密切关系。这种互动关系主要体现在:一方面,房地产业的发展推动城市建设的进展和城市面貌的变化;另一方面,城市建设的发展,既为房地产业提供基础性物质条件,又带动房地产业的发展。

1. 房地产业发展对城市发展的作用

房地产业的发展,为城市建设注入了强劲活力,推动城市功能的完善和城市面貌发生巨大变化。

(1) 房地产业的发展为城市建设积累了大量资金

资金是城市建设的血液,也是城市建设投入的基础保证。而房地产业的发展从多方面增加城市建设资金,保证了城市建设的需要。一是土地批租的收益,通过获取土地使用权出让金,获得了大量收益,用于城市大规模的基础设施建设;二是房地产税收收益,通过增加财政收入积累城市建设资金;三是房地产企业的自有资金以及经营收入的积累,也直接增加了城市建设资金投入。

(2) 房地产业的发展承担了旧城区改造的重任

通过旧城区改造,使大批的棚户简屋旧貌换新颜,变成了高楼耸立的现代化小区,既美化了城市面貌,优化了城市功能,又大大改善了居民居住条件。

(3) 房地产业的发展促进了城市产业结构的调整

一方面，房地产业的繁荣并成长为支柱产业，直接拉动了城市建设；另一方面，房地产业以其产业链长、产业关联度大的特点，又带动相关产业发展和城市功能的转换，间接为城市经济的快速发展做出了重要贡献。

（4）房地产业的发展改善了城市生态环境和居民的居住条件

通过现代化商办楼和生态型住宅小区的建设，城市的绿化面积大幅度增加，城市基础设施建设加强，生态环境大大改善。同时大片住宅区的建成，使住宅供应量大幅增加，也大大提高了城市居民的居住水平和居住质量。

2. 城市建设的发展对房地产业的作用

房地产业作为城市产业的重要组成部分，也受到城市规划、城市土地利用规划、城市基础设施和城市环境的制约，城市建设的发展从多方面带动和促进房地产业的发展。

（1）城市建设的发展对房地产业提出了新的要求，需要房地产业为其服务

城市基础设施建设需要房地产业为其提供资金支持；旧城区改造需要房地产开发企业拆旧建新，承担建造商务楼群和住宅小区的任务；城市功能的转换和发挥，也需要房地产业发挥支柱产业的作用。事实上，改革开放以来，房地产业的快速发展正是在为城市建设服务的过程中实现的。

（2）城市建设的发展为房地产业创造了基础性的物质条件

房地产业是一个综合性的产业部门，必须具备基础性的物质条件。例如，城市规划、土地利用规划为房地产开发提供规划依据；三通一平、七通一平、交通、通信、管道、道路等为开发建设提供基础设施；创造园林、绿化生态环境条件等，所有这些条件都要靠城市建设来提供。可以说，没有城市建设的发展，便没有房地产业的发展。

（3）城市建设的发展为房地产业提供了发展机遇

城市的一些重大工程建设、轨道交通、大型桥梁、过江隧道等建设，都需要房地产业为之服务，都为房地产业发展提供了新的机遇。

（4）城市建设的发展提升了房地产的价值

随着旧城改造和城市功能的转换，房地产价值也随之提升；轨道交通的建成，使周边地区房地产兴起并快速升值；绿化面积的增加，生态环境的改善，也使宜居性提升，房地产价值增值等。

上述分析说明，城市建设和房地产业的发展，是互为条件、相互依存、相互促进的。改革开放以来，我国上海、深圳等许多大中城市发展的实践都证明了这一点。

## （二）强化房地产业的民生性

从经济层面分析，房地产业作为支柱产业，承担着促进城市建设和国民经济发展

的重要功能；而从社会层面分析，作为房地产业主体部分的住宅业，又承担着改善和提高城市居民的居住水平和居住质量的重要作用。这两种功能不可偏离，鉴于前一阶段强调了房地产业的支柱产业功能，而对其民生性、社会性功能重视不够，因而当前必须强化房地产业民生性的社会功能。

首先，要在思想认识上正确处理住宅的商品性与民生性、资产性与消费性的关系，纠正片面强调商品性、忽视民生性，片面强调资产性、忽视消费性的倾向，树立住宅的民生性为主、消费性为主的理念。以住宅业为主的房地产业发展的根本目标，是提供质量优秀、价格合理、功能齐全、生态环境良好的住宅，为改善和提高城镇居民的居住水平和居住质量服务。

其次，要大力发展保障性住房，建立健全住房保障体系。按照住宅二重性理论，住房的供应应该建立商品性住房供应和保障性住房供应两种体系，住房价格也应当建立商品性住房价格和保障性住房价格两类价格。由于保障性住房的供应对象是低收入和中低收入者，因此，在保障性住房的生产开发建设、供应、分配和消费等方面，各个环节都要建立相应的政策体系，使他们真正享受到优惠的保障性住房服务。

再次，调整供应结构，严控商品房价格。适应居民收入和购房承受能力的要求，着重抓紧抓好两个方面：一是控制高档公寓、花园别墅和豪华房建设，加大中小户型住房建设力度，降低套总价；二是控制建房成本，特别是要改进土地使用权招标拍卖办法，挤压地价和住房价格中的泡沫成分，使之接近或符合真实价值。

最后，加强监管力度，提高住房建筑质量，增强安全性。住房建筑质量是住房建设的生命线，对于居民的居住质量和生命安全关系重大，近几年各地多次发生房屋倒塌、火灾等事故，给人们的生命财产造成严重损失。至于房屋开裂、下沉、渗水等更是住房的常见病，影响居住质量。因此，在房屋的生产建设中，要加强建筑监理和竣工验收，城市社区要提高防火、防灾能力，物业管理部门要尽心尽责，做好日常物业管理服务工作。

## （三）重视环境保护和生态平衡

在房地产业和城市化互动发展过程中，房屋建筑的开发建设和使用是消耗能源、资源、占用土地最多的领域，同时又是排放二氧化碳、排污，产生生活垃圾等污染物的大户。因此，房地产业在其自身的发展过程中，重视环境保护和生态平衡是应尽的社会责任。

一是规划引领。规划是龙头，是环境保护和生态平衡的先导。我国的国土规划、中长期规划，已将环境保护和生态平衡列为贯彻落实科学发展观，实现人和自然的和谐关系作为重要内容。各级地方政府也应把房地产业发展中的生态环境保护问题纳入城市发展的总体规划和土地利用规划，提出节能减排、优化生态环境的具体要求，并保证其得到落实。

二是节能环保。我国人口众多、资源匮乏、气候复杂、污染严重等，因此，必须把节能减排、保护生态环境列为国策。在节能方面，要充分利用自然界能源光源。例如，房屋建筑要正确选择建筑朝向，目的是使冬季得到更多日照，而夏季避免强烈光照，以保证冬暖夏凉自然良好的居住状态；顺应风流环境，合理选择开敞口，使夏季风流畅通、降低气温，冬季能控制西北风的侵袭，使住宅内保持暖和。此外，还要充分利用太阳能、风能装置，和雨水收集、水资源循环利用等，真正做到节能、节水、节地、节材。环保方面，主要是减排，降低污染，在房地产开发建设、建筑物使用过程中，大力发展低碳房地产，尽可能减少排放，消除污染源。

三是健康生态。住宅小区等居住区的生态建设，关系到所在居民的健康生活，要格外予以重视。要尊重居住区基地内部的地形、地貌和地物，不破坏原有自然环境，充分利用周边的自然生态环境，做到互为补充。健康生态居住区，首先，要选择适宜健康居住的地段，远离污染，保证空气和水的清洁，避免噪声、眩光和电磁波等不良因素的污染。其次，要使居住区的景观绿化同周边的山林、河流、公共绿地等融为一体，并充分加以利用。最后，要尽量保留原生态植物群落和景观水体，对文物建筑单体和群体，应以传承遗风故俗、史迹文物、市井文化等要素出发，保留整合，秉承渊源历史、建筑文化印记宗旨，使居住区成为健康生态区，从而达到人、家园、自然三者和谐共生。

# 第五章 城市商业区规划

## 第一节 城市商业规划的原理

### 一、城市中心区的界定及内涵

城市中心区是城市的一个特定的地域概念。从国外来看,"down town""Central Business District"等词语就是描述城市中心区这一特定范围。其中,"down town"是北美国家的居民在日常生活中对城市闹市区的俗称,即所谓的内城范围(inner city),"down town"最初是指曼哈顿岛的南侧区域,即位于"下曼哈顿"(Lower Manhattan)的城镇。后来,随着曼哈顿的不断发展,建成区逐渐向北部拓展,与之相对应的地域则用"mid town""up town"来表示,即城市的住宅区和非商业区。可以说,"down town"起源于对纽约传统商业中心和老城的笼统概括,如今被广泛地应用。

另外一个得到普遍认可的概念是"Central Business District",一般称之为"中心商务(商业)区"。CBD是指城市商业活动频繁、人流、物流高度密集的区域,一般具备以下特征:是城市的核心区域,区位便捷,通常位于城市的几何中心;交通便利,人流、车流、物流等巨大;立体化开发程度高,高楼林立,土地利用强度远远高于其他区域。

### 二、城市中心区的功能发展

早期来看,CBD主要由零售业商业区演变而来,如今,其功能逐渐走向多元化。办公、金融、文化、旅游、娱乐等功能被纳入其中。概括来看,西方大城市CBD大致经历了"商业为主,混合功能""专业功能分区,综合功能"以及"商务功能升级并逐渐向综合化、生态化发展"三个阶段。

#### (一)"商业为主,混合功能"时期

20世纪初至20年代以前,CBD的概念还没有出现。后来电话、电车、电梯的大规模使用改变了人们的联系方式,促进了生产力水平的提高。这一时期,城市尚处于

膨胀阶段，交通手段较为落后。城市中心由于具有其他区域无法比拟的可达性和区位优势，形成了一个包括行政管理、商业贸易、工业生产等在内的各种城市功能的集中区域，如图 5-1 的上海。

图 5-1 上海

### （二）"专业功能分区，综合功能"时期

"专业功能分区，综合功能"时期，即 20 世纪 20 年代至 60 年代，全球经济走入低谷，然后复苏的阶段。第一次世界大战结束，福特制的大规模连续生产线成了工业的主导生产方式。工业的快速发展、企业的集中，产生了对资本的大量需求。加上国际贸易水平提高，金融、保险、房地产等生产性服务行业在城市中的作用逐渐凸显，一些中产阶级在拥有了汽车之后，出行距离大大加长。面对市中心的"城市病"，他们纷纷向近郊区迁移，这就是所谓的"郊区化浪潮"。在这个较长阶段里，大部分城市中心区开始出现功能分化，走向多功能综合发展阶段。

图 5-2 首尔

## （三）"商务功能升级并逐渐向综合化、生态化发展"时期

"商务功能升级并逐渐向综合化、生态化发展"时期是指20世纪70年代以后，世界经济进入一个空前的发展时期。若干重大变化改变了城市的空间结构，也实质性地改变了CBD的功能。

（1）CBD的发展空间受到限制，建筑形态开始向高空发展。（2）交通方式改变，四通八达的高速公路网、小汽车广泛进入家庭。人们可以自由出行，出行时间成本大大降低，形成了人口和产业强大的外迁动力。人口向郊区迁移引发了零售商业空间分布的变化，伴随着郊区各种新型业态商业设施的建立，市中心商业空心化明显。（3）生产方式变革，信息技术的发展使实时接收手段提高，远程服务实现，人们在网络上的联系实现了实际空间上的接近，大规模集中化生产方式被灵活的、柔性化的生产方式所替代。（4）国际竞争日益激烈，国际地域分工加深。除纽约、伦敦、东京之外，许多国家的大城市纷纷加入国际性城市甚至全球城市的竞争，提升CBD功能成为参与城市竞争的有力抓手。

图5-3 伦敦

如今，国外许多大城市的商业设施功能也逐渐趋于综合化，土地的混合使用成为商业区未来发展的方向。成功的市中心商业区拥有多样化的城市功能，结合了办公、旅馆、零售、居住、文娱等多种活动，通过提供就业、购物、居住、旅游、文化等各种各样的服务使不同市民阶层都能享受到市中心为他们带来的便利。此外，土地功能的混合使用也是城市中心商业区布局的新原则，城市的特色和活力来自对各种资源的混合利用，一个好的商业区应拥有可同时开展商业、办公、市民服务、文化娱乐等活动的集中区域，同时还应拥有广场、公园（如图5-4的香港迪士尼乐园）等具有特殊用途和相当规模的公共开敞空间。这种公共空间应当是相对密集的、在白天和夜间都令人感兴趣的场所，而不是白天人头攒动、晚上死气沉沉的单功能商业区。

图 5-4 香港迪士尼乐园

# 第二节 城市商业网点及规划

## 一、城市商业网点规划的原则分析

### (一) 规范性原则分析

按照商务部的要求,城市商业网点规划通过评审后,需经当地权力机构发布,作为指导当地商业网点建设具有法律效力的指导性文件。因此,首先需要保证商业网点规划的规范性。

商业网点规划的规范性要求有以下两个方面:

1. 商业网点规划的基本组成部分和内容体系结构要完整

即从规划提供的最终成果形式看,必须包括规划文本、规划说明、规划基础资料、规划图四部分;从商业网点规划的内容看,必须包括规划目标、商业网点的空间布局规划、商业网点业态结构规划、商业街规划等。

2. 商业网点规划与商业规划的区别与联系

商业网点规划主要解决商业网点在城市空间范围内的合理布置问题,如市级、区级商业中心的空间分布,商业街的布置等,相对比较具体,其规划的主要基础是城市总体规划。

商业规划则主要是从产业的角度对一个城市商业发展的行业性规划，包括商业发展的总规模、组织方式以及政策措施等，其规划的基础主要是城市经济社会发展规划、产业政策等。两者的联系表现在商业发展规划是商业网点建设规划的指导，而商业网点规划是商业规划的具体化。

图 5-5 天津特色商业街

### （二）系统性原则分析

商业网点规划是对城市商业网点在空间上的一种系统安排，其目标是建立一个在城市范围内由众多不同规模、不同业态、不同组织形式构成的商业网点系统，最大程度满足消费者生活和生产活动的需求。因此，商业网点规划需要进行系统思考，坚持系统性原则。影响城市商业网点系统建设的主要环境因素有城市区位、城市经济发展水平、城市文化及历史特征等。因此，城市商业网点规划要充分考虑上述因素的影响，使未来商业网点建设与城市发展的总体功能相协调。要对城市商业网点系统现状进行系统分析，对目前商业网点系统中存在的主要问题和不足做出客观评价，要对未来商业网点发展的有利条件和制约因素做出科学分析，明确商业网点规划的重点范围。因地制宜，制定出符合当地商业网点发展规律的规划。例如，有的城市可能需要将物流配送中心作为规划的重点，而有的城市则可能将特色商业街作为规划重点等。

系统性原则还体现在城市商业网点的层次性方面。商业网点系统从空间层次上要合理地划分为市级商业中心、区域商业中心和社区级商业中心，然后再在不同层次上配置商业网点的业态结构和商业网点的组织形式。

### （三）科学性原则分析

坚持商业网点规划科学性，就是要从实际出发，从提高商业资源的配置效率、提高经济效益出发确立可持续发展的观念，做到网点规划超前性、适应性、可行性的统一，达到构建和谐商业网点体系的目的。科学性原则的实施，需要做到以下三点，见表5-1。

表 5-1 科学原则的实施

| 实施要点 | 具体内容 |
| --- | --- |
| 注意现有设施的利用 | 规划中不仅要注意新的商业设施建设问题，同时也应该注意现有商业设施的利用问题，要防止规划中盲目追求商业网点规模、重复建设等，造成商业资源大量浪费的不良倾向。 |
| 因地制宜 | 针对城市的布局特点进行相应的商业中心规划。比如，有的城市属于集中式布局，即其居住区、商务区和工业区等是连片分布的，这样的城市布局形式便于市级商业中心或区域级商业中心的布置。而有的城市则是分散式布局，如有些以资源开发为主导产业发展起来的中小型矿业城市，一般由几个城市片区组成，而且各个城市片区之间距离比较远，各片区都有相应的工业区和生活区，如图5-6的大庆。对这类城市的规划不必强求一定要设置市级商业中心，而应采取多区域商业中心的结构比较适合。 |
| 考虑全面 | 规划中不应片面追求社会商品零售总额的规模和增长速度，也不应片面强调人均拥有商业网点经营面积的大小，而应该根据城市未来经济发展的趋势设定可行性指标，要树立节约土地、不断提高商业的集约化程度的意识。 |

图 5-6 分散式布局的城市——大庆

## （四）适应性原则分析

城市的区位特征、城市定位和交通状况是商业网点规划需要考虑的重要因素，是确定商业网点系统总体功能的出发点。

### 1. 商业网点规划与城市的区位特点相适应

商业网点规划需要与城市的区位特点相适应，否则制定的总目标会脱离实际。只有那些在特定区域内具有较强经济实力，商业流通和物流的辐射半径相对较大的城市，才具备将自己定位为该区域商贸物流中心的条件。此外，能否成为商贸流通中心还取决于一个城市的交通状况，看其是否为交通枢纽，是否具有铁路、航空、水运的条件等。

## 2. 商业网点规划与城市的定位相适应

所谓的城市定位是指一个城市根据自身资源、城市所处环境等因素确立的城市发展方向、基本功能和城市形象。按不同的特点可以有不同的城市定位。按照城市重点发展产业特点，有的城市定位为以旅游业为主导产业的城市，如图5-7。有的定位为以制造业为主导产业城市等。按照所承担功能的特征，有的城市定位为经济中心，有的则定位为金融中心，还有的定位为政治中心等。

图 5-7 旅游城市承德

## （五）前瞻性原则分析

前瞻性是规划的重要属性，也是规划的难点。因此，必须符合城市居民未来的生活和生产服务的需求变化，描述商业网点系统在未来时空条件下的布局、规模、业态结构、商业网点的组织形式等。应该从以下几方面出发达到商业网点规划前瞻性的要求，见表5-2。

表 5-2 前瞻性原则的要求

| 要求概括 | 具体内容阐释 |
| --- | --- |
| 根据城市经济发展速度推断未来商业网点系统的总规模 | 可以参照国内外商业网点设施建设规模与经济发展水平的关系：人均GDP与人均占有商业网点经营面积的指标，人均GDP与零售业态和商业组织方式的发展变化关系，人均GDP与消费者消费方式的关系等。结合城市现有经济发展水平对未来做出切合实际的规划。 |
| 根据城市建设发展趋势规划未来商业网点建设的空间布局 | 规划依据可以从城市总体规划中找到，比如一个城市在未来时点功能分区的变化、新城区建设、老城区改造等，总之应该跟踪城市发展和扩张的基本趋势来配置商业网点。 |
| 考虑科学技术，尤其是IT技术对零售业态、商业组织形式和商业网点建设的影响 | 随着电子商务普及和日益实用化，可以预见未来许多商品可以通过网络实现交易，其后果可能造成有形市场的缩小和物流配送中心规模的扩大。 |
| 把握消费者生活方式和购买行为的变化趋势，优化商业网点空间布局和业态结构 | 比如，生活必需品的购买追求的是便捷，对时尚商品和奢侈品的购买追求的是体验和感受，而旅游过程中的购买追求的是轻松和随意。因此，规划中应充分考虑以上因素，以满足消费者购物、休闲和体验的不同需要。 |

## （六）协调性原则分析

改革开放以来，中国的城市规划工作日益得到各级政府的重视，其特点是不仅重视传统的城市总体规划，而且开始重视专业规划，正在形成以城市总体规划为龙头，以商业网点规划、交通规划、旅游规划、物流规划等为补充的规划体系。

商业在城市发展中居于极其重要的地位，客观上决定了城市商业网点规划在城市规划体系中的重要地位。应在以下几方面把握商业网点规划与城市总体规划之间的协调，如表5-3。

表5-3 商业网点规划与城市总体规划之间的协调

| 协调类别 | 具体内容阐释 |
| --- | --- |
| 规划层次上的协调 | 城市规划是关于一个城市功能、空间布局及各种物质要素总体安排的基础性规划，是城市商业网点规划的基础和前提，而商业网点规划则是从属性的规划，是对城市总体规划的进一步补充和完善。 |
| 规划内容上的协调 | 城市规划涉及城市自然地理环境、城市各功能分区的划分及配套设施匹配等，是综合性的规划，而商业网点规划则是从商业发展的内在规律和消费者需求角度所做的专项规划。 |
| 规划功能上的协调 | 城市规划是进行城市建设的依据和思路框架，决定城市建设的基本方向和发展模式，而城市商业网点规划则是城市商业网点建设和管理的基本依据，两者之间具有可补和不可替代性。 |
| 规划详细程度上的协调 | 这里主要指关于商业网点规划的详细程度。一般而言，城市总体规划中涉及商业网点规划的内容，往往是粗线条和框架性的，而商业网点规划则是从商业发展的内在规律出发，在对城市商业网点现状调查、分析基础上编制出尽可能详细和针对性强的规划。 |

## 二、商业中心的空间形态研究

按照中心地理论，中心地是能够提供商品和货物的地方，中心地的规模越大，提供服务的等级就越高。在区域布置不同等级的中心地，有助于完善商业等级体系，加快完善商业服务的均等化程度。

依照空间分布形态的特征差异，可以大致将零售商业空间分为点状、带状和块状三大类。

### （一）点状商业中心

以核心商店为中心，由许多不同类型的零售商业布局在某一地区而形成的商业集中地区。商业中心是城市零售商业中最重要的一种空间形态，广泛分布于整个城市地域。它既可以是新兴的，也可以是历史延续下来的。比如，北京的前门商业区就具有超过500年的历史，近年北京市又发展起一批现代化的新兴商业中心。一般来说，在城市重要的交通路口或广场容易形成一个商业中心。

在城市中，每个商业中心都可能集中不同数量、职能、规模大小的商店，它们对应着不同的城市居民服务数量和不同尺度的地域影响范围。广义上讲，商业中心可以小至各种便民商店，逐级往上依次有邻里级、小区级、居民区级和全市性各级商业中心，进而形成城市的商业中心地等级结构体系。

### （二）带状商业中心

沿城市的交通线路形成的带状或扇状商业空间形态。城市内部的商业带既包括沿袭历史而逐渐形成的城市中心传统商业街，也包括沿城市干道或对外公路逐渐兴起的商业带，如高速公路沿线商业带、郊区新开发道路沿线的新郊区商业带和城市干道商业带。特别是由于城市内外交通体系的完善、高速公路的建设、郊区化的推进以及汽车购物的普及，新郊区商业带和高速公路沿线商业带发展为与城市的传统商业街、城市干道商业带并驾齐驱的商业形态。

### （三）块状商业中心

块状的商业专门化地区，往往是追求集聚经济的结果。专门化商业区如家具街、书市、古董市场、服装城、电子城（如图5-8的中关村）等，一般是由规模和档次不等的专卖店、专业市场组成，并销售同品种的商品，构成城市零售商业的特色区。

图 5-8 中关村电子城

从消费者购物出行特征上讲，多重目的购物出行常常对应着点状商业中心类型，而单一目的购物则对应带状商业和块状的专门化商业形态。当然，在现实环境下，上述三种商业区类型更多体现的是相互包容和渗透的特征，很难在地域上严格界定、区分其空间形态。

## 三、商业中心的等级划分体系

城市的商业形态表现为由若干大小、功能不同的商业中心地组成，共同构成一个相对完整的商业服务体系和等级序列。一般来说，城市内部商业中心地等级可以分为四级：市级商业中心、区级商业中心、小区级商业中心、邻里级商业中心等，见表5-4。

表5-4 一般城市的商业中心等级划分

| 等级名称 | 具体阐释 |
| --- | --- |
| 市级商业中心 | 市级商业中心是全市最高等级的商业中心地，其服务范围基本覆盖全市，甚至超过市域范围。市级商业中心一般位于通达性较好的市中心，能够提供等级连续、品种齐全的商品和服务。这里客流量大、交通便捷，拥有各种大型的商场和大量的小型商店。理想来看，市级商业中心往往位于城市的几何中心。 |
| 区级商业中心 | 区级商业中心一般分布在城市各个区片通达性较好的地方，有的邻近区政府所在地，有的则处于历史悠久的商业街。与市级商业中心主要满足居民对高档消费品的需求有所不同，区级商业中心主要提供中间档次但购物频率较高的消费品。另外，随商业中心地的不断发展和整个城市功能的调整，某些区位条件好、交通便利的区级商业中心将充分发展，演变成为市级或副市级的商业中心，以致与传统的市级商业中心相对抗。当然，也有一些区级商业中心会在竞争中落败，衰退为小区级商业中心。 |
| 小区级商业中心 | 小区级商业中心是比区级商业中心的服务等级更低的商业中心地，主要由供给中档商品和日用品的一些商业设施组成，并且多与银行、邮局、代理店等一些服务设施相毗邻。一般来说，规模较大的居住区都设有小区级商业中心，以满足居民的日常需求。小区级商业中心多销售一些中档的商品和日用品，其服务范围和档次规模都相对较小。 |
| 邻里级商业中心 | 邻里级商业中心是指一些位于居住小区内的由小商店、小型超市、理发店、小饭馆、洗衣店等满足居民日常需求的便民店组成的处于基层的商业中心。邻里级与小区级商业中心的区分并不明显，两者有逐渐合并的趋势。 |

# 第三节 城市商业用地的规划

## 一、商业区的服务设施类别及布局

### （一）商业区服务设施的类别

商业中心的设施包括基本公共设施和其他公共设施以及一些辅助类设施。

#### 1. 基本公共设施

基本公共设施是指城市商业中心承担基本服务职能的各种第三产业设施。

（1）零售商业设施

购物是居民生活的基本内容，因此零售也是商业中心基本设施的主要行业。零售商业设施由各类综合性商店、专业商店和市场组成。综合性商店主要是指各类商品兼有、面向各类服务对象的百货商店和大型商场。专业商店主要是指以经营某一种类商品为主、服务职能和服务对象相对单一的专业化设施。市场则主要包括超级市场、小商品市场和摊贩等形式。

图5-9 深圳百货商店

（2）饮食服务业设施

随着人民生活水平的提高，城市商业中心的饮食业得到快速发展，设施类型不断发展，服务档次不断提高。诸如快餐店、特色风味餐馆、火锅城、小吃街等。而且，饮食还与住宿、会议、旅游等行业相结合。此外，美容美发、照相、洗染、修理等也是必备的服务设施。

（3）文化娱乐业设施

文化娱乐业主要满足人们的精神需求，一般包括展览馆、博物馆、图书馆、影剧院、音乐厅、歌舞厅、滑冰场、保龄球馆等。

2. 其他公共设施

城市商业中心还包括一些第三产业设施，诸如金融业设施（银行、保险公司等）、商务办公设施（公司、事务所等）、信息通信情报设施（邮政局、电视台等）等。

3. 辅助类设施

具体包括商业附属设施（批发部、周转仓等）、交通设施（出租车站、公交站点库等）、市政公用设施（供暖、供电、泵房、垃圾中转站等）、游憩设施（休息座椅，绿化小品等）等。

### （二）商业区服务设施的合理布局

商业用地的规划，需妥善考虑商业形态的均衡布局，最大程度地满足各个区片居民的需要。这是因为，商业用地的合理布局极大地影响到居民的日常出行行为，也在很大程度上关系到居民居住区位的选择。居民在选择居住地点时，考虑的不仅仅是住宅自身的户型、楼层、采光、通风、噪音等因素，还需要考虑周围的公共服务设施的布局和服务水平，特别是商业形态，后者在很大程度上影响到居民的生活质量。

1. 中国商业区服务设施的布局现状

在中国，商业服务设施相对滞后、布局不够合理的现象较为突出。在城市化、郊区化推进过程中，随着中心城区用地的日益紧张，一些房地产开发项目纷纷转向郊区。但是，由于以商业服务业为代表的公共服务配套设施没有跟上，给居民的日常生活带来很大不便，也在相当程度上降低了住宅开发的吸引力。

2. 外国商业区服务设施的布局现状

从国外来看，由于商业服务设施布局不合理带来的负面影响相当深远。以美国为例，伴随着20世纪五六十年代郊区化进程的推进，人口、产业、经济发展格局面临着新一轮的空间重组，美国部分中心城市呈现衰退的迹象，内城贫困问题逐渐加剧。由于中高收入阶层的大量外迁，带动了工业、零售业、办公室的依次发展，形成郊区化的四次浪潮。

与之相应，郊区以富裕居民为服务对象的购物中心大量涌现，而内城的商业设施则相对衰退。公共服务和服务质量的空间不均衡现象非常明显，突出地表现为内城地区与郊区之间在商业形态方面的巨大差异。有研究显示，在那些低收入居民聚集的美国内城地区，超级市场的数量更少、规模更小。那些收入最低区域的人均拥有零售商店的数量要比最高收入区域的居民人均水平要低30%左右。由于零售业分布不均，内城地区偏少，给居民生活带来很大影响。

## 二、城市商业区的用地

### （一）商业区用地的构成

商业区的用地类型与特定经济活动类型和相关设施的配置密切相关，有什么样的经济活动和设施布局，就有什么样的土地利用方式。按照社会经济活动的性质、特点，可以将商业中心用地划分为公建用地、公共活动用地、道路交通用地和其他用地四个部分。

## （二）商业区用地的地域差异

在不同社会经济发展水平的国家和地区之间，商业区服务设施的配置和用地的构成存在显著差异。例如，有学者分析了20世纪六七十年代英国伯明翰、利物浦和纽卡斯尔三个城市中心区的用地构成情况，并与80年代初期中国一些城市中心区的用地构成情况进行比较。

当前，城市商业中心的设施出现综合化、混合化趋向，既有公共设施与配套辅助设施混合为主，也有公共设施与其他设施的混合，如商业与居住、餐饮与办公的混合等。与之对应，商业区的用地构成出现重叠的特点，即同一地块可能承担着一种甚至多种不同责任。

## （三）商业区用地的时空差异和类型差异分析

商业区用地除了类型的地域差异之外，还存在较为明显的时空差异和类型差异。

即使对于同一地域，随着时间的推移，在一个较长的历史时期，其用地构成的变化也遵循着一定的规律。沃德通过对波士顿中心区的演变历程进行研究，追溯了波士顿中心商务区从三个小的专门化核心最终发育成为现代中心区的过程。

而且，在商业区的类型分化趋势加速的情况下，相应呈现出不同的土地利用模式和空间形态。商业区的土地利用模式并非一成不变，除了其巨额的土地投资和建筑处于相对静止之外，都是高度运动的，是一个动态的变化过程。

商业区各类用地类型之间既呈相互吸引、聚集的特点，同时也有相互干扰、分离的倾向。在发展初期，商业区的用地类型往往呈现相对杂乱无章的状态，混合程度较高，而随着不同功能用地之间干扰程度的加强，又朝着均质化的方向演化。当然，功能不同，对区位的竞争力也不尽相同。

# 三、商业区开发的规划控制

## （一）规划控制的内容

商业区开发规划控制的内容主要包括容量、性质、建设边界、环境质量、交通、公用设施和土地使用价格，见表5-5。

表5-5 商业区规划控制的内容

| 内容名称 | 内容阐释 |
| --- | --- |
| 容量 | 用地范围内可开发建设的最高建筑容量，需要针对不同功能空间和用地类型，给出相应的容量控制指标。 |
| 性质 | 用地范围内许可建设的空间类型，如商业、办公、商住公寓等。 |

续表

| 内容名称 | 内容阐释 |
|---|---|
| 建设边界 | 用地内建筑物允许达到的高度、红线等边界极限，边界条件的控制目的在于防止项目建设对周围环境造成不利影响。 |
| 环境质量 | 对绿化、建筑物色彩、饰面、形体等提出要求。 |
| 交通、公用设施 | 要求土地开发满足规划统一建设公用设施的条件，如出入口位置、停车位数量等。 |
| 土地使用价格 | 地价和各项用地条件会在土地出让时进行反复协商。 |

## （二）商业区开发规划总体层次的控制内容

商务区的总体控制包括：用地划分、地块的定性与定量指标、主要控制线，见表5-6。

表 5-6 商务区的总体控制内容

| 内容名称 | 内容阐释 |
|---|---|
| 用地划分 | 根据规划、城市设计、用地现状，中心区域 CBD 的总用地可划分为街区用地、道路用地、城市绿地、公用设施用地等，明确用地控制点的坐标与高程。 |
| 地块的定性与定量指标 | 根据功能布局规划，确定地块的使用性质、可兼容的其他功能类型；依据形体设计，确定地块的空间容量。 |
| 主要控制线 | 其中，红线控制建筑、道路的各自建造范围；蓝线控制临水处的建设界限；绿线控制人工环境与绿化界限；其他控制线还包括地下设施、空中高压走廊等内容的控制边界。 |

## （三）商业区开发规划街区层次的控制内容

商业区在整体规划的基础上还需要进行街区的局部环境城市设计，以此确定街区的控制条件。街区层次的控制条件包括四个方面，见表5-7。

表 5-7 商业区开发规划街区层次的控制内容

| 内容名称 | 内容阐释 |
|---|---|
| 机动车出入口 | 机动车出入口的数量、位置由局部的交通组织设计确定，与之联系的因素包括停车位的数量、周边道路的性质及服务要求。 |
| 地块的划分 | 通常街区可由内部支路分隔为若干地块，并在中心形成内部围合空间。地块的指标控制应与街区的总指标一致。 |
| 街区的空间限定 | 通过空间环境设计，街区的外部空间、内部空间、引导空间以及相邻街区的架空廊道、地下通道应加以控制，同时需考虑建筑界面高度对街区空间效果的影响。 |
| 其他用地要求的落实 | 公共设施的用地宜按规划要求布置在相应的街区内，如变配电站、地下空间通风管道、地铁站口等处。 |

## （四）商业区开发规划地块的控制内容

地块控制条件是规划对环境建造实施控制的法定手段，也是贯彻CBD城市设计目标设计意图的最终途径。地块的控制条件包括以下几个方面的内容，见表5-8。

表 5-8 地块的控制条件

| 条件概括 | 具体内容 |
| --- | --- |
| 基本控制条件 | 包括边界、面积、建筑容量、容积率、使用性质、绿化率、覆盖率、停车位等。 |
| 红线 | 包括道路红线、建筑退让、高层建筑退让等。 |
| 车行、步行组织 | 明确地块的机动车、人流出口、地下车库出入口、地面停车位、架空或地下步行走廊。 |
| 空间的限定 | 确定支路、出入口、地块开敞空间的位置、场地铺装与绿化的要求等。 |
| 其他条件 | 例如无障碍设计、外部空间照明等控制条件。 |

# 第六章　城市综合交通规划

## 第一节　城市交通与城市发展的关系

### 一、交通方式与城市发展

#### （一）不同交通方式支撑下的城市形态及其发展

城市是人类为便于进行商业、行政、文化、政治等活动而形成的聚居地。城市的规模、空间结构、居住分布形态等取决于人们在较短时间（通常为当日）内的出行距离和活动范围，而出行距离又取决于当时的交通方式。因此，交通方式的发展是改变城市规模、城市空间结构和土地利用形态的重要因素。按照交通方式的发展过程，城市的发展大致可以分为步行时代、马车时代、有轨电车时代、汽车时代和综合交通时代等不同的发展时期。随着交通方式的不同，人们的活动方式和可到达的范围有很大差别，造成了城市规模结构和土地利用形态的不同。

#### （二）不同交通方式决定的市区范围

城市规模的扩展在很大程度上应归功于交通运输手段的发展。一个城市无论是集中型布局还是分散型布局，客观上都有一个市中心，在人们可以接受的出行时间范围内，由市中心出发的径向交通距离，通常决定了城市建成区的用地半径。吉普生在《新城设计》中给出了不同出行目的可容忍的出行时间，如表6-1所示。

表6-1　可容忍的出行时间（min）

| 出行目的 | 理想的出行时间 | 可接受的出行时间 | 能容忍的最长时间 |
| --- | --- | --- | --- |
| 工作 | 10 | 25 | 45 |
| 购物 | 10 | 25 | 35 |
| 游憩 | 10 | 25 | 85 |

我国对大城市居民的旅行时耗无明确目标值，但根据我国的城市规模、居民出行调查统计以及居民在市内的平均出行时耗，有些学者建议我国不同规模的城市居民出行时耗的最大限度，如表6-2所示。

表 6-2 出行时耗最大限度表

| 城市人口（万人） | >100 | 100~50 | 50~20 | 20~5 | <5 |
|---|---|---|---|---|---|
| 出行时间（min） | 50 | 50~40 | 40~30 | 30~20 | 20 |

若规定大城市最大出行时耗为45min，那么根据运行车速便可算得各种交通工具所能到达的距离。目前，我国最常见的出行方式有步行、自行车和公共交通等。由于步行、骑自行车消耗体力，可接受的出行时耗一般在0.5h以内，因此步行的出行范围是0~3km，骑自行车的出行范围是0~7km，公共交通的出行范围多在3km以外。若假定市区为同心圆构造，建成区扩展不受地理条件限制，市区去各方向的通达性情况相同，其距离范围即为建成区面积的当量半径，则可算得各种交通方式所决定的最大建成区面积，如表6-3所示。

表 6-3 不同交通方式按0.5h行程计算的城市市区面积

| 交通方式 | 步行 | 自行车 | 公交车 | 地铁 | 快速轨道 | 小汽车 |
|---|---|---|---|---|---|---|
| 速度范围（km/h） | 4~5 | 8~15 | 10~25 | 20~35 | 30~40 | 35~45 |
| 速度取值（km/h） | 5 | 10 | 20 | 30 | 35 | 40 |
| 0.5h行程距离（km） | 2.5 | 5 | 10 | 15 | 17 | 20 |
| 0.5h行程为半径求得建成区面积（km²） | 20 | 80 | 320 | 710 | 910 | 1 300 |

### （三）交通运输方式配备的完善程度与城市发展的关系

城市交通是构成城市的主要物质要素。城市交通是国民经济四大生产部门（农业、采掘、加工、交通运输）之一；城市交通是城市化过程中的必备条件，在以工业生产为中心的城市，城市交通是生产的延续；城市交通是城乡物资、国际物资交流的纽带；城市交通还承担了城市人民生活供应，政治、科技、文化交流，国内外旅游等重要职能。

城市大多位于水陆交通枢纽。交通运输方式配备的完善程度与城市规模、经济、政治地位有着正相关关系。绝大多数城市都具有水陆交通条件，只靠公路运输的仅占极少数，大部分特大城市是水陆空交通枢纽。

西方国家的现代交通发展大体经历了以下4个阶段：①利用天然河湖水系，挖掘一定数量的运河。产业革命初期，由于工业发展要解决用水及水运，工厂大多沿河布置，这对英国、美国、西欧等国家和地区的工业布局起了决定性作用。②建设铁路，以铁路为主要交通运输方式。19世纪40年代出现了狂热的建设铁路的高潮，如美国、日本、俄国等国家的工业化都与铁路分不开。③汽车、航空及管道运输的发展。20世纪50年代，由于大量汽车、航空工业由战备转向民用，大城市周围大量发展轻工、电子工业，高速公路由于其投资少、利润大、收效快等原因，汽车运输飞速发展。由于汽车交通盲目发展，在一些城市造成了交通阻塞、车祸陡增、环境恶化及能源紧张等严重后果。④发展综合运输。由于不同运输方式之间的盲目竞争和片面发展，带来了不良后果，证明了要经济、合理、高效地解决交通问题，必须发展综合运输。历史也证明从来没有利用单一运输方式的先例，尽管有不同的阶段，也都是不同程度上综合利用了各种运输方式。

## 二、交通和土地利用的关系

### （一）交通与土地利用的相互作用机理

交通与土地利用相互联系、相互影响、相互促进。从交通规划的角度来说，不同的土地利用形态决定了交通发生量、交通吸引量和交通分布形态等，在一定程度上决定了交通结构。土地利用形态不合理或者土地开发强度过高将使交通容量无法满足交通需求。从土地利用的角度来说，发达的交通改变了城市结构和土地利用形态，使城市中心区的过密人口向城市周围疏散，城市商业中心更加集中，规模加大，土地利用的功能划分更加清楚。同时，交通的规划和建设对土地利用和城市发展具有导向作用，交通设施沿线的土地开发利用异常活跃，各种社会基础设施大多集中在地铁和街道周围。所以各项经济指标、人口和土地利用是交通需求预测的起始点，也就是说，上述指标是最基本的输入数据，城市综合交通规划是以这些数据为基础构造模型，进行交通需求预测，制定综合规划方案的。

鉴于交通与土地利用的上述关系，交通规划领域的专家们越来越重视在交通规划过程中导入交通与土地利用的相互反馈作用，注意协调交通与土地利用的关系，注重土地利用规划和交通规划的综合化。

### （二）交通和区位理论

#### 1.区位理论的产生和发展

区位理论是关于人类活动，特别是经济活动空间组织优化的理论。它是从空间或地域方面定量研究的自然现象和社会现象，尤其是社会现象中的经济现象的理论。

杜能在《孤立国同农业和国民经济之关系》这部著作里提出了农业区位论。20世纪初，韦伯发表了《论工业的区位》，这标志着工业区位论的问世。后来德国地理学家克里斯泰勒提出了中心地理论，即城市区位论。几年后，德国经济学家廖什从市场区位的角度分析和研究城市问题，提出了与克里斯泰勒的城市区位论相似的理论，为与前者相区别，后人将其概括为市场区位论。

### 2. 区位的组成及交通因素在其中的体现

区位不仅包括地球上某一事物在空间方位和距离上的关系，还强调自然界的各种地理要素与人类社会经济活动之间的相互联系和相互作用在空间位置上的反映。

区位是自然地理位置、经济地理位置和交通地理位置在空间地域上有机结合的具体表现。自然地理位置是指地球上某一事物与其周围的陆地、山脉、江河海洋等自然地理事物之间的空间关系。经济地理位置是指地球上某一事物在人类历史过程中，经过人们的经济活动所创造出的地理关系。自然地理位置往往通过经济地理位置发生作用。交通设施是城市与其周围地区及城市内部各功能区之间相互联系的桥梁和纽带，是城市赖以形成和发展的决定条件。交通地理位置一般是自然地理位置与经济地理位置的综合反映和集中体现。三种地理位置有机联系、相辅相成，共同作用于地域空间，形成一定的土地区位。由于城市是人类的生产和生活活动所创造的，因此，城市中的土地区位受经济地理位置和交通地理位置的影响更大。

城市基础设施是形成城市土地区位的一般物质基础，其结构、密度和布局状况在某种程度上决定着土地区位的建设。它具体体现在土地的生产力方面，直接影响级差地租，从而影响土地的价格。

## （三）交通与商业区位理论

### 1. 商业区位的特征

商业是满足人们物质文化生活需要，直接将工业和其他各业产品输送给消费者的服务行业。在商业活动中，商业设施及其服务对象是两个最基本的要素。商业设施聚集形成商业中心，其服务对象散布在周边的一定范围内，两者通过交通设施联系起来。从方便和效率两方面考虑，商业区位的主要特征之一就是通达性高，即具有良好的交通条件以保证购物者能顺利通畅地到达商业中心，因此，商业与交通不可避免地联系在一起。

### 2. 交通对商业区位的影响

在不同的商业区位中，交通条件越好，则其服务对象在数量上越多，在空间上分布越广，该商业区位的规模也就可能越大。对同一个商业区来说，交通条件的改善意味着通达性的提高，其作为商业中心的外部环境也就得以改善，商业活动随之扩张，土地区位更加优越。同时，商业设施吸引的购物人流增多，也会对交通设施提出更高的要求。

周围交通设施对商业区的促进是许多商业中心迅速崛起的重要原因之一。例如，北京西单商业区的迅速发展就得益于该地区交通条件的改善。西单商业街的繁华程度在中华人民共和国成立前不如前门和王府井大街。北京在中华人民共和国成立后，由于首都城市建设的需要,扩展西长安街,开辟了通向复兴门的大街,这样一条横贯北京东西的交通干线经过西单,再加上西单原来就位于西城区的南北干线上,其商业区位条件显著改善,现已发展成为与王府井、前门并列的三大商业中心之一。

在一定的交通条件下,商业区的发展规模是有上限的,存在均衡的商业规模。这是因为随着商业功能的加强,商业中心吸引的人流规模不断扩大,人流对交通设施的压力也不断增大,到一定程度后,交通将变得拥挤不堪,开始限制人流的增加,人流规模达到一定限度,也就限制了商业规模的进一步扩大,最后两者处于均衡状态。均衡商业规模如图 6-1 所示。

不同的交通条件所能承受的人流规模不同,相应的其商业规模也不同,在图 6-2 中,曲线 OA、OB、OC 和 OD 分别表示在 4 种交通条件下人流规模与商业规模的关系。曲线 OA 反映最优交通条件下的对应关系,其均衡商业规模最大;曲线 OD 反映最差交通条件下两者的对应关系,其均衡商业规模最小。

通达性越好的区域,均衡点越靠近右上方,一般当交通条件限制了人流的增加,阻碍了商业的进一步发展时,人们就会进行交通工程建设,改善交通条件,使之能容纳更多的人流和物流,从而使商业规模继续扩大,这样均衡商业规模不断扩大,如图 6-3 所示。

从图 6-3 可以看出,交通建设优化了商业的区位条件,促进了商业区的发展。交通条件的不断改善,为商业的不断繁荣提供了物质基础。当然,如前所述,交通条件的改善是有上限的。

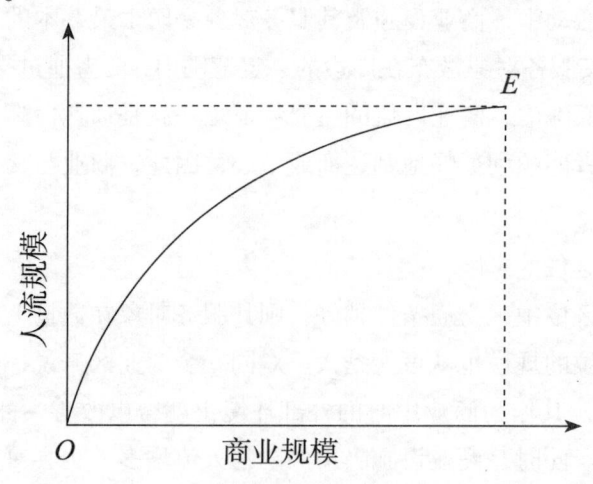

图 6-1 一定交通条件下的均衡商业规模

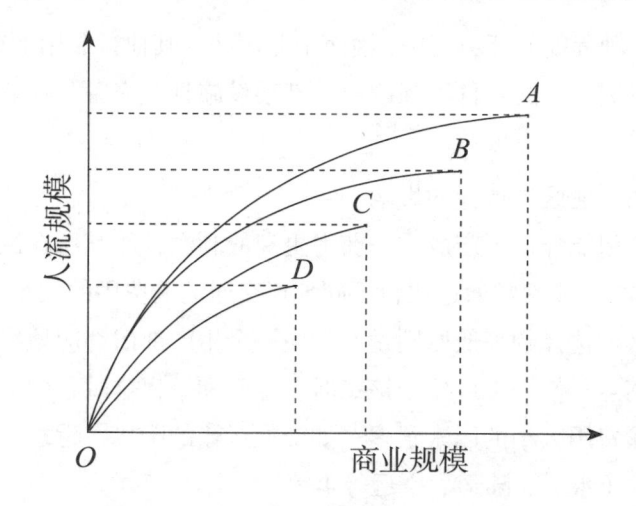

图 6-2 不同交通条件下的均衡商业规模

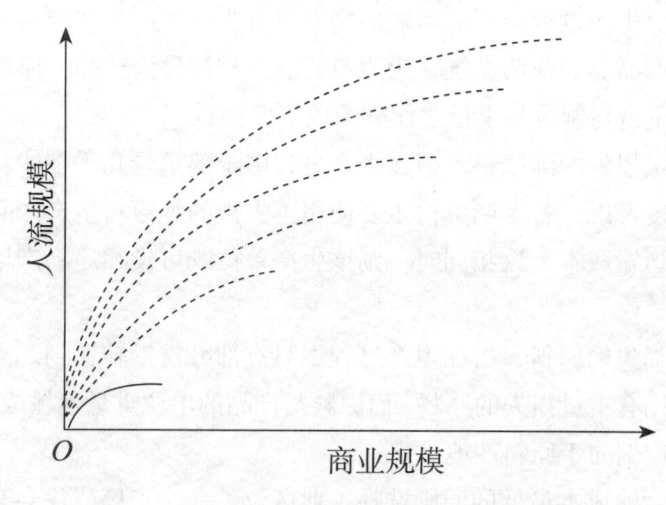

图 6-3 均衡商业规模随交通条件的改善而提高

## （四）交通和工业区位理论

1. 工业用地的区位特点

一是工业用地寻求交通便利的地区。交通方便的地区便于设备安装、原材料的运进和制成品的运出，生产成本低，利润高。

二是工业用地具有自动集结成团的倾向。为了获得集聚经济效益，技术、经济联系较密切的企业自然集结成团。而且，同类企业也有自觉集结成团的倾向，这不仅有利于建立统一的服务体系，更有助于相互之间的学习和竞争，从而推动技术创新和进步。

三是工业用地不断向市区边缘迁移。随着经济发展，各类用地逐渐分化。一般的工业企业往往有某种程度的环境污染，因而工业用地与其他行业用地有一定的互斥性。所以随着城市的发展，交通条件不断改善，基础设施日益完备，工业企业逐渐迁移到城市郊区。

2. 交通运输对工业区位选择的影响

每个企业都希望能降低生产成本，获得更高的利润，而其所在区位的好坏直接影响企业的生产成本。企业常常通过比较不同地点交通运输费用的大小来确定工业区位。韦伯概括出工业区位选择的一般原则是：任何一个生产部门都应该在原料地和消费地之间寻找一个均衡点，使得工厂位于该点时，生产和销售全过程中的交通运输成本最低。决定交通运输费用大小的因素很多，如交通运输的距离、运载货物的性质、交通工具、交通的种类（水运、陆运、空运等）等。

从原料分类方面考虑，不同性质原料的运输成本是不同的，对工厂区位选择的影响也是不一样的。生产过程中所需运输的物质可分为三类：生产原料、产生动力的燃料、制造的正副产品等。前两类统称为原料，后一类简称为产品。原料可根据生产过程中耗用原料的重量与制成品重量之比分为以下两种：

一种是无重量损失的纯原料，指在生产过程中全部重量几乎都能转移到产品中的原料。从运费角度考虑，若生产单位主要使用不失重的纯原料生产产品，而且原料与产品的单位重量运输成本大致相同时，则该生产单位既可设在原料产地，也可设在产品消费地。

二是有重量损失的原料，指在生产过程中只有部分重量转移到产品中的原料。若生产单位主要使用有重量损失的原料，而原料与产品的单位重量运输成本大致相同时，生产地点的选择应偏向于原料产地。

如果按交通运输成本最低的原则选择工业区位，一个工厂往往会有多个原料产地和多个销售市场，在这种情况下可通过优化以下公式来确定工厂的最佳区位：

$$\min T = \min \sum_{i=t}^{n} W_i Q_i D_i$$

式中 $T$——总的运输成本；

$i$——原料及产品的种类，$i = 1, 2, 3\cdots$；

$W_i$——第 $i$ 种原料或产品的重量；

$Q_i$——单位质量的第 $i$ 种原料或产品的单位距离运输成本；

$D_i$——原料产地或产品销售地到工厂的距离。

可采用数学方法或几何方法求解来确定工厂的最佳区位。

## （五）交通和住宅用地区位

住宅用地区位要求交通便利，通风性好，使居民能够便捷地进行工作、娱乐等出行，而且随着人们生活水平的提高，对住宅区的自然环境提出了更高的要求。因此，在城市的形成和发展过程中，住宅区首先从工商混合区中独立出来，建立在交通方便、环境条件相对较为优越的城市外围地带。

## 三、城市交通对城市发展的影响

### （一）对城市形成和发展的影响

城市交通是城市形成发展的重要条件，并随着城市的形成与发展不断完善。城市交通是与城市同步形成的，城市的形成必包含城市交通的因素，一般先有过境交通，再沿交通线建造城市。因此，也可以说城市对外交通（由外部对城市的交通）是城市交通的最初形态。随着城市功能的完善和城市规模的扩大，城市内部交通也随之形成与发展。同时由于城市对外交通系统与城市内部交通系统的发展与完善，促进城市进步发展与完善。这就是城市交通与城市相辅相成、相互促进的发展过程。在城市逐步现代化的同时，拥有现代交通也成为现代化城市必不可少的条件之一。

### （二）对城市规模的影响

交通对城市规模影响很大，它既是发展的因素，也是制约的因素。交通对工业的性质与规模有很大影响，某种工业的建立必须有一定的对外交通运输（如铁路专用线、码头等）条件，工业生产规模受到运输设备能力的制约。城市贸易、旅游活动必须有交通条件保证，大量流动人口及服务人口是形成城市规模的主要因素之一。交通枢纽（如站场、港区）作为城市主要组成部分，直接影响到所在城市的人口与用地规模。

### （三）对城市布局的影响

城市交通对于一个城市的总体规划布局有着举足轻重的作用。运输设备的位置影响到城市其他组成部分（如工业、仓库等用地）的布局；车站、码头等交通设施的位置影响到城市干道的走向；对外交通用地布置，如铁路选线的走向、港口选址、岸线位置等均关系到城市的发展方向与布局；城市交通是城市面貌的反映，对外交通是城市的门户。因此，在沿线（如铁路进入市区沿线、机场入城干道沿线、滨海滨河岸线等）以及车站码头附近，均代表了城市的主要景观；城市道路系统则是城市的骨架，将影响到城市的用地布置。

## 第二节　以公共交通为导向的城市发展

不同的交通系统决定了不同的城市空间拓展模式和土地利用形式。美国发展小汽车的经验表明，以小汽车为主体的交通系统会导致城市郊区化和无序蔓延，土地利用趋于只具备单一使用功能，如大规模低密度居住区等。于是，在对不可持续的城市发展模式进行反思后，精明发展、精明管理、新城市主义等理论和思想就开始涌现。这些理论主张将土地利用与公共交通结合，促使城市形态从低密度向更高密度、功能复合、人性化的"簇群状"形态演变。以公共交通为导向的开发正是基于以上理念而发展起来的土地利用模式，依托公共交通改变土地利用形态和居民的生活方式，进而引导城市空间结构的合理改变，实现城市的可持续发展。世界城市发展的历程证明，在城镇化水平处于加速发展阶段时，建设公共交通（含轨道交通）系统对引导促进城市空间形态的发展可以起到关键性作用。在城镇化水平处于后期发展阶段（成熟期）时，城市空间形态已经稳定，建设公共交通系统将难以影响城市空间形态的改变。

中国城镇化进程正处于加速发展阶段，城市建设面貌日新月异。早期，一些城市政府建设的新区组团和母城之间是用一流的市政道路联系的，一些新区发展速度很快，日趋繁荣；另一些新区发展速度缓慢，或经历了建设、虚假繁荣、萧条的过程。繁荣的新区距离母城一般较近，自行车交通、公共交通联系方便，但城市摆脱不了"饼"状发展的格局；发展缓慢的新区一般距离母城较远，与主城联系密切的道路交通经常拥堵，常规公交服务水平低下，居民出行时间较长，城市难以形成分散组团式布局结构。从20世纪90年代以来，建设公共交通系统可有效引导城市空间发展的观念逐渐得到社会的共识，一批建成的轨道交通项目，如北京八通线、北京城铁13号线、上海莘闵线、大连3号线、天津津滨快轨线等，其建设目的均是为了引导发展外围组团和卫星城，引导城市向分散组团式布局形态发展。

### 一、TOD 来源

国外研究 TOD 最早、最深入的当属美国。在经历了并正经历着小汽车出行方式占主导地位的美国，其城市或地区经历了以郊区蔓延为主要模式的大规模空间扩展过程，此举导致城市人口向郊区迁移，土地利用的密度降低，城市密度趋向分散化。因此，带来城市中心地区衰落，社区纽带断裂，以及能源和环境等方面的一系列问题，这些问题日益受到社会的关注。

20世纪90年代初，基于对郊区蔓延的深刻反思，美国逐渐兴起了一个新的城市设计运动——新传统主义规划，即后来演变为更为人知的新城市主义。作为新城市主义倡导者之一的彼得·卡尔索尔普所倡导的公共交通导向的土地使用开发策略逐渐被学术界认同，并在美国的一些城市得到推广应用。彼得·卡尔索尔普在其所著的《下一代美国大都市地区：生态、社区和美国之梦》一书中旗帜鲜明地提出了以 TOD 替代郊区蔓延的发展模式，并为基于 TOD 策略的各种城市土地利用制定了一套详尽而具体的准则。目前，TOD 的规划概念在美国已有相当广泛的应用，TOD 已成为国际上极具代表性的城市开发模式，亦是新城市主义最具代表性的模式之一。

## 二、TOD 定义及内涵

彼得·卡尔索尔普在《下一代美国大都市地区：生态、社区和美国之梦》一书中提出了"公共交通引导开发"（TOD），并对 TOD 制定了一整套详尽而又具体的准则。"公共交通引导开发"与"交通引导开发"虽然只有两字之差，但本意差别很大。首先，"公共交通引导开发"体现了公交优先的政策，而"交通引导开发"则根本没有反映这关键的内涵。公共交通有固定的线路和保持一定间距（通常公共汽车站距为 500m 左右，轨道交通站距为 1000m 左右）。这就为土地利用与开发提供了重要的依据，即在公交线路的沿线，尤其在站点周边土地高强度开发，公共使用优先。

一个时期以来，人们对"公共交通引导开发"一词的准确含义并未作认真的思考，只是从字面上作简单的理解：一种城市开发的模式，城市要开发哪里，首先把路开通到哪里，道路先行，这就是交通引导开发。这与国内近年也十分流行的"服务引导开发"（Service Orient Development，SOD）相似，似乎两者是配对的开发模式。最为突出的现象，就是城市要向什么方向发展，就把新的市政府、新的行政中心率先迁到那里。两者都基于"交通/服务设施——土地利用"相互关系的土地开发模式，其实是对 TOD 的片面理解，"公共交通引导开发"与"交通引导开发"的含义不尽相同。

TOD 即是"以公共交通为导向"的发展模式，其中的公共交通主要是指火车站、机场、地铁、轻轨等轨道交通及巴士干线，然后以公交站点为中心、以 400～800m（5～10min 步行路程）为半径建立中心广场或城市中心，其特点在于集工作、商业、文化、教育、居住等为一身的"混合用途"，使居民和雇员在不排斥小汽车的同时能方便地选用公交、自行车、步行等多种出行方式。城市重建地块、填充地块和新开发土地均可以采用 TOD 的理念来建造，TOD 的主要方式是通过土地使用和交通政策来协调城市发展过程中产生的交通拥堵和用地不足的矛盾。

## 三、TOD 设计原则

TOD 规划理念最早由美国建筑设计师哈里森·弗雷克（现任美国加州大学伯克利分校建筑学院院长）提出，由彼得·卡尔索尔普加以倡导，是为了解决 20 世纪 40 年代后美国城市的无序蔓延问题而采取的一种以公共交通为中枢、综合发展步行化城区的措施。

TOD 设计原则如下：

（1）TOD 必须位于现有的或规划的干线公交线路或辅助公交线路上，在公交线路未形成的过渡期，TOD 内的土地利用模式和街道系统必须能够完成预期功能。（2）所有的 TOD 必须是土地利用混合模式，公共空间、核心商业区及居住区必须达到所需的最小规模。作为土地混合利用的补充，倡导建筑物的竖向混合功能设计。（3）TOD 内应当具有不同类型、价格、产权、密度的住宅，TOD 内住宅的平均最小密度由其区位确定，每英亩居住用地至少应建有 10～25 所住宅。（4）TOD 内的街道系统应当形式简单、指示明确、自成系统，并与公交站点、核心商业区、办公区具有便捷交通。居住区、核心商业区及办公区之间必须有多条分流道路相连。街道必须是利于步行，人行道、行道树及建筑出入口布置必须增强步行氛围。（5）为创造安全宜人的步行环境，建筑物出入口、门廊、阳台应当面向街道。建筑的容积率、朝向和体量应当提高商业中心活力、支持公共交通、补充公共空间。鼓励建筑细部的多样性及宜人尺度设计，并且停车库应布置在建筑物的背面。（6）TOD 的大小依其可能布设的内部道路系统而定。距公交站点 10min 步行距离内、位于干道一侧的用地均应属于 TOD。考虑基本的土地使用配置，TOD 的最小面积，在旧城改造区和填充区应为 10 英亩，在城市新增长区应为 40 英亩。（7）不管 TOD 内的财产所有者数量是多少，在 TOD 开发前，必须完成开发区的综合规划。该规划必须符合 TOD 的基本设计原则。必须协调政府、开发商、市民团体等各方机构和群体利益，必须提供公共设施建设的融资策略。（8）TOD 在公交线路上的分布必须保障每个 TOD 核心商业区的可达性，必须保障周围区域通过地方道路能够方便地到达核心商业区。具有竞争性零售中心的 TOD 间距至少应为 1.6km，每个 TOD 应服务于不同的邻里街区，位于轨通交通线路上的 TOD 应当满足站距要求。（9）在城市改造区和填充区，应当把尚未开发的地区建成利于步行的混合使用区。现有的面向小汽车的低密度土地使用应当进行改造，以使其符合 TOD 的布局紧凑、面向步行的基本特征。

## 第三节　城市道路系统规划

城市道路是整个城市的骨架，是保证城市功能发挥的基础设施。过去为适应汽车交通量日益增长的需求，一般把满足市区的交通需求只看作是提供必要的道路通行能力。20世纪60年代末，欧美的交通规划人员意识到他们面临的挑战不再是仅制定适应汽车交通量的规划，而是设计道路和交通设施，以便用一种同周围用地相互补充的方式提供所期望的交通流量。

根据《城市道路工程设计规范》城市道路应按道路在道路网中的地位、交通功能以及对沿线的服务功能等，分为快速路、主干路、次干路和支路四个等级。快速路应中央分隔、全部控制出入、控制出入口间距及形式，应实现交通连续通行，单向设置不应少于两条车道，并应设有配套的交通安全与管理设施。快速路两侧不应设置吸引大量车流、人流的公共建筑物的出入口。主干路应连接城市各主要分区，应以交通功能为主。主干路两侧不宜设置吸引大量车流、人流的公共建筑物的出入口。次干路应与主干路结合组成干路网，应以集散交通的功能为主，兼有服务功能。支路与次干路和居住区、工业区、交通设施等内部道路相连接，应以解决局部地区的交通拥堵问题，以服务功能为主。

城市道路系统即城市道路网，包括各种道路、停车场和交通广场，作为城市的组成部分，在城市大系统中起着重要作用。

### 一、城市道路网规划的要求

城市道路网是城市的骨架，在很大程度上左右着城市的发展方向和规模。城市道路网对本地区的城市活动和生活、工作环境影响很大，如果道路网布局不合理，往往会引发商业区、住宅区等的交通问题。此外，城市电力、通信、燃气、给排水等基础设施和地铁、轻轨等的设置都要紧密结合城市道路网的规划布局。城市道路网规划主要应满足以下几点要求：

#### （一）与城市总体布局和区域规划相配合

城市道路网要服务于城市活动，这个关系不能本末倒置。因此，交通的最优并不是城市规划的最终目标。城市道路网规划要在原有道路网的基础上，根据现状和未来需求进行，特别要根据未来交通体系及城市结构促进城市总体功能的发挥。

城市生产、生活中的许多活动是超出市界的，城市对外交通的畅通与否直接影响着城市的经济发展，因此，道路网规划中必须处理好城市对外交通与市内交通的衔接问题，达到包括市际交通干道、市内快速路、城市主干道在内的区域道路网的协调配合。

### （二）与城市的历史风貌和自然环境相协调

中国是文明古国，有丰富的文化遗产，许多城市已有上千年的历史。另外，我国是多民族国家，地大物博，不同地域和民族之间的文化交汇相融，相映成辉，同时又保持着鲜明的地方和民族特色，研究和保留价值很高。城市道路网规划作为城市规划的重要内容，一定要注意与历史遗迹和自然条件相协调，从而创造出和谐、自然的城市气氛，增强欣赏价值，保护城市特有的文化资源。

### （三）与城市地形特点和土地开发利用相结合

城市道路布局与城市形态的形成和发展一样，都受地形约束。从工程角度看，城市道路网的建设应充分利用有利的地形条件。城市中的各个组成部分，无论是住宅区、商业区或者工业区都要有较好的交通可达性，所以城市道路网规划一定要与城市用地布局紧密结合。城市道路网规划还应对未来城市土地开发的方向和规模作认真预测，因为道路网建设成型后将服务相当长时间，其主要结构的改变十分困难，即便勉为其难，也会造成难以估量的损失。

### （四）与城市的规模和性质相适应

不同规模、性质的城市对其道路网的结构和建设水平的要求是不同的。原则上讲，大城市要求有城市快速道路网体系及主干道形成的道路网骨架；中等城市一般没有快速路网体系，但要有主干路骨架，配以次干道和支路形成整个道路网；小城市道路网主要由次干道及支路组成。

城市性质对道路网的要求难以像城市规模那样具体。工业城市要求道路网提供快速、便捷的交通服务；旅游城市的道路网要求赏心悦目，环境优美；一般性城市要求安静、舒适；商业城市最好规划建设一些步行街以方便购物，商业网点之间的交通联系则要便捷、通畅。

## 二、城市道路网规划的步骤

### （一）现状调查、资料准备

1. 城市地形图

地形图范围包括城市市界以内地区，地形图比例尺 1：20 000～1：5 000。最好能有 1：1 000 的地形图以供定线复核使用。

2. 城市区域地形图

地图范围包括与本城相邻的其他城镇，能看出区域范围内城市之间的关系、河湖水系，公路、铁路与城市的联系等。地形图比例尺 1：50 000～1：10 000。

3. 城市发展经济资料

内容包括城市性质、发展期限、工业及其他生产发展规模、人口规模、用地指标等。

4. 城市交通调查资料

包括城市客流、货流 OD 调查资料；城市机动车和非机动车历年统计车辆数；道路交通量增长情况及存在问题；机动车、非机动车交通流量分布图、城市道路交叉口的机动车、非机动车、行人分布图等。

5. 城市道路现状资料

1：500～1：1 000 的城市地形图，能准确地反映道路平面线形、交叉口形状；道路横断面图以及有关道路现状的其他资料，如路面结构形式、桥涵的结构形式和设计荷载等。

### （二）交通吸引点分布及其联系线路的确定

城市各主要组成部分，如工业、居住、市中心、大型体育、文化设施以及对外交通枢纽如车站、港口都是大量人流、车流的出发点和吸引点，其相互之间均需要有便捷、合适的道路联系。这些用地之间，交通最大的主要连接线将成为主干道，交通量稍次且不贯通全市主要地区将为次干道；若以客运为主、生活服务为主的，则将成为生活性道路。因此，掌握各主要交通吸引点的交通特征、流向与流量概略资料，以及地形、现状初步勘测是拟定城镇干道网略图的重要前提。

### （三）干道网的交通量发展与估计

对城市扩建新区及新建城镇，其各交通吸引点之间联结道路上的货运车流量，原则上可根据工业、仓库布置、生产规模、对外交通流向及其近、远期建设、投产计划来确定；对客运交通，则应根据现状流量类似企业、居住区的资料，根据各类交通方式宜采用合适比例来估计近、远期的客运交通量。若条件不具备时，也可参照已建同类性质工业区及人口规模近似的新城镇交通实际发展资料，经过论证分析进行粗略估算。

对已建城市，在进行道路网调整、改造、扩充时，一般采取观测调查现有重点路段和交叉口的交通量、车速、路况，经实测资料分析整理，找出关键问题和矛盾。再根据远景规划与交通方式、车辆发展估计比例，特别是扩建区与旧城之间交通量的增长，以及某些干道建成后可能引起的旧路交通量分流、转向变化等，来拟定道路网的远期可能交通量分布，从而使估算结果较为切合实际。

### （四）干道网的流量分布与调整

通过干道网现状流量分布与远期预测估算的流量增长变动数，可进一步明确哪些道路与干道现有车道数及断面组合形式已经接近饱和流量（或拥塞）或需拓宽车行道与调整组合；哪些地方应规划重新设计、增设平行通道或开辟新的干道以分流交通拥塞的现有主干道压力；哪些地方应规划布设停车场地、增添调整公路枢纽（始末站）以及哪些平交路口应予拓宽治理或改造为立体交叉等。因此，只有通过对城镇总平面图上的交通流量、流向的深入分析研究，方能对原有道路网提出经济、合理、可行的调整、扩充方案，并相应拟定得当的红线宽度、断面组合及交叉路口几何形式、用地范围等。

### （五）道路网规划图的绘制与文字说明

道路网规划，一般应在1：1 000～1：2 000的现状地形图上进行。其成果采用的比例尺大小视城镇用地规模大小不同，可采用1：2 000或缩小到1：5 000～1：10 000的比例尺。通常小城镇可直接用1：1 000～1：2 000的比例尺，一般县镇及小城市用1：5 000的比例尺，带形小城市可用到1：10 000的比例尺，至于中等城市，视其规模也可采用1：10 000～1：25 000的比例尺。

道路网规划图中应分别标明主、次干道，全市性商业大街（或步行街），林荫路以及划分街道和小区的一般道路，连通路等的走向和平面线形。对重要主、次干道相交的平交路口应标出方位坐标及中心点控制标高；对设置立交桥、桥梁的位置不仅需要在图上绘出范围、控制标高、匝道、引道，而且应在说明书中阐明其形式、用地范围控制高程及依据。有关广场、停车场、公交保养场的位置及用地几何尺寸规模也应分别在图纸及说明书中注明。对于道路纵坡、坡长及控制点标高宜结合方位坐标图另绘。

各类道路的性质、分类、路幅宽度及横断面组合，最好在图纸上的一角加以描绘，并注上主要尺寸，也允许在说明书中列出，并注明拟改建、新建的长度。

成果图由于采用比例尺较小，一般仅标注主、次干道及其他支路，以及广场、社会停车场、对外交通枢纽、立交桥、桥梁的位置和主、次干道的红线及断面组合图。

## 三、城市道路网规划的内容

### （一）城市道路网的主要结构形式

交通的发展是应城市的形成和发展而生的，道路网络是联系城市和交通的脉络。

城市道路网络布局是一个城市的骨架，是影响城市发展、城市交通的一个重要因素。我国现有道路网（简称"路网"）的形成都是在一定的社会历史条件下，结合当地的自然地理环境,适应当时的政治、经济、文化发展与交通运输需求逐步演变过来的。现在已构建完成的城市道路系统有多种形式,一般将其归纳为四种典型的路网形式:方格网式、环形放射式、自由式和混合式。

1. 方格网式

方格网式道路网是最常见的一种道路网布局,几何图形为规则的长方形,即每隔一定的距离设置接近平行的干道,在干道之间布置次要道路,将用地分为大小适合的街坊。具有典型方格网式路网布局的城市,如西安(图6-4)、北京旧城,还有其他一些历史悠久的古城,如洛阳、山西平遥、南京旧城等。

这种结构的优点是:①布局整齐,有利于建筑布置和方向识别;②交叉口形式简单,便于交通组织和控制。

结构的缺点是:道路非直线系数较大,交叉口过多,影响行驶速度。

2. 环形放射式

环形放射式路网一般都是由旧城中心区逐渐向外发展,由旧城中心向外引出的放射干道演变而来的,再加环路形成。目前,这种路网结构的原始形式已经越来越不适应城市的发展,随着城市及其发展速度的不同,路网的形式也在不断地发展中。但是环形放射式路网作为一种路网的基本形式,对我们进行城市规划、路网评价的研究都具有重要的意义。具有环形放射式路网形式的典型城市在国内有天津、成都(图6-5)等;国外的莫斯科、巴黎也是这种典型路网城市的代表。

这种结构的优点是:①有利于城市中心与其他分区、郊区的交通联系;②网络非直线系数较小。

结构的缺点是:街道形状不够规则,存在一些复杂的交叉口,交通组织存在一定困难。

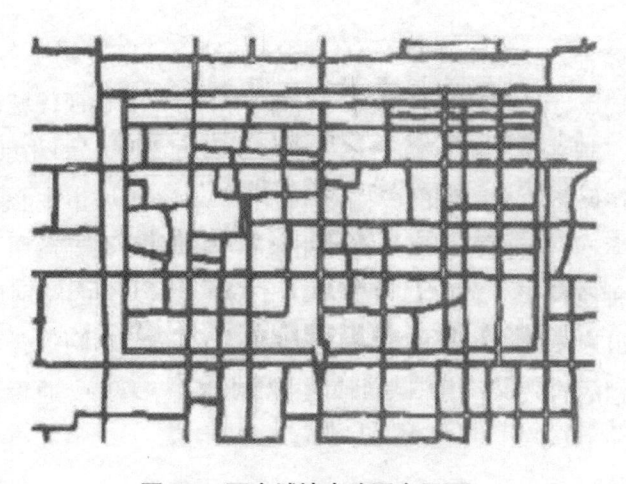

图6-4 西安城墙内路网布局图

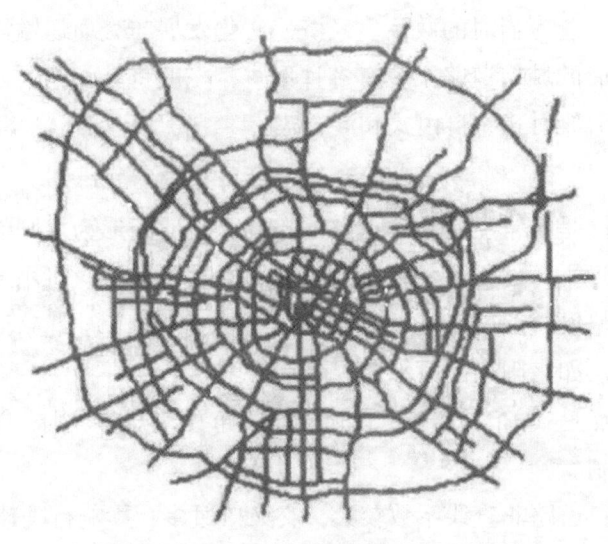

图 6-5 成都市中心城区综合路网规划图

### 3. 自由式

自由式路网以结合地形为主，道路弯曲无一定的几何图形形状。我国许多山区城市地形起伏大，道路选线时，为减少纵坡，常常沿山麓或河岸布置，形成自由式道路网。如我国的重庆市就是典型的山城，由于所处山岭地区，为满足地势的需要就采用了典型的自由式路网（图6-6）。青岛、珠海、九江等城市均属于临海（江、河）城市，顺着岸线建城使得道路的选线受到很大的限制，同样也形成了自由式路网。自由式路网一般适于一些依山傍水的城市，由于地理条件受限而形成的。

这种结构的优点是：①能充分结合自然地形；②节省道路工程费用。

结构的缺点是：道路线路不规则，造成建筑用地分散，交通组织困难。

### 4. 混合式

混合式也称综合式，是上述三种路网形式的结合，既发扬了各路网形式的优点，又避免了它们的缺点，是一种扬长避短较合理的形式。随着现代城市经济的发展，城市规模不断扩大，越来越多的城市已经朝着这个方向发展。如北京（图6-7）、成都、南京等城市就是在保留原有路网的方格网基础上，为减少城市中心的交通压力而设置了环路及放射路类型。而无锡、温州等城市也是结合地势综合运用了方格网式、自由式和放射式等多种路网形式而形成"指状""团状"等综合的路网形式。混合式路网布局一般适于城市规模较大的大城市或特大城市，混合式路网的合理规划和布局是解决大城市交通问题的有效途径，但是如果交通规划不合理、交通管理不科学又会引起新的交通问题。

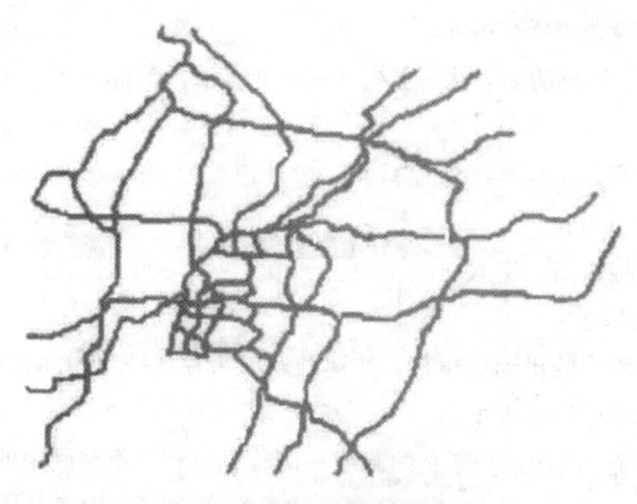

图 6-6 重庆市路网布局图

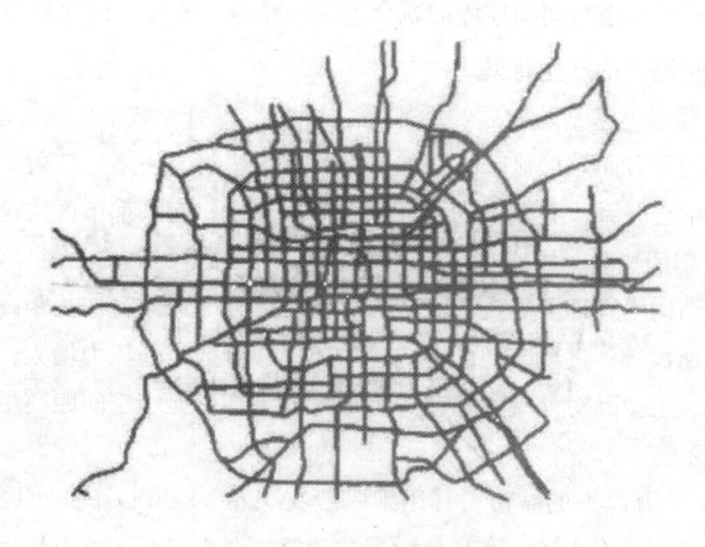

图 6-7 北京市路网布局图

## （二）城市快速路

快速路指在城市内修建的由主路、辅路、匝道等组成的供机动车快速通行的道路系统。在《城市快速路设计规程》中，快速路阐述为设中央分隔、全部控制出入、控制出入口间距及形式，具有单向双车道或以上的多车道，并设有配套的交通安全与管理设施的城市道路。《城市道路工程设计规范》中快速路为最高等级的城市道路，服务联系城市组团、高速公路、重要枢纽等中长距离机动车交通，全线要求设中央分隔、立交控制出入，保障车辆快速、连续通行。

### 1. 快速路的交通特性

汽车专用，路权专业化：禁止自行车、拖拉机、摩托车、行人进入；部分靠近核心区限制或分时段禁止货车进入。

通行能力高，路网容量较大：主线为6～8车道，辅道为2～4车道，车流连续，控制出入。

设计速度较高，车辆连续快速行驶：设计速度为60km/h、80km/h，100km/h，匝道速度为30～40km/h。

相交道路等级较高，出入口间距较主干道大：与主干路通过立交相接，相邻立交出入口间距1km以上。

主要服务长距离的机动车出行：快速疏解城市片区或组团间长距离、大流量机动车流或穿越大中城市的过境车流。

配套辅路系统：设置在快速路两侧或一侧，也可利用道路网中的次干道作为辅路。
交通安全性较高：机非完全隔离，分离了快慢交通之间的相互干扰，消除了冲突点。
环境要求高：充分考虑与周围环境的融合，减小噪声、尾气、视觉景观影响。

2. 城市快速路网的产生背景

从国内外城市快速路的发展经验来看，快速路在引导城市扩张、缓解城市拥堵、保护中心区环境等方面效果显著。例如，巴黎市快速路"环路+放射"快速路与轨道服务卫星城与中心联系，有效推动了外围卫星城建设。南京都市区快速路网"井字三环、轴向放射、组团快联"快速路结合轨道交通，有效推进"一带五轴"都市区的建设。

城市道路结构不合理，导致长短距离、快慢速度交通混行，长距离出行机动车交通难以发挥快速优势；过境交通的混入，造成中心城区交通压力增大，交通混乱；城市居住、商业、工业、对外交通枢纽等地域分隔更加明显、空间距离更大，急需快速路系统便捷联系。

对人口在50万以下的城市，其用地一般在7km×8km以下，市民活动基本是在骑三十分钟自行车范围内，没有必要设置快速路；对人口在200万以上的大城市，用地的边长常在20km以上，尤其在用地向外延伸的交通发展轴上，十分需要有快速路呈"井"字形或"甘"字形切入城市，将城市各主要组团，与郊区的卫星城镇、机场、工业区、仓储库区和货物流通中心快速联系起来，缩短其中的时空。在大城市里，市区土地利用率高，人口密度大，经济活动和生活出行强度都很高，原有道路体系受到不断增长的交通需求的冲击，加之市区面积越大，跨市中心区的交通受到市中心道路通行能力的束缚越严重，使市区内和市区对外交通的联系受到削弱，限制了城市的发展。因此，需要有一种新的道路体系，用以保证城市中交通出行量和各种需求最大的分区之间有快速的交通走廊，保证城市生活能适应现代化的节奏，城市快速路网正是在这种条件下产生的。

快速路系统的建立完善了市内交通与市际交通的有序衔接，扩大了城市的辐射吸引能力，提升了城市区位优势。快速路的规划建设将有力地推进城市布局结构的合理调整，拓展城市发展空间，改善城市生活环境和生态环境；提高城市合理建设发展的可操作性，改善城市区域发展条件。

3. 快速路的主要功能

快速路联络城市分区和组团、满足较长距离交通需求，使各组团空间距离在时间上缩短，城市概念时空统一。分离快慢交通和长短出行，满足了交通需求多元化、出行方式多样化的要求。屏蔽过境交通，提高交通安全。过境交通通过快速路系统从城市外围通过，提高城市交通的运输效益和运行质量。调节城市路网交通量，高效率和高服务水平必然吸引大量交通，产生"磁性吸引。"

快速路可以缩短城市组团间的出行时距，加强中心区对外辐射能力，加强城市组团间的联络，对于促进区域经济发展有积极的作用。但是快速路很大程度牺牲了组团之间地区的交通集散服务，从而不会诱导城市土地沿线路带状发展。为提高车辆行驶速度，保证最大通过能力，城市快速路要具备一定的封闭性，要求出入口间距大，减少车辆出入造成的影响，这样一来不可避免地对两侧用地有隔断作用，对土地的使用造成负面影响，尤其对沿线的商业有退化的作用。

4. 城市快速路主要形式

地面式：优点是主辅路之间的交通转换比较方便、工程造价较低，易与周边景观结合，对环境和城市景观影响较小。缺点是占地较多、道路红线在70m左右。道路两侧横向沟通不方便。此形式适于设置在横向交叉道路间距较大的城市外围与等级公路相连接的地区，新建城区用地比较富裕或结合城市改造拆迁较少的路段。不宜设置在城市中心区域，否则会影响城市人气积聚，造成地块分隔现象严重。典型案例如深圳的滨海大道、滨河大道、北环大道等。

高架式：优点是占地少、一般道路红线在50m左右（有匝道段会略宽）。通行能力大、道路两侧横向沟通较方便，交通功能不仅服务于"线"，而且还可以服务于"面"。缺点是造价高，对高架桥沿线建筑的噪声污染较大，对城市景观有一定的影响。此形式适用于红线较窄，用地紧张、横向沟通较密集或路线跨越河道、铁路时采用。典型案例如上海的延安路高架、南北高架、内环、中环等。

隧道式：优点是占地小、一般道路红线在46m左右（有匝道段会略宽）。噪声和废气等对道路两侧基本没有影响，与周边景观融和度较好，对城市功能的不良影响较小。通道通行能力大、道路两侧横向沟通较方便（隧道敞开段除外）。缺点是造价最高，只能依靠平行式匝道与横向道路进行沟通，仅可服务于道路沿线。地道施工时，对原有管线、轨道交通影响大，紧急情况（火灾、车辆抛锚等）下，地道救援困难，安全性不理想，运行风险大，维护成本高。此形式适用于在大城市主城区内，车流量很大，但道路红线较窄、拆迁困难且对景观要求较高地段，可考虑建设隧道式快速路。典型案例如南京的城西干道、城东干道、模范马路等。

5. 市域快速通道

市域快速通道包括联系周边相邻城市的重要快速城际通道，中心城区与周边城镇、重要旅游景点通道，以及联系城区外围交通枢纽、港口、高速公路出入口的集散通道。市域快速通道周边多为待开发或未开发地块，沿线出行较少。在此区域辅道可酌情设置，辅道等级也可取用较低等级。其主要形式为公路型和城镇型。

公路型快速路主线两侧不设置辅道。该形式断面适用于非集镇段以及集镇段中两侧地块服务功能较弱的地段。

城镇型快速路主线两侧设置辅道。该形式断面适用于集镇段以及非集镇段中两侧地块服务功能较强的地段。

6. 城市快速路网的规划要求

城市快速路网必须同城市的用地功能布局、自然条件及城市其他规划和对外交通相配合。从某种程度上讲，城市快速路网要向城市交通提供较高的可靠度。因此，在这个意义上，快速路网不同于干道网，它不仅要连接主要的分区，还要使交通不间断地运行，其规划标准要高于干道网。具体表现如下：

（1）城市快速路的计算行车速度为 60～80 km/h，道路平面线形要满足高速行驶的要求，因此在选线时，要避免过多的曲折路段。（2）快速路要严格限制横向交通的干扰（包括机动车、非机动车和行人），与其他快速路及主干道相交时，必须采用立交，只允许有少量的合流和分流车辆存在。（3）道路横断面布置要接近高速公路标准，对不同方向的交通流和不同的交通方式必须进行隔离。（4）规划足够的车行道宽度，以利发展需要。（5）选择恰当的立交形式，避免由于立交通行能力的限制而影响汽车的运行，降低快速路网的标准。（6）纵断线形要保证在高速行车允许范围内，在凹型曲线底部要有充分的排水设备从而保证道路不积水。（7）与城市整体路网配合，使车辆能通顺地进出快速路网。

以上是对城市快速路网的基本要求，在规划建设过程中，还要注意与之配套的服务设施及道路标志的完善，使城市快速路网的服务质量真正达到高水平。

### （三）城市主干道

1. 城市主干道的作用

城市主干道以交通功能为主，即为城市交通源如车站、码头、机场、商业区、厂区等之间提供通畅的交通联系。城市主干道的规划和布局决定着城市道路网的形式和功能发挥。除交通功能外，城市主干道还有以下一些功能：

构成布设地上、地下管线的公共空间。城市主干道也是城市的主要开阔地，其沿线还布设电力、燃气、暖气、上下水管道干线等设施。因此，城市主干道的规划应同以上各种管线的规划及大城市的地铁线路规划综合进行。

防灾功能。灾害发生时，城市主干道可起到疏散人群和财产、运送救援物资及提供避难空间的作用，还可以阻止火灾的快速蔓延。

构成城市各种功能区。由主干道围成的地区，形成相对完整的功能区，城市主干道的修建，使周围土地的可达性增强，有利于各种功能区的开发利用。

2. 主干道的规划布置

不同的城市，应根据本身的特点和问题，制定出适合本市的主干道规划。城市主干道应与城市的自然环境、历史环境、社会经济环境、交通特征和城市总体规划相适应。为做到这一点，应进行全面深入地调查和布设工作。

前期综合调查。前期综合调查包括人口、产业调查，交通现状调查，用地现状调查及城市规划调查，依此确定规划的基本方针，提出若干比选线路。

线路调查。根据前期综合调查的分析结果，对不同比选线路进行深入调查，掌握拆迁的难度和拆迁量，土地征购面积等，同时还要掌握建设费用、投资效益和道路周围用地环境。再根据线路调查结果，对不同线路进行比较，制定出规划方案。

定性分析。城市主干道是城市交通的动脉，在规划定线时一定要突出其交通功能，应拟定较高的建设标准。由于城市主干道一般较宽，道路上车速快，主干道之间多采用立体交叉，因此对城市用地有较强的分割作用。主干道的布置应避免穿过完整的功能区，以减少城市生活中的不便、横过主干道人流、车流对主干道交通的干扰。如主干道不应从居住区和小学学校间通过，更应避免穿过学校、医院、公园和古迹建筑群等。

城市主干道还应与自然地形相协调，在路线工程上与周围用地相配合，减少道路填、挖方量。否则，不但会因土方工程量的增加而耗资，也不利于道路两侧用地开发，视觉上也不美观。在城市主干道的规划设计中，要使线路尽量避开难以迁移的结构物，充分利用原有道路系统，减少工程造价。

3. 城市主干道的交通环境

城市人口密集，出行强度高，道路两侧土地使用率较高，车辆的进出和横过道路的行人比较多，如果主干道两侧有交通集散量很大的公共设施和商业设施，过多的行人和进出车辆就会干扰主干道的交通，削弱其交通功能。因此，主干道两侧不要直接面对大的交通源。另外，由于主干道沿线所连接的交通源的性质不一样，对主干道的交通环境也提出了不同的要求。例如，与旅游点相连，则道路周围的环境应更加注意美观方面，沿线建筑物和绿化应经过认真的规划设计。

### （四）城市次干道和支路

城市次干道用于联系主干道，与主干道结合组成道路网并作为主干道的辅助道路（起集散交通的作用），设计标准低于主干道。支路则为各街坊之间的联系道路，并与次干道连接，设计标准低于次干道。虽然次干道和支路不是城市交通的主动脉，但它们起着类似人体的支脉和毛细血管的作用。只有通过它们，主干道上的客、货流才能真正到达城市不同区域的每一个角落。主干道上的交通流也靠它们汇集、疏散。因此，在城市道路网规划中，决不能因为重视主干道的规划建设而忽视了次干道和支路。

与城市主干道相比，次干道和支路上的交通量要小一些，车速也较低。次干道和支路主要解决分区内部的生产和生活活动需要，交通功能没有主干道那样突出，在它们两侧可布置为城市生活服务的大型公共设施，如商店、剧院、体育场等。城市次干道和支路与主干道一样为城市提供公共空间，起着各种管线的公共走廊和防灾、通风等作用。

### （五）城市道路总宽度与横断面布置形式

城市道路总宽度也称道路红线宽度，它包括车行道（机动车道和非机动车道）、人行道、分隔带和道路绿化带（图 6-8）。具体道路总宽度的确定，要根据道路等交通组成而定。

图 6-8 城市道路红线宽度示意图

城市道路的横断面形式，基本上可以概括为一幅路、双幅路、三幅路和四幅路几种。

单幅路俗称"一块板"断面。各种车辆在车道上混合行驶。在交通组织上可划出快、慢车行驶分车线，快车和机动车辆在中间行驶，慢车和非机动车靠两侧行驶。或者不划分车线，车道的使用可以在不影响安全的条件下予以调整。如只允许机动车辆沿同一方向行驶的"单行道"；限制载重汽车和非机动车行驶，只允许小客车和公共汽车通行的街道；限制各种机动车辆、只允许行人通行的"步行道"等。上述措施，可以是相对不变的，也可以按规定的周期变换。

双幅路俗称"两块板"断面。在车道中心用分隔带或分隔墩将车行道分为两半，上、下行车辆分向行驶。各自再根据需要决定是否划分快、慢车道。

三幅路俗称"三块板"断面。中间为双向行驶的机动车车道，两侧为靠右侧行驶的非机动车车道。

四幅路俗称"四块板"断面，在三幅路的基础上，再将中间机动车车道分隔为二，分向行驶。

相比之下，三幅路和四幅路对交通流的渠化比一幅路和双幅路要好；行进中车辆之间干扰小，适用于高速行驶。因此，城市主干道建议采用四幅路或三幅路加中间分隔物（栏、墩等）这样的高标准横断面。道路分幅多，道路红线一般较宽，在交通量不大的次干路，尤其是支路上，没有必要采取此种断面形式。考虑用地的经济和方便生活两个因素，支路的形式以一幅路为佳。

## 四、城市停车场规划

停车设施是城市道路交通建设的一个重要内容，停车问题得不到解决，则会有过多的路边停车情况出现而造成交通拥挤甚至阻塞；由于找不到停车泊位造成生活不便和用地功能难以发挥。因此，每一个城市都应根据交通政策和规划、土地开发利用规划等制定出适合本市停车需求的停车场规划。

### （一）停车场分类

按停车种类分类，分为机动车停车场、自行车停车场。

按停车形式分类，分为路边停车场、路外停车场。

路边停车场指在道路红线范围内，道路的一侧或两侧，按指定的区间内设置的停车道。这种停车设施简单、方便，但占用一定的道路空间，对行车有一定的干扰，不恰当的设置可导致交通阻塞。路外停车场指在道路红线范围以外的停车设施，包括建筑物周围的停车场及地下车库、楼式停车场等。这类停车设施规模一般较大，要求有配套设施，如排水、防水设备、修理、安全、休息、服务等设施。

### （二）机动车停车场规划

1. 停车需求量调查与预测

停车场的规模一定要符合实际，过大则浪费，过小则不解决问题。为确定停车场的合理规模，必须要做一系列调查工作，确定停车的总量、停车时间长短，进而推算出车位利用率等，具体涉及以下几个方面：

（1）停车现状调查，包括现状的路边停车和路外停车的停车地点、停车数量、车种、到达时间和离去时间等。（2）停车场使用者调查，包括停车目的、停车后步行时间、车种、到达和离去时间、使用频率等。（3）停车场附近道路的交通现状调查，主要为干道的各方向交通量等。（4）停车场周围的环境调查，主要为建筑种类、规模等。（5）

停车需求预测。

一般而言，停车需求分为两大类，一类为车辆拥有的停车需求；另一类是车辆使用过程的停车需求。前者所谓夜间停车需求，主要是为居民或单位车辆夜间停放服务，较易从各区域车辆注册数的多少估计出来；后者所谓日间停车需求——主要是由于社会、经济活动所产生的各种出行所形成的，它受土地利用、车辆增长、车辆出行水平及交通政策等多方面的影响。纵观国内外城市研究成果，停车需求预测一般有三种模型：基于类型分析法的产生率模型、基于相关分析法的多元回归模型、基于停车与车辆出行关系的出行吸引模型。

车辆驾驶者因活动需要产生出行需求而有空间上的移动，并在出行终点需要空间和时间停放交通工具，此所需的时间与空间即成为停车需求。停车需求预测的目的是为了确定合理的停车泊位供给规模，停车需求量预测准确与否，对停车规划的影响很大。停车需求预测既有以区域或基地为研究对象来考虑的停车需求研究，又有将停车需求行为假设为一选择行为来进行研究的停车需求研究。表6-4列出了常用的8种停车需求预测模型的优缺点。

表6-4 停车需求预测模型比较

| 模型 | 输入资料 | 优点 | 缺点 |
| --- | --- | --- | --- |
| 小汽车增长模型 | 各分区未来小汽车数量 各分区基年小汽车数量 各分区基年停车需求数 | 模型建立容易，所需资料不难收集。 | 考虑的变量太少，模型的精确度不高。 |
| 出行吸引模型 | 各分区未来小汽车吸引量 各分区小汽车承载率 各分区停车高峰系数 | 模型的理论性强，精确度高。 | 各分区的出行吸引量、交通方式分担率、小汽车承载率等资料获取不易。 |
| 产生率模型 | 各地区各类土地使用的停车需求产生率，各地区未来各类土地使用的发展状况，停车需求产生率与土地使用，建筑物形态等变量彼此独立 | 由停车需求产生率推算停车需求较为精确、直接。 | 各地区未来的土地使用资料获取不易，需从事大量调查。 |
| 多元回归模型 | 各地区未来的社会经济发展情况，各地区未来的土地使用情况。 | 模型使用简便，有统计分析，可了解模型的精确性。 | 模型的精确性较差。 |
| 交通量-停车需求模型 | 各地区未来的交通流量。 | 当应用于小区域时，模型简便实用。 | 当预测区域扩大时，交通流量与停车需求关系将随之改变，其准确性也相应降低。 |
| 土地使用-停车需求模型 | 各分区就业机会人数，中心商业区就业总人数，各区的商业及零售业楼地板面积。 | 模型的建立简单且具有合理性。 | 各区的就业机会人数不易获取，长短时间不易划分，模型中的分配数值在长时间内不一致。 |

续表

| 模型 | 输入资料 | 优点 | 缺点 |
|---|---|---|---|
| 多元增长率几何平均数模型 | 各区的人口增长率、车辆增长率、楼地板面积增长率，各区的区域特性加权值。 | 模型综合考虑多个合理因素，又不失简便。 | 各区各个成长关系间并非独立，反映各区的加权值不易确定。 |
| 各区的区域特性加权值 | 各区的社会经济资料，如人口数、就业人口数、零售及服务业楼地板面积。 | 理论基础完备，精确。 | 建立模型所需资料多，资料收集困难。 |

2. 停车设施规划

在得到停车需求分析和预测的数值后，可以进行停车设施的规划。停车设施规划所要解决的问题有：在城市的各个区域，在未来的不同时期，需要供应多少停车泊位；在这些泊位中，社会停车泊位、配建停车泊位和路内停车泊位各占多少比例比较合适；在未来各时期，应该兴建多少社会停车场来满足社会停车需求。

（1）停车设施布置原则

①无论是路外公共停车场或路边停车场地布局，都要尽可能与这些设施的停车需求相适应。在商业、文化娱乐、交通集散中心地段，停车需求大，必须配置足够的停车位，否则对交通将产生十分不利的影响。②停车步行距离要适当。一般机动车停放点至目的地步行距离以200～400m为限；自行车则以50～100m为限。③大城市的停车场分散布置比集中布置要好。对于过境交通车辆，则应在市外环路附近（易于换乘地段）设置停车场。各种专用停车场，应根据建筑类型按国家或地区规定的停车车位标准，采用停车楼或地下停车库等形式解决。④路外停车设施容量所占比重，应满足车辆拥有和车辆使用过程大部分停车需求。

（2）停车设施供需平衡

停车设施的规划是在一定的供应政策指导下制定的。传统的供应理念是供应必须满足需求，即所谓的供需平衡。然而，国内外众多城市的发展经验表明，一味地增加供应满足需求，最终结果仍是供不应求，而在停车需求管理的基础上，针对不同区域应采取供应限制和供需平衡的策略，才有可能解决停车问题。因此，停车设施规划不能简单地以满足停车需求为目的，还要考虑到供应对需求的调节作用。采取何种供应政策，要根据区域的性质、交通状况和未来的发展前景决定。

停车泊位供应不仅需要在区域空间上采取不同策略，在规划期限上也应该采取不同的供需协调策略，以实现控制需求增长和需求管理的目标。

中心区的外围区域近期应该增加停车泊位的供给，以满足区域停车需求。在远期，随着中心区控制供给政策的开展，以及换乘系统的完善，中心区外围区域除了要满足自身的需求外，还要满足停车换乘带来的停车需求。

对于城市的新开发地区，随着开发力度的加大，对停车的需求也会迅速增长，所以这些区域除满足当前需求外，还要考虑到未来的发展趋势。

城市出入口地区的停车泊位主要是满足过境车辆的停放，停车泊位的控制不太可能对需求产生影响，所以该地区停车泊位的供应应该采取供需平衡的政策。

由于建筑物的性质和规模不同，对停车车位的需求也不一样，这反映在停车总量和车位利用率上，如银行、邮局这类设施处的停车时间比购物停车时间要短一些，饭店、办公设施处的停车时间要更长一些。

### （三）自行车停车场规划

1. 自行车停车现状调查分析

自行车停车现状调查主要包括高峰小时停车比例系数、停车周转率、自行车停车时空分布等，弄清问题的性质、大小、地点、严重程度等，通常是对已有停车场或需设停车场所进行观测、调查。

2. 自行车停车需求预测

自行车停车需求预测是自行车停车场规划的重要依据。城市自行车停车设施需求量与城市规模、性质、区域的土地开发利用、人口、经济活动、交通特征等因素有关。然后按照预测需求进行规划设计，提出停车设施的建设方案。

自行车停车需求分为两大类：一类是车辆拥有的停车需求，即所谓夜间停车需求，主要为居民夜间停放服务，较易从各区域车辆注册数或居民户数的多少估计出来，大多由单位或小区配建停车场；另一类是车辆使用过程的停车需求，主要是由于社会、经济活动所产生的各种出行所形成的，这是我们研究的主体。

在具体规划时，如果要完全满足预测得到的自行车停车需求，可能会遇到用地面积不足、建设费用过大等问题。这就需要强化禁停措施、收费停车、限制服务半径内的人使用自行车等措施，设定自行车停车场供给标准，而不是简单地满足停车需求。

3. 专用自行车停车设施规划

市区尤其是中心区内的商业、集贸、餐饮、公共娱乐中心等公共建筑，往往吸引了大量的自行车停车。然而，由于这些公共建筑往往没有预留足够的自行车专用停车场，大多数停车需求只好以占用门前场地、附近人行道等方式解决，容易导致人行道、自行车道交通混杂，加剧了当地交通的混乱状况。

配建停车场是最直接、最方便的解决手段。为了避免占用大量道路用地，要求城区内部的公共中心、商业中心、集贸市场等人流较多的公共建筑，必须严格执行相应的配建指标，配建相应的自行车专门停车场。

4. 公共自行车停车设施布局规划

（1）公共自行车停车场的规划原则

自行车停车应该首先考虑到其便利性，并且在不影响城市交通和市容的前提下对其进行规划，应遵循以下原则：

自行车停车场地应尽可能分散、多处设置，采用中小型为主，以方便停车。同时，切合实际，充分利用车辆、人流稀少的支路、街巷或宅旁空地。

自行车停车场应避免其出口直接对着交通干道或繁忙的交叉口，对于规划较大的停车场地，尽可能设置两个以上的进出口，停车场内也应做好交通组织，进出路线应明确规划并尽可能组织单向交通。

停车场的规模宜视需要与实际场地大小确定，停车场地的形状也要因地制宜，不宜硬性规定或机械搬用。固定式车辆停放场地应设置车棚、车架、铺砌地面，半永久式和临时停车场地也应设明显的标志、标线，公布使用规则，以方便停车和交警执法。

对于车站、公交站场等繁忙的交通换乘地点，应按规定设置足够的自行车停车场地，以方便转乘、换乘。

（2）公共自行车停车场布局流程

自行车停车场位置的选择非常重要。出行者肯定不愿意将自行车停放在停车场后再步行很长的时间，也就从一个方面造成了"就近停车"的乱停乱放现象。所以，自行车停车场选址最重要的就是其便利性，这就要求停车场在城市应分散多处设置，以方便停放；同时要保证停车后的步行距离，停车场的设置地点与出行目的地之间的距离以不超过 100 m 为宜，特殊情况下也不要超过 150 m。

在其便利性得到保证的同时，再对停车场具体的设置位置进行考虑。自行车停车场在方便自行车出行者的同时，不能对整个交通环境造成影响，不能干扰正常的车流和人流，所以停车场应避免设在交叉口和主要干道附近，以免进出的自行车对交通流造成阻碍。经济利益也是自行车停车场选址时应该注意的问题，由于自行车停车场设施非常简单，往往所需要投入的只是土地而已。所以，选址时应考虑到土地的开发费用，尽量充分利用空闲土地，以节约土地开发的费用。

5. 共享单车设施规划

近几年，在移动互联网、云计算、大数据及物联网等科技浪潮背景下，共享经济开始大行其道，资本市场大量进入共享型公共产品供给领域。共享经济的发展为城市绿色、健康发展提供了重要的实现路径，也加快了城市发展的速度。以"随取随用"为目的的共享单车开始活跃在一、二线大城市的大街小巷，并逐步渗透到人们的生活之中。对比有桩单车的有秩序停放，无桩共享单车呈现离散分布状况，其随处停放给城市管理带来了挑战。从城市规划的视角看，共享单车使用规范化的关键是空间资源的优化配置，涉及车道、停车设施等的规划布局。

共享单车管理的症结在于重点区域车辆的实时停放和流转速度，因此，共享单车停车设施规划主要从停车设施空间布局及容量调配两方面进行考虑。

在共享单车停车设施容量调配方面，地铁站点周边区域空间要素聚集的差异性形成了潮汐型和单向型两类骑行行为模式，这是共享单车供给出现时段性和空间性失衡的原因。因此，需要对这些站点的共享单车用量进行再平衡，以提高共享单车系统运行的效率。潮汐型站点需要考虑共享单车早晚高峰的峰值，并对停车设施容量采取合理的调配措施；单向型站点需要根据具体情况及时补充和转移共享单车，以防止站点无车可用和车辆堆积。在多要素混合影响区域，需要根据不同空间要素的吸引度和衔接度合理布局共享单车停车设施以及进行容量调配，形成定点集中停放和散点分散停放相结合的共享单车停放供给体系，以满足城市中不同区域、不同出行目的的居民的需求。其中，对居住、商业购物、餐饮和交通服务4类空间要素周边的共享单车停车设施进行扩容是规划的重点，可考虑与市政设施结合的集约布局方式，如结合公交站房、流动商店和人行导流栏进行共享单车的多种形式、立体式停放；办公、生活服务、医疗卫生、文教、休闲娱乐和金融保险6类空间要素周边的共享单车停车设施容量调配应重点考虑峰值区域及其人流引导和步行通达性，结合用户骑行习惯优化绿道线路，并设置标识明确的指示牌，实现就近停车换乘；体育场馆、风景名胜和旅馆3类空间要素周边的共享单车停车设施容量调配应多考虑场地主要出入口处的骑行需求，以提高共享单车的使用率。

# 第四节　城市地铁和轻轨规划

## 一、地铁

地下铁道是城市快速轨道交通的先驱。地铁不仅具有运量大、快捷、安全、准时、节省能源、不污染环境等优点，而且还可以修建在建筑物密集且不便于发展地面交通和高架轻轨的地区。因此，地铁在城市公共交通中发挥着巨大的作用，是城市居民出行的便捷交通工具。

地下铁道是一个历史名词，如今其内涵与外延均已有相当大的扩展，并不局限于运行线在地下隧道中这一种形式，而是泛指车辆的轴重大于15、高峰每小时单向运输能力在30 000～70 000人的大容量轨道交通系统。运行线路多样化，其形式包括地下、地面和高架三者有机的结合。这种轨道交通系统的建造规律是，在市中心为地下隧道，市区以外为地面线或架空线。

地铁都是电力牵引,都可实现车辆连挂、编组运行。地铁运量大、速度快,有自己的专用轨道,享有绝对路权,没有其他交通干扰,是一种城市快速连续交通运输形式。地铁运输网的建立和完善,可以极大地缓解地面交通的压力,其快速、准时的优势是地面交通无法相比的。

地下铁道之所以在世界范围内得到广泛的发展,在于它具备城市道路交通不可比拟的优势:

(1)地铁是一种大容量的城市轨道交通系统,其单向每小时运送能力可以达到30 000~70 000人次,而公共汽电车单向每小时运送能力只在8 000人次左右,远远小于地铁能力,所以在客流密集的城市中心地带建设地铁可以明显疏散公交客流,分担绝大部分城市公共交通流量。(2)地铁具有可信赖的准时性和速达性。地铁线路与道路交通隔绝,有自己的专用线路,不受气候、时间和其他交通工具的干扰,不会出现交通阻塞而延误时间,因而在保证准时到达目的地方面得到乘客的信赖,可以为居民带来效益,故对居民出行具有很大的吸引力。(3)地铁大多在地下或为高架,因而与其他交通方式无相互干扰,安全性高。在当今世界汽车泛滥、交通事故居高不下的情况下,如果不发生意外或自然灾害,地铁里乘客的安全可以得到一定保障,这也是地铁吸引客流的原因之一。(4)地铁噪声小、污染少,对城市环境不造成破坏。(5)在城市发展空间日益狭小的今天,地铁充分利用了地下空间,节约出地面表面上宝贵的土地资源为人类所用,这在一定程度上也刺激了其自身的发展。

虽然地铁具有很多其他交通方式并不具备的优势,但其缺点也相当突出,制约着地铁的进一步发展。地铁的绝大部分线路和设备处于地下,而城市地下各种管线纵横交错,极大地增加了施工难度,而且在建设中还涉及隧道开挖、线路施工、供电、通信信号、水质、通风照明、振动噪声等一系列技术问题以及要考虑防灾、救灾系统的设置等,都需要大量的资金投入。因此,地铁的建设费用相当高。

地铁的规划应认真考虑远景的交通需求,要有系统、全面的观点。地铁规划还应和地面道路规划相配合,特别是建设初期的地铁,只有与其他交通方式很好结合,才能发挥其作用。

## 二、轻轨

城市轨道交通系统主要指地铁与轻轨,两者都可以建在地下、地面或高架桥上,区分两者的主要指标为单向最大高峰小时客流量。根据我国《城市公共交通分类标准》,轻轨的定义是:一种中运量的轨道交通运输系统,采用钢轮钢轨体系,标准轨距1 435 mm,主要在城市地面或高架桥上运行,遇到繁华街区也可进入地下,具备专用轨道。其建设成本比地铁低，可以在短周期内投资建成；在能量消耗和维修方面，轻轨也具有一定优势。

轻轨相对一般铁路和地铁而言，它的运输更灵活，但运量小一些，可以布置在城市一般街道上。与公共汽车相比，它有自己的轨道，在交叉口享有优先权，运量比公共汽车大得多，并且比公共汽车快速、准时。现在的轻轨运输已经与过去的有轨电车不同，发生了质的变化，形式上有单轨式、双轨式、骑座式和悬挂式等。其具体运营特点为：

（1）小型轻便，轨道造价低，对城市环境的适应性强。（2）在专用轨道上利于系统的管理与控制，安全性高。（3）运输能力介于地铁和公共汽车之间，当运量范围在每小时 5 000 ~ 15 000 人时，效率最高。（4）运距适于 5 ~ 15 km。（5）对大气污染小，比同样运量的道路运输噪声小。

轻轨交通作为一种中运量的城市轨道交通系统，具有综合造价低、道路适应性强、系统配置灵活、噪声低、无污染、建设周期较短等特点，适应特大城市轨道交通线网中的辅助线路、市郊线和卫星城镇的连接线，以及中小型城市的轨道交通骨干线路使用。

# 第七章 区域规划和城市总体规划

## 第一节 城市总体布局

城市总体布局是城市的社会、经济、环境以及工程技术与建筑空间组合的综合反映，也是城市总体规划的重要工作内容。它是在基本明确了城市发展纲要的基础上，根据大体确定的城市性质和规模，结合城市用地评定，对城市各组成部分的用地空间进行统一安排、合理布局，使其各得其所、有机联系。它是一项为城市长期合理发展奠定基础的全局性工作，可作为指导城市建设的规划管理基本依据之一。

城市总体布局是通过城市用地组成的不同形态体现出来的。城市总体布局的核心是城市用地功能组织，它是研究城市各项主要用地之间的内在联系。根据城市的性质和规模，在分析城市用地和建设条件的基础上，将城市各组成部分按其不同功能要求有机地组合起来，使城市有一个科学、合理的用地布局。

### 一、城市总体布局的基本原则

城市总体布局要力求科学、合理，要切实掌握城市建设发展过程中需要解决的实际问题，按照城市建设发展的客观规律，对城市发展作出足够的预见。它既要经济合理地安排近期各项建设，又要相应地为城市远期发展进行全盘考虑。科学合理的城市总体布局必然会带来城市建设和经营管理的经济性。城市总体布局是在一定的历史时期、一定的自然条件、一定的生产、生活要求下的产物。通过城市建设的实践，得到方法检验，发现问题，修改并完善，充实提高。

#### （一）影响城市总体布局的因素

城市总体布局的形成与发展取决于城市所在地域的自然环境、工农业生产、交通运输、动力能源和科技发展水平等因素，同时也必然受到国家政治、经济、科学技术等发展阶段与政策的作用。

随着生产力的发展，科学技术的不断进步，规划布局所表现的形式也在不断发展。例如，社会改革和政策实施的积极作用、工业技术革命及城市产业结构的变化、交通运输的改进与提高、新资源的发现、能源结构的改变等因素，都会对未来城市的布局产生实质性的影响。

城市存在于自然环境中，除了受到国家的政治、经济、科学技术等因素影响外，还有来自城市本身和城市周围地区两个方面的影响。生产力的发展水平和生产方式、城市的性质和规模、城市所在地区的资源和自然条件、生态平衡与环境保护、工业和交通运输等因素，都会在不同程度上影响城市总体布局的形成和发展。

### （二）城市总体布局的基本原则

城市总体布局应体现前瞻性、综合性和可操作性，深切贯彻我国城镇化发展的基本方针，坚持走中国特色的城镇化道路，按照循序渐进、节约土地、集约发展、合理布局的基本要求，努力形成资源节约、环境友好、经济高效、社会和谐的城镇发展新格局，取得社会效益、经济效益和环境效益的统一。具体应当综合考虑以下四个方面的要求：

#### 1. 增强区域整体发展观念，考虑城乡统筹发展

分析影响城市与区域整体性发展的各个因素，把握区域空间演化的整体态势。在城镇化发达地区，现在已出现了城市群、大都市连绵区等新形式的空间聚合模式，空间扩展、经济联系、交通组织等方面都呈现出一体化的态势。相对而言，欠发达地区的城市则呈现城镇化水平低、城镇规模小、功能弱、基础设施不健全等特点。

认真分析区域性产业结构调整和产业布局的影响。区域性的产业结构调整和转型发展可以直接影响到城市功能的转变。对于区域经济中心城市，应将产业结构的高级化作为主要方向。对一般城市，则应根据自身的条件，调整和完善城市产业结构，明确具有竞争能力又富有效益的产业，也就是发展优势较高的产业，并在规划布局中为之提供积极发展的条件。

认真分析区域性生态资源条件的承载能力。区域是生态与环境可持续发展的基本单位，良好城市环境的创造和生态环境的可持续发展必须基于区域尺度寻求解决的方案和对策。

认真分析区域性重大基础设施建设的影响。一方面，应加强对支撑城市发展的战略性基础设施的研究；另一方面，重视新的区域性重大基础设施项目的建设对城市布局形态可能产生的影响。

促进城乡融合，建立合理的城乡空间体系。在城镇化进程中，应注重实现城市现代化和农村产业化同步发展。在发展大中城市的同时，有计划地积极发展小城镇，通过建立合理的城乡空间体系，以市域土地资源合理利用和城镇体系布局为重点，通过各级城镇作用的充分发挥，推动实现农村现代化，使城乡逐步融合，共同繁荣。

### 2. 重点安排城市主要用地，强化规划结构

集中紧凑，节约用地，提高用地布局的经济合理性。城市总体布局在保证城市正常功能的前提下，应尽量节约用地，集中紧凑，缩短各类工程管线和道路的长度，节约城市建设投资，方便城市管理。城市总体布局要十分珍惜有限的土地资源，尽量少占农田，不占良田，兼顾城乡，统筹安排农业用地和城市建设用地。

明确重点，抓住城市建设和发展的主要矛盾。努力找出并抓住规划期内城市建设发展的主要矛盾，作为构思总体布局的切入点。对以工业生产为主的生产城市，其规划布局应从工业布局入手；交通枢纽城市则应以有关交通运输的用地安排为重点；风景旅游城市应先考虑风景游览用地和旅游设施的布局。城市往往是多职能的，因此，要在综合分析基础上，分清主次，抓住主要矛盾。

规划结构清晰明确，内外交通便捷。城市规划用地结构是否清晰是衡量用地功能组织合理性的一个指标。城市各主要用地既要功能明确，相互协调，同时还要有安全便捷的交通联系，把城市组织成一个有机的整体。城市总体布局要充分利用自然地形、江河水系、城市道路、绿地林带等空间来划分功能明确、面积适当的各功能用地，在明确道路系统分工的基础上促进城市交通的高效率，并使城市道路与对外交通设施和城市各组成要素之间均保持便捷的联系。

### 3. 弹性生长，近远期结合，为未来预留发展空间

重视城市分期发展的阶段性，充分考虑近期建设与远期发展的衔接。城市远期规划要坚持从现实出发，城市近期建设规划则应以远期规划为指导。城市近期建设要坚持紧凑、经济、可行、由内向外、由近及远、成片等特点发展，并在各规划期内保持城市总体布局的相对完整性。

旧区更新与新区建设联动发展。城市总体布局要把城市现状要素有机地组织进来，既要充分利用现有物质基础发展新区，又要为逐步调整或改造旧区创造条件。在旧城更新中要防止两种倾向：其一是片面强调改造，大拆大迁、过早拆旧，其结果就可能使城市原有建筑风貌和文物古迹受损；其二是片面强调利用，完全迁就现状，其结果必然会使旧城区不合理的布局长期得不到调整，甚至阻碍城市的发展。

考虑城市建设发展的不可预见性，预留发展弹性。所谓"弹性"即是城市总体布局中的各组成部分对外界变化的应变能力和适应能力，如对于经济发展的速度调整、科学技术的新发展、政策措施的修正和变更等的应变能力和适应能力。规划布局中某些合理的设想，若短期内实施有困难，就应当通过规划管理严加控制，为未来预留实现的可能性。

### 4. 保护生态和环境，塑造城市特色风貌

以生态与环境资源的承载力作为城市发展的前提。在城市总体布局中，应控制无

序蔓延，明确增长边界。同时要十分注意保护城市地区范围内的生态环境，力求避免或减少由于城市开发建设而带来的自然环境的生态失衡。

保护环境，因地制宜，建立城市与自然的和谐发展关系。城市总体布局要有利于城市生态环境的保护与改善，努力创造优美的城市空间景观，提高城市的生活质量。慎重安排污染严重的工厂企业的位置，预防工业生产与交通运输所产生的废气污染与噪声干扰。加强城市绿化建设，尽可能将原有水面、树林、绿地有机地组织到城市中来。

注重城市空间和景观布局的艺术性，塑造城市特色风貌。城市空间布局是一项艺术创造活动。城市中心布局和干道布局是体现城市布局艺术的重点，城市轴线是组织城市空间的重要手段。

## 二、城市总体布局模式

### （一）城市总体布局的集中和分散

城市的总体布局千差万别，但其基本形态大体上可以归纳为集中紧凑与分散疏松两大类别。各种理想城市形态也都基本可以回归到这两种模式。

在集中式的城市布局模式中，城市各项主要用地集中、成片、连续布置。城市各项用地紧凑、节约，便于行政领导和管理，有利于保证社会经济活动联系的效率和方便居民生活。有利于设置较为完善的生活服务设施，可节省建设投资。一般情况下，中小规模的城市较适宜采取集中发展的模式。但是，采用集中式发展的城市要注意预防过度集中造成的城市环境质量下降和功能运转困难，同时还应注意处理好近期和远期的关系。规划布局要具有弹性，为远期发展留有余地，避免近期紧凑，远期出现功能混杂的现象。

分散式的布局形态较适宜大城市和特大城市，以及受自然条件限制造成城市建成区集中布局困难的城市。由于受河流、山川等自然地形、矿藏资源或交通干道的分隔，形成相对独立的若干片区，这种情况下的城市布局比较分散，彼此联系不太方便，市政工程设施的投资会提高一些。它最主要的特征是城市空间呈现非集聚的分布方式，包括组团状、带状、星状、环状、卫星状等多种形态。

应该指出，城市用地布局采取集中紧凑或分散疏松，受到多方面因素的影响。而同一个城市在不同的发展阶段，其用地扩展形态和空间结构类型也可能是不同的。一般来说，早期的城市通常是集中式的，连片地向郊区拓展。当城市空间再扩大或遇到障碍时，则开始采取分散的发展方式。随后，由于发展能力加强，各组团彼此吸引，城市又趋集中。最后城市规模太大需要控制时，又不得不以分散的方式，在其远郊发展卫星城或新城。因此，选择合理的城市发展形态，需要考虑城市所处发展阶段的特点。

### (二)基本城市形态类型

#### 1. 集中型形态

集中型形态是指城市建成区主轮廓长短轴之比小于4：1的用地布局形态，是长期集中紧凑全方位发展形成的，其中还可以进一步划分成网格型、环形放射型、扇型等子类型。

网格型城市又称棋盘式，是最为常见和传统的城市空间布局模式。城市形态规整，由相互垂直的道路构成城市的基本空间骨架，易于各类建筑物的布置，但如果处理得不好，也易导致布局上的单调。这种城市形态一般容易在没有外围限制条件的平原地区形成，不适于地形复杂地区。这一形态能够适应城市向各个方向上扩展，更适合于汽车交通的发展。由于路网具有均等性，各地区的可达性相似，因此，不易于形成显著的、集中的中心区。

环形放射型是大中城市比较常见的城市形态，由放射形和环形的道路网组成，城市交通的通达性较好，有很强的向心紧凑发展趋势，往往具有高密度较强的、展示性、富有生命力的市中心。这类形态的城市易于利用放射道路组织城市的空间轴线和景观，但最大的问题在于有可能造成市中心的拥挤和过度聚集，同时用地规整性较差，不利于建筑的布置。这种形态一般不适于小城市。

#### 2. 带型形态

带型形态又称线状形态。是指城市建成区主体平面的长短轴之比大于4：1的用地布局形态。带形城市大多是由于受地形的限制和影响，城市被限定在一个狭长的地域空间内，沿主要交通轴线两侧呈单向或双向发展，平面景观和交通流向的方向性较强。这种城市的空间组织有一定优势，但规模也有一定的限制。带形城市必须发展平行于主轴的交通线，但城市空间不宜拉得过长，否则市内交通运输的成本很高。其子形态有U形、S形、环形等，典型城市如我国的深圳、兰州等。

环状形态在结构上可看成是带形城市在特定情况下首尾相接的发展结果。城市一般围绕着湖泊、山体、农田等核心要素呈环状发展，由于形成闭合的环状形态，与带状城市相比，各功能区之间的联系较为方便。由于环形的中心部分以自然空间为主，可为城市创造优美的景观和良好的生态环境条件。但除非有特定的自然条件限制或严格的控制措施，否则城市用地向环状的中心扩展的压力极大。

#### 3. 放射型形态

放射型形态是指城市建成区总平面的主体团块有三个以上明确发展方向的布局形态。大运量公共交通系统的建立对这一形态的形成具有重要影响，加强对发展走廊非建设用地的控制是保证这种发展形态的重要条件。包括指状、星状、花瓣状等子形态。

星状形态的城市通常是从城市的核心地区出发，沿多条交通走廊定向向外扩张形成的空间形态，发展走廊之间保留大量的非建设用地。这种形态可以看成是在环形放射城市的基础上叠加多个线形城市形成的发展形态。

### 4. 星座型形态

星座型形态又称为卫星状形态。城市总平面包含一个相当大规模的主体团块和三个以上较次一级的基本团块组成的复合形态。

星座型形态的城市一般是以大城市或特大城市为中心，在其周围发展若干个小城市而形成的。一般而言，中心城市有极强的支配性。而外围小城市具有相对独立性，但与中心城市在生产、工作和文化、生活等方面都有非常密切的联系。这种形态有利于在大城市及大城市周围的广阔腹地内，形成人口和生产力的均衡分布，但在其形成阶段往往受自然条件、资源情况、建设条件、城镇形状以及中心城市发展水平与阶段的影响。实践证明，为控制大城市的规模，疏散中心城市的部分人口和产业，有意识地建设远郊卫星城是有一定效果的。但卫星城的建设仍要审慎研究卫星城的现有基础、发展规模、配套设施以及与中心城市的交通联系等问题，否则效果可能并不理想。

### 5. 组团型形态

组团型形态是指城市建成区具有两个以上的相对独立的主体团块和若干基本团块组成的布局形式。一个城市被分成若干块不连续城市用地，每块之间被农田、山地、较宽的河流、大片的森林等分割。这类城市的规划布局可根据用地条件灵活编制，比较好处理城市发展的近、远期关系，容易接近自然，并使各项用地各得其所。关键是要处理好集中与分散的度，既要合理分工、加强联系，又要在各个组团内形成一定规模，使功能和性质相近的部门相对集中，分块布置。组团之间必须有便捷的交通联系。

### 6. 散点型形态

散点型形态的城市没有明确的主体团块，相对独立的若干基本团块在较大的空间区域内呈现出自由、分散的布局特征。

## （三）多中心与组群城市

组群城市的空间形态是城市在多种方向上不断蔓延发展的结果。多个不同的片区或城市组团在一定的条件下独自发展，逐步形成不同的、多样化的焦点和中心以及轴线。

## 第二节　不同类型的城市总体布局

### 一、矿业城市

在矿业城市中，矿区生产不同于一般工业生产，矿区资源条件是矿区工业布局的自然基础，矿区工业的布局与矿井分布有密切关系，因此，矿藏分布对矿区城市的结构有决定性的影响。在一般情况下，矿井分布比较分散，决定了矿业城市总体布局分散性的特点。此外，矿区有一定的蕴藏量和一定的开采年限。因此，矿区城市的发展年限、规模和布局必须与矿区开发的阶段相适应。

例如，煤矿城市在矿区处于开始建设阶段，应着重考虑如何迅速建成煤炭工业本身比较完整的体系以及交通、电力、给排水、建筑材料等先行部门的配合建设；在矿区建设达到或接近规划最终规模时，应充分利用煤炭资源和所在城镇与地区的有利条件，合理利用劳动力，有重点地建设一些经济上合理且必要的加工工业部门，形成具有综合发展程度较高的采矿业与制造业相结合的工矿城市；在矿区或矿井接近衰退阶段，则应及早寻找后备矿区，并事先考虑煤产递减期间和报废以后如何利用现有工业建筑、公用设施和居民点，规划好拆迁、改建、转产、城镇工业发展方向的调整及居民点的迁留等问题。

由于矿区大多分布在山区丘陵地带和地质构造比较复杂的地方，因此，城市规划布局要很好地考虑地形条件和地质条件。矿区各项用地的布置要考虑到矿藏的范围，避免压矿（特别是浅层矿层），以免影响开采。

矿区生产需要频繁的交通运输，仅靠汽车运输是不够的，还必须考虑采用矿区内部窄轨铁路、内燃机车、架空索道、管道运输等专用交通方式。而且运输管线与设施占地较大，这对矿区工业生产布局有很大影响。

矿区工业生产的特点决定了矿区居民点难以集中布局，但居民点过于分散，不便组织生活，因此应做到集中与分散相结合。一般可选择条件较好，位置适中的地段作为整个矿区城市的中心居民点，选择其中人口、工业、生活服务与文化设施齐全的可作为全矿区的行政管理与公共服务的中心。其他的居民点规模应与矿井的生产能力相适应，并与中心居民点（城镇）有方便的交通联系。

矿区与农村的联系较为密切，在进行矿区总体布局的同时，应尽可能结合考虑矿区所在地区的工农业基本建设，把矿区的开发与农田基本建设、大工业与乡镇工业、矿区公路与农村规划道路、矿区供电和农村用电、村庄的改建与矿工生活区的组织、矿区公共服务设施的分布与农村使用要求等统一考虑，使工农业之间相互支援，城乡相互促进、协调发展。

## 二、风景旅游和纪念性城市

随着生产的不断发展和经济文化水平的提高，我国的旅游事业将不断得到发展，风景旅游城市的建设也将进一步发展与提高。风景旅游城市首先体现在对风景的充分保护与开发利用，并为发展旅游事业服务这一主要的城市职能上。作为一个风景游览性质的城市，在城市布局上就应当充分发挥风景游览这一主要的经济和文化职能的作用。在风景游览城市的总体规划布局中，应着重处理好以下几个方面的关系：

### （一）城市布局要突出风景城市的个性，维护风景和文物的完整性

我国许多著名的风景城市，无论在自然条件、空间组织、园林艺术及建筑等方面，都具有独特的风格，明显区别于其他城市。风景游览城市的布局，首先必须强调突出城区和游览区的特色并充分发挥它们的固有特色。特别注意维护和发展风景城市的完整面貌，突出风景点的建设和历史文物古迹的保护。

### （二）正确处理风景与工业的关系

首先，从工业性质方面加以严格控制，合理选择工业项目。在风景游览城市中，可以发展少量为风景游览服务的工业，以及清洁无害、占地小、职工人数少的工业。其次，合理选择工厂建设的地点，使工业建设有利于环境保护，并与周围自然环境取得配合。对具有特殊条件的风景城市，如当地有大量优质矿藏等必须发展对风景有影响的工业时，则应从更大的地区范围内合理分布这些工业。对那些占地较多、污染较大的冶金、化工、水泥等工业应严格禁止设在市区及风景区的周围。对于已经布置在风景区或风景城市内的工业，应根据其对城市环境与风景的影响程度，分别采取强制治理、改革工艺、迁移等不同的办法、逐步加以解决。

### （三）正确处理风景区与居住区的关系

一般不应该将风景良好的地方发展为居住区。这不仅会破坏风景区的完整性，同时居民的日常生活活动也会对风景游览带来一定的影响。

### （四）正确处理风景与交通的关系

风景旅游城市要求客运车站、码头尽可能靠近市区，而又不至于影响城市与风景区的发展。运输繁忙的公路、铁路、港口、机场等，在一般情况下不应穿过风景游览区和市区。在临近湖泊、江河、海滨的风景城市，则应充分利用广阔的水面，组织水上交通路线。市内的道路系统，应按道路交通的不同功能加以分类与组织。游览道路

的组织是道路系统中重要内容之一。游览道路的布局与走向应结合自然地形与风景特征，为游人创造良好的空间构图和最佳景观效果。

### （五）正确处理风景游览与休、疗养地及纪念性城市的关系

在风景优美而又具备疗养条件的城市中，还往往开辟休、疗养区。风景区是对全体游人开放的，而休、疗养区则为一定范围内的休、疗养人员服务。因此，如果将休、疗养区设在许多风景点附近，在实际上势必缩小了游览面积，减少游览内容和可容纳的游人数量。往来频繁的游人也会影响休、疗养区的安全与卫生。休养区为健康人的短期休养服务，而疗养区为不同类型的病人服务，因此，在用地布局上也有不同的要求。

纪念性城市的政治或文化历史意义比较重要，革命纪念旧址或历史文化遗迹在城市中分布较多，它们在城市布局中往往占有一定的主导地位，如革命圣地延安、历史名城遵义等。纪念性城市在规划中，应突出革命纪念地和历史文物遗址在城市总体布局中的主导地位，正确处理保护革命纪念旧址、历史文物与新建建筑物之间的关系。搞好城市绿化布局与环境的配置，保持纪念性城市特有的风貌。

## 三、山区城市

山区城市用地往往被江河、冲沟、丘谷分割，由于地形条件比较复杂，地形高差较大，平地很少，工农业在占地上的矛盾往往较为突出，这就给工业、铁路场站以及工程设施的布置带来一定的困难。一般情况下，首先应将坡度平缓的用地尽量满足地形条件要求较高的工业、交通设施等需要。此外，高低起伏的地形条件，也可以给规划与建设带来一些有利的因素，如利用地形高差布置车间、仓库及水塔、贮水池、烟囱等工程构筑物，利用自然地形屏障规划与布置各种地下与半地下建筑，利用自然水体、山岗丘陵布置园林绿化。山区城市的布局往往受到自然地形条件的限制，形成以下几种形式的分散布局：

### （一）组团式布局

城市用地被地形分隔呈组团式布局。工业成组布置，每片配置相应的居住区和生活服务设施。片与片之间保持着一定距离。各片之间由道路、铁路或水运连接。在这类城市的总体布局中，工业的布局不宜分布过散，应根据工业的不同性质尽可能紧凑集中，成组配置。每个组团不宜太小，必须具备一定的规模和配置完善的生活服务设施。

## （二）带状布局

受高山、峡谷和河流等自然条件的限制，城市沿河岸或谷地方向延伸形成带状布局。其主要特点是平面结构与交通流线的方向性较强，但其发展规模不宜过大，城市占地长度不宜拉得太长，必须根据用地条件加以合理控制，否则将使工业区与居住区等交错布置，或使交通联系发生困难，增加客流的时间消耗。城市中心宜布置在适中地段或接近几何中心位置。若城市规模较大，分区较多，除了全市性公共活动中心以外，还应建立分区的中心。工业与对外交通设施不应将城市用地两端堵塞封闭。在谷地布置工业，要特别注意地区小气候的特点与影响，避免将有污染的工业布置在容易产生逆温层的地带或静风地区。

## （三）分片布局

在大城市或特大城市在山区地形条件十分复杂的条件下采取的一种布局方式。

## 四、港口城市

港口是港口城市发展的基础。岸线的自然条件也是港口城市规划布局的基础，尤其深水岸线是港口城市赖以发展的生命线。港口城市的规划布局，应重点考虑以下几个方面的问题：

### （一）统筹兼顾，全面安排，合理分配岸线

岸线使用分配合理与否对整个城市布局的合理性关系甚大。规划必须贯彻"深水深用、浅水浅用、分区管理、合理布局"的原则，使每一段岸线都能得到充分利用。根据港区作业与城市生产、生活的要求，统筹兼顾，全面安排港区各项用地、工业用地和城市各项建设用地。应根据不同要求，合理分配岸线，协调港口装卸运输和其他建设使用岸线的矛盾。对于城市人民的文化和生活必需的岸线要加以保证，为城市居民创造良好的生活与游憩条件。

### （二）合理组织港区各作业区，提高港口的综合运输能力

港区内各作业区的安排，对城市用地布局有直接的影响。客运码头应尽量接近市中心地段，并和铁路车站、市内公共交通有方便的联系。旅客进出码头的线路不应穿过港口其他的作业区。如果水陆联运条件良好，最好应设立水陆联运站。为城市服务的货运码头，应布置在居住区的外围，接近城市仓库区并与生产消费地点保持最短的运输距离。转运码头则要求布置在城市居住区以外且与铁路、公路有良好联系。大型石油码头应远离城市，其水域也应和港区其他部分分开，并位于城市的下风和河流的下游。超大型船舶的深水泊位，有明显的向河口港下游以及出海处发展的趋势。

海港城市的无线电台较多，因此，对有关空域需加以合理规划与管理。为避免相互干扰，应分别设置无线电收发讯台的区域。收讯台占地较大，以远离市区为宜；发讯台占地较少，对城市影响也较小，可设在市区。

### （三）结合港口城市特点，创造良好的城市风貌

充分利用港口城市独特的自然条件来创造良好的城市空间与总体艺术面貌。在城市空间布局与建筑艺术构图上，要考虑人们在城市内的日常活动的空间要求，还要考虑在海面上展望城市的面貌。

## 第三节 区域规划概论

### 一、区域规划的基本概念及分类

#### （一）区域规划的基本概念

区域规划是一项具有综合性、战略性和政策性的规划工作。它是指在一个特定的地区范围内，根据国土空间规划、国民经济和社会发展规划和区域的自然条件及社会经济条件，对区域的工业、农业、第三产业、城镇居民点以及其他各项建设事业和重要工程设施进行全面的发展规划，并做出合理的空间配置，使一定地区内社会经济各部门和各分区之间形成良好的协作配合，城镇居民点和区域性基础设施的网络更加合理，各项工程设施能够有序地进行，从战略意义上保证国民经济和社会的合理发展和协调布局，以及城市建设的顺利进行。简言之，区域规划是在一个地区内对整个国土空间规划、国民经济和社会发展规划进行总体的战略部署。

#### （二）区域规划的分类

根据区域空间范围、类型、要素的不同，可以将区域规划划分为三种类型。

1. 国土规划

国土规划由国家级、流域级和跨省级三级规划和若干重大专项规划构成国家基本的国土规划体系。它的目的是确立国土综合整治的基本目标；协调经济、社会、人口资源、环境诸方面的关系，促进区域经济发展和社会进步。

2. 都市圈规划

都市圈规划是以大城市为主，以发展城市战略性问题为中心，以城市或城市群体发展为主体，以城市的影响区域为范围，所进行的区域全面协调发展和区域空间合理

配置的区域规划。

3. 县（市、区）域规划

它是以城乡一体化为导向，在规划目标和策略上以促进区域城乡统筹发展和区域空间整体利用为重点，统筹安排城乡空间功能和空间利用的规划。

## 二、区域规划的类型

依据不同的分类方法，可以把区域规划划分为各种不同的类型。

### （一）按规划区域属性分类

按规划区域属性分类，通常把区域分成如下几类：

1. 自然区

自然区是指自然特征基本相似或内部有紧密联系、能作为一个独立系统的地域单元。它一般是通过自然区划分，按照地表自然特征区内的相似性与区际差异性而划分出来的。每个自然区内部，自然特征较为相似，而不同的自然区之间，则差异性比较显著。如流域规划、沿海地带规划、山区规划、草原规划等。

2. 经济区

经济区是指经济活动的地域单元。它可以是经过经济区划划分出来的地域单元，也可以是根据社会经济发展和管理的需要而划分出来的连片地区。如珠三角经济区规划、长三角经济区规划、经济技术开发区规划等。

3. 行政区

行政区是为了对国家政权职能实行分级管理而划分出来的地域单元。如市域规划、县域规划、镇域规划等。

4. 社会区

社会区是以民族、风俗、文化、习惯等社会因素的差别，按人文指标划分的地域单元。如革命老区发展规划等。

### （二）按区域规划内容不同分类

按区域规划内容不同，可以分为发展规划和空间规划。

1. 发展规划

以区域国民经济和社会发展为核心，重点考虑发展的框架、方向、速度和途径，不关心空间定位，对发展目标和措施的空间落实只作粗浅的考虑。

2. 空间规划

强调地域空间的发展和人口的城市化，空间布局问题，以城镇体系规划为代表，市县域的城镇体系规划更多地与城市规划相衔接，属于典型的区域空间规划。

## 三、区域规划内容

区域规划是描绘区域发展的远景蓝图，是经济建设的总体部署，涉及面十分广，内容庞杂，但规划工作不可能将有关区域发展和经济建设的问题全部处理并解决。区域规划的内容归纳起来，可概括为如下几个主要方面：

### （一）发展战略

区域经济发展战略包括战略依据、战略目标、战略方针、战略重点、战略措施等内容。区域发展战略既有经济发展战略，也有空间开发战略。

制定区域经济总体发展战略通常把区域发展的指导思想、远景目标和分阶段目标、产业结构、主导产业、人口控制指标、三大产业大体的就业结构、实施战略的措施或对策作为研究的重点。

规划工作中有三个重点：

1. 确定区域开发方式

如采用核心开发方式、梯度开发方式、点轴开发模式、圈层开发方式等。开发方式要符合各区的地理特点，从实际出发。

2. 确定重点开发区

重点开发区有多种类型，有的呈点状（如一个小工业区），有的呈轴状（如沿交通干线两侧狭长形开发区）或带状（如沿河岸分布或山谷地带中的开发区），有的呈片状（如几个城镇连成一块的开发区）等。有的开发区以行政区域为单位，有的开发区则跨行政区分布。重点开发区的选择与开发方式密切相关，互相衔接。

3. 制定区域开发政策和措施

着重研究实现战略目标的途径、步骤、对策、措施。

### （二）布局规划

区域产业发展是区域经济发展的主要内容，区域产业布局规划的重点往往放在工农业产业布局规划上。

合理配置资源，优化地域经济空间结构，科学布局生产力，是区域规划的核心内容。区域规划要对规划区域的产业结构、工农业生产的特点、地区分布状况进行系统的调查研究。要根据市场的需求，对照当地生产发展的条件，揭示产业发展的矛盾和问题，确定重点发展的产业部门和行业，以及重点发展区域。规划中要大体确定主导产业部门的远景发展目标，根据产业链的关系和地域分工状况，明确与主导产业直接相关部门发展的可能性。与工农业生产发展紧密相关的土地利用、交通运输和大型水利设施建设项目，也常常在工农业生产布局规划中一并研究，统筹安排。

### （三）体系规划

城镇体系和乡村居民点体系是社会生产力和人口在地域空间组合的具体反映。城镇体系规划是区域生产力综合布局的进一步深化和协调各项专业规划的重要环节。由于农村居民点比较分散，点多面广，因此，区域规划多数只进行城镇体系规划。

研究城镇体系演变过程、现状特征，预测城镇化发展水平。城镇体系规划的基本内容包括：

（1）拟定区域城镇化目标和政策。

（2）确定规划区的城镇发展战略和总体布局。

（3）确定各主要城镇的性质和方向，明确城镇之间的合理分工与经济联系。

（4）确定城镇体系规模结构，各阶段主要城镇的人口发展规模、用地规模。

（5）确定城镇体系的空间结构，各级中心城镇的分布，新城镇出现的可能性及其分布。

（6）提出重点发展的城镇地区或重点发展的城镇，以及重点城镇近期建设规划建议。

（7）必要的基础设施和生活服务设施建设规划建议。

### （四）基础设施

基础设施是社会经济发展现代化水平的重要标志，具有先导性、基础性、公用性等特点。基础设施对生产力和城镇的发展与空间布局有重要影响，应与社会经济发展同步或者超前发展。

基础设施大体上可以分为生产性基础设施和社会性基础设施两大类。生产性基础设施是为生产力系统的运行直接提供条件的设施，包括交通运输、邮电通讯、供水、排水、供电、供热、供气、仓储设施等。社会性基础设施是为生产力系统运行间接提供条件的设施，又称为社会服务事业或福利事业设施，包括教育、文化、体育、医疗、商业、金融、贸易、旅游、园林、绿化等设施。

区域规划要在对各种基础设施发展过程及现状分析的基础上，根据人口和社会经济发展的要求，预测未来对各种基础设施的需求量，确定各种设施的数量、等级、规模、建设工程项目及空间分布。

### （五）土地利用

准确地确定土地利用方向，组织合理的土地利用结构，对各类用地在空间上实行优化组合并在时间上实行优化组合的科学安排，是实现区域战略目标，提高土地生产力的重要保障。

土地利用规划应在土地资源调查、土地质量评价基础上，以达到区域最佳预期目标的目的，对土地利用现状加以评价，并确定土地利用结构及其空间布局。

土地利用规划可突出三种要素：枢纽、联线和片区。枢纽起定位作用；联线既是联结（如枢纽之点的联结），又是地域划分（如片区的划分）的构成要素；片区则是各类型功能区的用地区划（如经济开发区、城镇密集区、生态敏感区、开敞区、环境保护区等）。

区域规划中土地利用规划的内容，主要是：

（1）土地资源调查和土地利用现状分析。

（2）土地质量评价。

（3）土地利用需求量预测。

（4）未来各类用地布局和农业用地、园林用地、林业用地、牧业用地、城乡建设用地、特殊用地等各类型用地分区规划。

（5）土地资源整治、保护规划。

### （六）发展政策

区域政策可以看作是为实现区域战略目标而设计的一系列政策手段的总和。政策手段大致可以分为两类：一类是影响企业布局区位的政策，属于微观政策范畴，如补贴政策、区位控制和产业支持政策等；另一类是影响区域人民收入与地区投资的政策，属于宏观政策范畴，可用以调整区域问题。

区域规划的区域发展政策研究，侧重于微观政策研究，并且要注意区域政策与国家其他政策相互协调一致，避免彼此间发生矛盾。

## 第四节 城镇体系与总体规划

### 一、城镇体系规划

#### （一）城镇体系的概念和城镇体系规划的类型

1. 城镇体系的概念

任何城市都不是孤立存在的。为了维持城市的正常活动，城市与城市之间、城市与外部区域之间总是在不断地进行着物质、能量、人员、信息的交换与相互作用。正是这种相互作用，才能把彼此分离的城市结合为具有结构和功能的有机整体，即城镇体系。城镇体系是指在一个相对完整的区域或国家中,有不同职能分工、不同等级规模、空间分布有序的联系密切、相互依存的城镇群体。简言之,城镇体系是一定空间区域内具有内在联系的城镇聚合。

城镇体系是区域内的城市发展到一定阶段的产物。一般需要具备以下条件:

(1)城镇群内部各城镇在地域上是邻近的,具有便捷的空间联系。

(2)城镇群内部各城镇均具有自己的功能和形态特征。

(3)城镇群内部各城镇从大到小、从主到次、从中心城市到一般集镇,共同构成整个系统内的等级序列,而系统本身又是属于一个更大系统的组成部分。

2. 城镇体系规划的类型

城镇体系规划是指一定地域范围内,以区域生产力合理布局和城镇职能分工为依据,确定不同人口规模等级和职能分工的城镇分布和发展规划。其规划的主要目标是解决体系内各要素之间的相互关系。因此,主要有以下几种类型:

按照行政等级和管辖范围分类,可以分为全国城镇体系规划、省域城镇体系规划、市域城镇体系规划等。其中全国城镇体系规划和省域城镇体系规划是独立的规划,市域、县域城镇体系规划可以与相应的地域中心城市的总体规划一并编制,也可以独立编制。随着城镇体系规划实践的发展,在一些地区出现了衍生型的城镇体系规划类型,如都市圈规划、城镇群规划等。

## (二)城镇体系规划的理论与方法

1. 城镇体系规划的基本观

城镇体系位于特定的地域环境中,其规划布局应具有明确的时间和体系发展的阶段性,规划处于不同发展阶段的城镇体系,其指导思想也有不同。目前,主要包括以下几种观点:地理观——中心地理论;经济观——增长极理论;空间观——核心边缘理论;区域观——生产综合体;环境观——可持续理论;生态观——生态城市理论;几何观——对称分布理论;发展观——协调发展理论。

2. 全球化背景下的城镇体系规划理论和方法

在当代经济条件下,信息技术和跨国公司的发展促进了经济活动的全球扩散和全球一体化,一方面,使主要城市的功能进一步加强,形成一种新的城市类型——全球城市;另一方面,促进网络城市和边境城市体系的发育。这使得城市发展可以不再局限于某一区域内,而是直接融入全球经济体系中。这就需要用全球视野认识城市化过程和城市体系结构。有关全球视野研究城市体系的理论有:沃勒斯汀的世界体系理论;新城市等级体系法则;新相互作用理论;创新与孵化器理论;高技术产业和高技术区理论。

全球化背景下的城镇体系规划方法有：城镇等级体系划分方法，即依据城市特性的特性方法和直接将城市与世界体系连接在一起的联系方法；网络分析法，通过分析多种城市之间的交换和联系，揭示城市间乃至整个网络结构的复杂度；结构测度法，利用网络分析进行城市体系的结构测度。

### （三）城镇体系规划的主要内容

1. 全国城镇体系规划编制的内容

全国城镇体系规划是统筹安排全国城镇发展和城镇空间布局的宏观性、战略性的法定规划，是国家制定城镇化政策、引导城镇化健康发展的重要依据，也是编制、审批省域城镇体系规划和城市总体规划的依据。其主要内容包括：

（1）明确国家城镇化的总体战略与分期目标

按照循序渐进、节约土地、集约发展、合理布局的原则，积极稳妥地推进城镇化进度。根据不同的发展时期，制定相应的城镇化发展目标和空间发展重点。

（2）确定国家城镇化道路与差别化战略

从提高国家竞争力的角度分析城镇发展需要，从多种资源环境要素的适宜承载程度分析城镇发展的可能，提出不同区域差异化的城镇化战略。

（3）规划全国城镇体系总体空间布局

构筑全国城镇空间发展的总体格局，考虑资源环境条件、产业发展、人口迁移等因素，分省或大区域提出差异化的空间发展指引和控制要求，对全国不同等级的城镇与乡村空间提出导引。

（4）构筑全国重大基础设施支撑系统

根据城镇化的总目标，对交通、能源、环境等支撑城镇发展的基础条件进行规划，尤其要关注对生态系统的保护方面的问题。

（5）特定与重点地区的发展指引

对全国确定的重点城镇群、跨省界城镇发展协调区、重要流域、湖泊和海岸带等，根据需要可以组织上述区域的城镇协调发展规划，发挥全国城镇体系规划指导省域城镇体系规划、城市总体规划的法定作用。

2. 省域城镇体系规划编制的主要内容

省域城镇体系规划是各省、自治区经济发展目标和发展战略的重要组成部分，也是省、自治区人民政府实现经济社会发展目标，引导区域城镇化与城市合理发展、协调区域各城市间的发展矛盾、合理配置区域空间资源、防止重复建设的手段和行动依据，对省域内各城市总体规划的编制具有重要的指导作用。同时也是落实国家发展战略，中央政府用以调控各省区城镇化、合理配置空间资源的重要手段和依据。其主要编制内容有：

（1）制定全省（自治区）城镇化和城镇发展战略

包括确定城镇化方针和目标，确定城市发展与布局战略。

（2）确定区域城镇发展用地规模的控制目标

结合区域开发管制区划，确定不同地区、不同类型城镇用地控制的指标和相应的引导措施。

（3）协调和部署影响省域城镇化与城市发展的全局性和整体性事项

包括确定不同地区、不同类型城市发展的原则性要求，统筹区域性基础设施和社会设施的空间布局和开发时序，确定需要重点调控的地区。

（4）确定乡村地区非农产业布局和居民点建设的原则

包括确定农村剩余劳动力转化的途径和引导措施，提出农村居民点和乡镇企业建设与发展的空间布局原则，明确各级、各类城镇与周围乡村地区基础设施统筹规划和协调建设的基本要求。

（5）确定区域开发管制区划

从引导和控制区域开发建设活动的目的出发，依据城镇发展战略，综合考虑空间资源保护、生态环境保护和可持续发展的要求，确定规划中应优先发展和鼓励发展的地区、需要严格保护和控制开发的地区以及有条件许可开发的地区，分别提出开发的标准和控制措施，作为政府开发管理的依据。

（6）按照规划提出城镇化与城镇发展战略和整体部署

充分利用产业政策、税收和金融政策、土地开发政策等政策手段，制定相应的调控政策和措施，引导人口有序流动，促进经济活动和建设活动健康、合理、有序发展。

3. 市域城镇体系规划的主要内容

为了贯彻城乡统筹的规划要求，协调市域范围内的城镇布局和发展，在制定城市总体规划时，应制定市域城镇体系规划。其主要规划内容有：

（1）提出市域城乡统筹的发展战略

其中对于人口、经济、建设高度聚集的城镇密集地区的中心城市，应当根据需要，提出与相邻行政区域在空间发展布局、重大基础设施和公共服务设施建设、生态环境保护、城乡统筹发展等方面进行协调的建议。

（2）确定生态环境、土地和水资源、能源、自然和历史文化遗产等方面的保护与利用的综合目标和要求，提出空间管制原则和措施。

（3）预测市域总人口及城镇化水平，确定各城镇人口规模、职能分工、空间布局和建设标准。

（4）提出重点城镇的发展定位、用地规模和建设用地控制范围。

（5）确定市域交通发展策略，原则确定市域交通、通讯、能源、供水、排水、防洪、垃圾处理等重大基础设施、重要社会服务设施、危险品生产储存设施的布局。

（6）根据城市建设、发展和资源管理的需要划定城市规划区。城市规划区的范围应当位于城市的行政管辖范围内。

（7）提出实施规划的具体措施和有关建议。

## 二、城镇总体规划

### （一）城镇总体规划概论

城镇总体规划在城镇化发展战略中具有重要作用，是建设和谐社会、城乡统筹的重要环节，是一定期限内依据国民经济和社会发展规划以及当地的自然环境、资源条件、历史情况、现状特点，统筹兼顾、综合部署，为确定城市的规模和发展方向，实现城市的经济和社会发展目标，合理利用城市土地，协调城市空间布局等所做的综合部署和具体安排。城市总体规划是城市规划编制工作的第一阶段，也是城市建设和管理的依据。

根据国家对城市发展和建设方针、经济技术政策、国民经济和社会发展的长远规划，在区域规划和合理组织区域城镇体系的基础上，按城市自身建设条件和现状特征，合理制定城市经济和社会发展目标，确定城市的发展性质、规模和建设标准，安排城市用地的功能分区和各项建设的总体布局，布置城市道路和交通运输系统，选定规划定额指标，制定规划实施步骤和措施。总体规划期限一般为20年。近期建设规划期限一般为5年。建设规划是总体规划的组成部分，是实施总体规划的阶段性规划。

近些年来，随着全球化经济发展和城乡统筹发展的需求，城镇总体规划呈现出一些新趋势：区域协同和城乡统筹规划强化，重视区域城乡协同的发展；重视可持续发展理念的贯彻实施，以及非建设用地保护的强化；重视水设施的多元化与人性化建设并存；重视防灾与安全保障的强化、区域防灾应急体系的完善；法律法规和技术性标准的完善。新的总体规划编制内容提高了规划的严谨性；在规划技术层面上，大数据、地理信息系统等分析技术的运用，增强了规划的科学性。

### （二）城镇总体规划编制程序和内容

目前我国的城镇总体规划主要以中心城区的规划为重点，在内容上侧重于城市性质和规模的确定、用地功能的组织、总体结构布局、公共基础设施安排和道路交通的组织等方面，完成对国民经济和社会发展规划在空间上的落实。

城镇总体规划可分为市、县政府所在地，以及一般镇两个层面。

1. 设市、县政府所在地城市总体规划的主要内容

城市总体规划包括市域城镇体系规划和中心城区规划。编制城市总体规划时，首先，要总结上一轮总体规划的实施情况和存在问题，并系统地收集区域和城市自然、经济、社会及空间利用等各方面的历史和现状资料；其次，组织编制总体规划纲要，研究确定总体规划中的重大问题，作为编制规划成果的根据；再次，根据纲要的成果，编制市域城镇体系规划、城市总体规划或城市分期规划。

（1）编制总体规划纲要的内容

①市域城镇体系规划纲要，内容包括：提出市域城乡统筹发展战略；确定生态环境、土地和水资源、能源、自然和历史文化遗产保护等方面的综合目标和保护要求，提出空间管制原则；预测市域总人口及城镇化水平，确定各城镇人口规模、职能分工、空间布局方案和建设标准；原则确定市域交通发展策略。

②提出城市规划区的范围；分析城市职能，提出城市性质和发展目标；提出禁建区、限建区、适建区的范围。

③预测城市人口规模；研究中心城区空间增长边界，提出建设用地规模和建设用地范围。

④提出交通发展战略及主要对外交通设施布局原则；提出重大基础设施和公共服务设施的发展目标；提出建立综合防灾体系的原则和建设方针。

（2）中心城区总体规划的内容

①分析确定城市性质、职能和发展目标；预测城市人口规模。

②划定禁建区、限建区、适建区和已建区，并制定空间管制措施；确定村镇发展与控制的原则和措施；确定需要发展、限制发展和不再保留的村庄，提出村镇建设控制标准；安排建设用地、农业用地、生态用地和其他用地；研究中心城区空间增长边界，确定建设用地规模，划定建设用地范围。

③确定建设用地的空间布局，提出土地采用强度管制区划和相应的控制指标（建筑密度、建筑高度、容积率、人口容量等）。

④确定市级和区级中心的位置和规模，提出主要的公共服务设施的布局。

⑤确定交通发展战略和城市公共交通的总体布局，落实公交优先政策，确定主要对外交通设施和主要道路交通设施布局。

⑥确定绿地系统的发展目标及总体布局，划定各种功能绿地的保护范围（绿线），划定河湖水面的保护范围（蓝线），确定岸线保护原则。

⑦确定历史文化保护及地方传统特色保护的内容和要求，划定历史文化街区、历史建筑保护范围（紫线），确定各级文物保护单位的范围；研究确定特色风貌保护重点区域及保护措施。

⑧研究住房需求，确定住房政策、建设标准和居住用地布局；重点确定经济适用房、普通商品住房等满足中低收入人群住房需求的居住用地布局及标准。

⑨确定电信、供水、排水、供电、燃气、供热、环卫发展目标及重大设施总体布局；确定生态环境保护与建设目标，提出污染控制与治理措施；确定综合防灾与公共安全保障体系，提出防洪、消防、人防、抗震、地质灾害防护等规划原则和建设方针。

⑩划定旧区范围，确定旧区有机更新的原则和方法，提出改善旧区生产、生活环境的标准和要求。

⑪提出地下空间开发利用的原则和建设方针。

⑫确定空间发展顺序，提出规划实施步骤、措施和政策建议。

以上内容中，强制性内容包括：城市规划区范围；市域内应当控制开发的地域，包括基本农田保护区，风景名胜区，湿地、水源保护区等生态敏感区，地下矿产资源分布地区；城市建设用地，包括规划期限内城市建设用地的发展规模，土地使用强度管制区划和相应的控制指标（建设用地面积、容积率、人口容量等），城市各类绿地的具体布局，城市地下空间开发布局；城市基础设施和公共服务设施，包括城市干道系统网络、城市轨道交通网络、交通枢纽布局，城市水源地及其保护区范围和其他重大市政基础设施，文化、教育、卫生、体育等方面主要公共服务设施的布局；城市历史文化遗产保护，包括历史文化保护的具体控制指标和规定，历史文化街区、历史建筑、重要地下文物埋藏区的具体位置和界线；生态环境保护与建设目标，污染控制与治理措施；城市防灾工程，包括城市防洪标准、防洪堤走向、城市抗震与消防疏散通道、城市人防设施布局和地质灾害防护规定。

城市总体规划是一项综合性很强的科学工作。既要立足于现实，又要有预见性。随着社会经济和科学技术的发展，城市总体规划也须进行不断修改和补充，这是一项长期性和经常性的工作。

### 2. 一般镇总体规划

一般镇总体规划主要内容有：

①确定镇域范围内的村镇体系、交通系统、基础设施、生态环境、风景旅游资源开发等的合理布置和安排。

②确定城镇性质、发展目标和远景设想。

③确定规划期内城镇人口及用地规模，选择用地发展方向，划定用地规划范围。

④确定小城镇各项建设用地的功能布局和结构。

⑤确定小城镇对外交通系统的结构和主要设施布局；布置安排小城镇的道路交通系统，确定道路等级、广场、停车场和主要道路交叉口形式、控制坐标和标高。

⑥综合运用各项基础设施的发展目标和总体布局，包括供水、排水、电力、电讯、

燃气、供热、防灾、环卫等。

⑦确定协调各专项规划，如水系、绿化、环境保护、旧城改造、历史文化和自然风景保护等。

⑧进行综合技术论证，提出规划实施步骤、措施和政策建议。

⑨编制近期建设规划，确定近期建设目标、内容和实施部署。

### （三）城镇空间形态的一般类型

城市形态是城市空间结构的整体形式，是在城乡总体规划阶段需要着重分析和研究的，是城市空间布局的重要载体。一个城市所具有的某种特定形态与城市性质、规模、历史基础、产业特征及自然地理环境相关联。不同的空间形态有不同特点，一个城市未来可以形成怎样的空间形态需要根据目前城市现状必须解决的矛盾、未来发展定位和发展方向以及自然地理环境等方面进行综合考虑确定。从城市空间形态发展的历程来看，大体上可以归纳为集中和分散两大类。

1. 集中式城市形态

集中式的城市形态是指城市各项用地集中连片发展。这种模式的主要优点是便于集中设置较为完善的生活服务设施，城市各项用地紧凑，有利于社会经济活动联系的效率和方便居民生活，较适合中小城市，但规划时需注意近期和远期的关系，避免城市在发展过程中发生用地混杂和扰乱的现象。

集中式的城市空间还可以进一步划分为网格状、环形放射状、星状、带状和环状等。各种空间形态有各自的优缺点，具体见表7-1。

表7-1 各类集中式空间形态优劣比较一览表

| 名称 | 优点 | 缺点 |
| --- | --- | --- |
| 网格状城市 | 城市整体形态完整，易于各类建筑的布置。 | 容易使城市空间单调。 |
| 环形放射状城市 | 由环形和放射形道路组成，交通可达性好，有很强的向心紧凑发展趋势。 | 易导致中心区的过度集聚和拥挤。 |
| 带形城市 | 大多受地形影响，沿交通轴向两侧发展，城市组织有交通便捷的优势。 | 过长会导致交通物耗过大。 |

注：星状是环形放射式城市沿交通走廊发展的结果，环形是带形城市的特定情况，不做单独分析。

2. 分散式城市形态

分散式城市形态主要是组团状城市，即一个城市分为若干个不连续的用地，每一块之间被农田、山地、河流、绿化带等隔离。这种发展形态根据城市用地条件灵活布置，容易接近自然，比较好地处理城市近期和远期的关系，并能使各项用地布局各得其所。不足之处在于城市道路和各项工程管线的投资管理费用较大。此类布局的重点在于处理好集中与分散的度，既要有合理的分工，又要各个组团形成一定规模。对于一些大城市、特大城市，发展在大城市及其周围卫星城镇组成的布局方式，外围小城镇具有相对的独立性，但与中心城市有密切的关系。实践证明，为控制大城市的规模、疏散中心城市的部分人口和产业，培育远郊区的卫星城具有一定的效果，但仍要处理好发展规模、配套设施等问题。

一个城市在不同的发展阶段其用地的扩展和空间结构是发展变化的。一般规律是，早期集中连片发展，当遇到扩张障碍时，往往分散成组团式发展。当各个组团彼此吸引力强化，又区域集中发展。而当规模过大需要控制时，不得不发展远郊新城，如北京城市发展过程即是如此。同时也存在不同城镇之间联系增强，形成城市群的情况，如长江三角洲城市群的发展。

## 第五节 城市用地规划

### 一、城市总体布局

城市总体布局是研究城市各项用地之间的内在联系，并通过城市主要用地组成的不同形态表现出来。城市总体布局是城市总体规划的重要内容，它是在城市发展纲要基本明确的条件下，在城市用地评定的基础上，对城市各组成部分进行统筹兼顾、合理安排，使其各得其所、有机联系。

#### （一）城市总体布局的基本原则

1. 城乡结合，统筹安排

总体布局立足于城市全局，从国家、区域和城市自身根本利益和长远发展出发，考虑城市与周围地区的联系，统筹安排，同时与区域的土地利用、交通网络、山水生态相互协调。

2. 功能协调，结构清晰

城市用地结构清晰是城市用地功能组织合理性的一个标志，它要求城市各主要功能用地功能明确，各用地之间相互协调，同时有安全便捷的联系、保障城市功能整体协调、安全和运转高效。

3. 依托旧区，紧凑发展

依托旧区和现有对外交通干线，就近开辟新区，循序渐进发展。新区开发布局应集中紧凑，节约用地和城市基础设施投资，以利于城市运营，方便城市管理，减轻交通压力。

### 4.分期建设，留有余地

城市总体布局是城市发展与建设的战略部署，必须有长远观点和科学预见性，力求科学合理、方向明确、留有余地。对于城市远期规划，要坚持从现实出发，城市近期建设应以城市远期发展为指导，重点安排好近期建设和发展用地，形成城市建设的良性循环。

## （二）自然条件对城市总体布局的影响

### 1.地貌类型

地貌类型一般包括山地、高原、丘陵、盆地、平原、河流谷地等，它对城市的影响体现在选址和空间形态等方面，如图7-1。

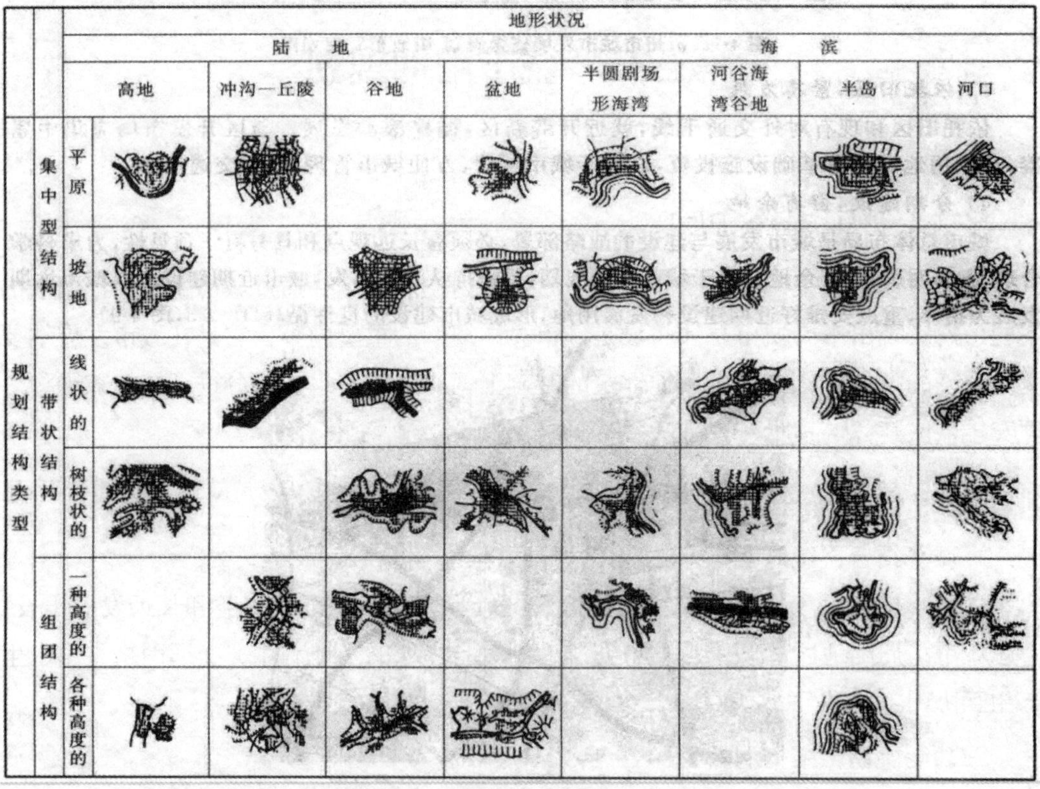

图7-1 地形与城市结构的关系

平原地区地势平坦，城市可以自由扩展，因而其布局多采用集中式，如北京、济南、太原、石家庄等城市。

河谷地带和海岸线上的城市，由于海洋、山地和丘陵地形的限制，城市布局多呈狭长带状分布，如兰州、大连、深圳等城市。

江南水网密布，用地分散，城市多呈分散式布局，如苏州、绍兴、杭州等。

2. 地表形态

地表形态包括地面起伏度、地表坡度、地面切割度等。其中，地面起伏度为城市提供了各具特色的景观要素，地面坡度对城市建设影响最为普遍和直接，而地面切割度则有助于城市特色的创造。

地表形态对城市布局的影响主要体现在：山体丘陵城市的市中心都选在山体的四周进行建设，既可以拥有优美的地表绿化景观，同时又可以俯瞰、眺望整个城市全貌；其次，居住区一般布置在用地充裕、地表水源丰富的谷地中；最后，工业特别是有污染的工业布置在地形较高的下风向，以利于污染空气的扩散。

3. 地表水

地表水系流域的水系分布、走向对污染较重的工业用地和居住用地的规划布局有直接影响，规划中的居住用地、水源地，特别是取水口应安排在城市的上游地带。

4. 地下水

地下水的矿化度、水温等条件决定着一些特殊行业的选址和布局，决定其产品的品质。

在城市总体规划中，地下水的流向应与地面建设用地的分布以及其他自然条件一并考虑。防止因地下水受到工业排放物的污染，影响到居住区生活用水的质量。城市生活居住用地及自来水厂，应布置在城市地下水的上水位方向；工业区特别是污水量排放较大的工业企业，应布置在城市地下水的下水位方向。

5. 风向

在进行城市用地规划布局时，为了减轻工业排放的有害气体对生活区的危害，通常把工业区布置在生活区的下风向，但应同时考虑最小风频风向、静风频率、各盛行风向的季节变换及风速关系。

6. 风速

风速对城市工业布局影响很大。在城市总体布局中，除了考虑城市盛行风向的影响外，还应特别注意当地静风频率的高低，尤其在一些位于盆地或峡谷的城市，静风频率往往很高。如果只按频率不高的盛行风向作为用地布局的根据，而忽视静风的影响，那么在静风日，烟尘滞留在城市上空无法吹散，只能沿水平方向慢慢扩散，仍然影响邻近上风侧的生活居住区，难以解决城市大气污染问题。

### （三）城市用地布局主要模式

城市用地布局模式是对不同城市形态的概括表述，城市形态与城市的性质规模、地理环境、发展进程、产业特点等相互联系。大体分为以下类型：

1. 集中式的城市用地布局

特点是城市各项用地集中连片发展，就其道路网形式而言，可分为网络状、环状、环形放射状、混合状以及沿江、沿海或沿主要交通干道带状发展等模式。

2. 集中与分散相结合的城市用地布局

一般有集中连片发展的主城区、主城外围形成若干具有不同功能的组团，主城与外围组团间布置绿化隔离带。

3. 分散式城市用地布局

城市分为若干相对独立的组团，组团间被山丘、河流、农田或森林分隔，一般都有便捷的交通进行联系。

### （四）城市总体布局基本内容

城市总体布局主要目的是为居民创造良好的工作环境、居住环境和休憩环境，核心问题是处理好居住与工业的合理关系。

（1）按组群方式布置工业企业，形成工业区。合理安排工业区与其他功能区的位置，处理好工业与居住、交通运输等各项用地之间的关系，是城市总体规划的首要任务。

（2）按居住区、居住小区等组成梯级布置，形成城市居住区。城市居住区的规划布置应能最大限度地满足城市居民多方面和不同程度的生活需要。一般情况下，城市居住用地由若干个居住区组成，根据城市居住区布局情况配置相应公共服务设施内容和规模，满足合理的服务半径，形成不同级别的城市公共活动中心，这种梯级组织更能满足城市居民的实际需求。

（3）配合城市各功能要素，组织城市绿地系统，建立各级休憩与游乐场所。将绿地系统尽可能均衡分布在城市各功能组成要素之中，尽可能与郊区绿地相连接，与江河湖海水系相联系，形成较为完整的绿地系统。

（4）按居民工作、居住、游憩等活动的特征，形成城市的公共活动中心体系。城市公共活动中心通常是指城市主要公共建筑物分布最为密集的地段，城市居民进行政治、经济、社会、文化等公共活动的中心。

（5）按交通性质和交通速度，划分城市道路的类别，形成城市道路交通体系。在城市总体布局中，城市道路与交通体系的规划占有特别重要的地位。按各种道路交通性质和交通速度的不同，对城市道路按其从属关系分为若干类别。交通性道路是联系工业区、仓库区与对外交通设施的道路，以货运为主，要求高速；而城市生活性道路则是联系居住区与公共活动中心、休憩游乐场所的道路，以及他们各自内部的道路。

### （五）城市总体布局的艺术性

城市空间布局应当在满足城市总体布局的前提下，利用自然和人文条件，对城市进行整体设计，创造优美的城市环境和形象。

1. 城市用地布局艺术

指用地布局上的艺术构思及其在空间上的体现，把山川河流、名胜古迹、园林绿地、有保留价值的建筑等有机组织起来，形成城市景观的整体构架。

2. 城市空间布局体现城市审美要求

城市之美是自然美与人工美的结合，不同规模的城市要有适当的比例尺度。城市美在一定程度上反映在城市尺度的均衡、功能与形式的统一。

3. 城市空间景观的组织

城市中心和干路的空间布局都是形成城市景观的重点，是反映城市面貌和个性的重要因素。城市总体布局应通过对节点、路径、界面、标志的有效组织，创造出具有特色的城市中心和城市干路的艺术风貌。

4. 城市轴线是组织城市空间的重要手段

通过轴线，可以把城市空间划分成一个有秩序、有规律的整体，以突出城市的序列和秩序感。

5. 继承历史传统，突出地方特色

在城市总体布局中，要充分考虑每个城市的历史传统和地方特色，保护好有历史文化价值的建筑、建筑群、历史街区，使其融入城市空间环境中，创造独特的城市环境和形象。

## 二、主要城市建设用地规模与相互关系确定

### （一）主要城市建设用地规模的确定

城市用地布局就是各种不同的城市活动的具体要求，为其提供规模适当、位置合理的土地。为此，首先应估算出城市中各类用地的规模以及各自之间的相对比例，按照各自对区位的需求，综合协调并形成总体布局方案。

城市用地规模的确定可以采用两种方法确定。一是根据人均用地标准计算总用地规模后，在主要用地种类之间按照一定比例进一步划分的方法；二是通过调查获得的标准土地利用强度乘以各种城市活动的预测量分项计算，然后累加的方法。

影响不同类型城市用地规模的因素是不同的，即不同用途的城市用地在不同城市中变化的规律和变化的幅度是不同的。例如，影响居住用地规模的因素相对单纯并且

易于把握。在国家大的土地政策、经济水平以及居住模式一定的前提下，采用通过统计得出的数据，结合人口规模的预测，很容易计算出城市在未来某一时点所需居住用地的总体规模。

相对于居住用地而言，工业用地规模的计算可能要复杂些，一般从两个角度出发进行预测。一个是按照各主要工业门类的产值预测和该门类工业单位产值所需用地规模来推算；另一个是按照各工业门类的职工数与该门类工业人均用地面积来计算。其中，城市主导产业的变化、劳动生产率的提高、工业工艺的改变等因素均会对工业用地的规模产生较大的影响。

商业商务用地规模的准确预测最为困难。这不仅因为该类用地对市场的需求更为敏感，变化周期较短，而且其总规模与城市性质、服务对象的范围、当地的消费习惯等因素有关，难以以城市人口规模作为预测的根据。同时，商业服务功能还大量存在于商业-居住、商业-工业等复合型土地利用形态中。规划中通常采用将商务、批发商业、零售业、娱乐服务业用地等分别计算的方法。

城市中的道路、公园、基础设施等公共设施的用地可以按照城市总用地规模的一定比例计算出来。例如，在目前我国的城市中，道路广场用地与公园绿地的面积分别占城市总用地的 8% ~ 15%。

此外，城市中还有一些目的较为特殊但占地规模较大的用地，其规模只能按实际需要逐项计算。例如，对外交通用地，尤其是机场、港口用地，教育科研用地，用于军事、外事等目的的特殊用地等。

城市用地规模是一个随时间变化的动态指标。通过预测所获得的用地规模，只是对未来某个时间点所作出的大致估计。在城市实际发展过程中，不仅各种用地之间的比例会随时间变化，而且达到预测规模的时间点也会提前或延迟。

### （二）主要城市建设用地位置及相互关系确定

在各种主要城市用地的规模大致确定后，需要将其落实到具体的空间中去。城市规划需要按照各城市用地的分布规律，并结合规划所执行的政策与方针，明确提出城市用地布局的方案，同时进一步寻求相应的实施措施。通常影响各种城市用地的位置及其相互关系的主要因素可以总结为以下几种，见表7-2。

（1）各种用地所承载的功能对用地的要求。例如，居住用地要求具有良好的环境，商业用地要求交通设施完备等。

（2）各种用地的经济承受能力。在市场环境下，各种用地所处的位置及其相互之间的关系主要受经济因素的影响。对地租承受能力强的用地种类，如商业用地在区位竞争中通常处于有利地位。当商业用地规模需要扩大时，通常会侵入其临近的其他种类的用地，并取而代之。

（3）各种用地之间的相互关系。由于各种城市用地所承载的功能之间存在相互吸引、排斥、关联等不同的关系，城市用地之间也会相应地反映出这种关系。例如，大片集中的居住用地会吸引为居民日常生活服务的商业用地，而排斥有污染的工业用地或其他对环境有影响的用地。

（4）规划因素。虽然城市规划需要研究和掌握在市场作用下各类城市用地的分布规律，但这并不意味着对不同性质用地之间自由竞争的放任。城市规划所体现的基本精神恰恰是政府对市场经济的有限干预，以保障城市整体的公平、健康和有序。

表7-2 主要城市用地类型的空间分布特征表

| 用地种类 | 功能要求 | 地租承受能力 | 与其他用地关系 | 在城市中的区位 |
| --- | --- | --- | --- | --- |
| 居住用地 | 较便捷的交通条件、较完备的生活服务设施、良好的居住环境。 | 中等、较低（不同类型居住用地对地租的承受能力相差很大） | 与工业用地、商务用地等就业中心保持密切联系，且不受其干扰。 | 从城市中心至郊区，分布范围较广。 |
| 商务、商业用地（零售业） | 便捷的交通、良好的城市基础设施。 | 较高 | 一般需要一定规模的居住用地作为其服务范围。 | 城市中心、副中心或社区中心 |
| 工业用地（制造业） | 良好、廉价的交通运输条件、大面积平坦的土地。 | 中等——较低 | 需要与居住用地之间保持便捷的交通联系，对城市其他用地有一定的负面影响。 | 下风向、河流下游的城市外围或郊区。 |

## 三、居住用地布局

居住用地是承担居住功能和生活活动的场所，随着城市功能的拓展，其概念已经上升到人居环境的层面。因此，选择适宜、恰当的用地，并处理好与其他类别用地的关系，同时确定居住功能的组织结构，配置相应的公共服务设施系统，创造良好的居住环境，是城市规划的目标之一。

### （一）居住用地的组成

在居住用地中，除了直接建设各类住宅的用地外，还有为住宅服务的各种配套设施用地。例如，居住区内的道路，为社区服务的公园、幼儿园以及商业服务设施用地等。因此，城市总体规划中的居住用地按国标《城市用地分类与规划建设用地标准》（GB 50137-2011）规定，是指住宅和相应服务设施用地。

### （二）居住用地指标

居住用地指标主要通过两方面来表达：一是居住用地占整个城市用地的比重；二是居住用地的分级以及各项内容的用地分配与标准。

1. 影响因素

（1）城市规模

在居住用地占城市总用地的比重方面，一般是大城市因工业、交通、公共设施等用地较之小城市的比重要高，相对地居住用地比重会低些。同时也由于大城市可能建造较多高层住宅，人均居住用地指标会比小城市低些。

（2）城市性质

一般老城市建筑层数较低，居住用地所占城市用地的比重会高些；而新兴城市，因产业占地较大，居住用地比重就比较低。

（3）自然条件

如在丘陵或水网地区，会因土地可利用率低，需要增加居住用地的数量，加大该项用地的比重。此外，在不同纬度的地区，为保障住宅必要的日照间距，会影响到居住用地的标准。

（4）城市用地标准

因城市社会经济发展水平不同，加上房地产市场的需求情况不一，也会影响到住宅建设标准和居住用地指标。

2. 用地指标

（1）居住用地的比重

国标《城市用地分类与规划建设用地标准》（GB 50137-2011）规定，居住用地占城市建设用地的比例为25%～40%，可根据城市具体情况取值。如大城市可能偏于低值，小城市可能接近高值。在一些居住用地比值偏高的城市，随着城市发展，道路、公共设施等相对用地增大，居住用地的比重会逐步降低。

（2）居住用地人均指标

国标《城市用地分类与规划建设用地标准》规定，人均居住用地指标为 $23.0m^2$ ～ $38.0m^2$。

## （三）居住用地的规划布局

1. 居住用地的选择

居住用地的选择关系到城市的功能布局，居民的生活质量与环境质量、建设经济与开发效益等多个方面。一般应考虑以下几个方面要求：

（1）选择自然环境优良的地区，有适合的地下与工程地质条件，避免选择易受洪水、地震灾害和滑坡、沼泽、风口等不良条件的地区。在丘陵地区，宜选择向阳、通风的坡面。在可能情况下，尽量接近水面和风景优美的地区。

（2）居住用地选择应协调与城市就业区和商业中心等功能地域的相互关系，以减少居住——工作、居住——消费的出行距离与时间。

（3）居住用地选择要十分注重用地自身及用地周边的环境影响。在接近工业区时，要选择在常年主导风向的上风向，并按环境保护等法律规定保持必要的防护距离，为营造卫生、安宁的居住生活空间提供环境保证。

（4）居住用地选择应有适宜的规模与用地形状，从而合理组织居住生活、经济有效地配置公共服务设施等。合适的用地形状将有利于居住区的空间组织和建设工程经济。

（5）在城市外围选择方面要注意留有余地。在居住用地与产业用地相配合一体安排时，要考虑相互发展的趋势与需要，如产业有一定发展潜力与可能时，居住用地应有相应的发展安排与空间准备。

2. 居住用地的规划布局

城市居住用地在总体布局中的分布，主要有以下方式：

（1）集中布置

当城市规模不大，有足够的用地且在用地范围内无自然或人为的障碍，而可以成片紧凑地组织用地时，常采用这种布置方式。用地的集中布置可节约城市市政建设投资，密切城市各部分在空间上的联系，在便利交通、减少能耗、时耗等方面可获得较好的效果。

但在城市规模较大、居住用地过于大片密集布置，可能会导致上下班出行距离增加，疏远居住与自然的联系，影响居住生态质量等诸多问题。

（2）分散布置

当城市用地受到地形等自然条件的限制，或因城市的产业分布和道路交通设施布局的影响时，居住用地可采取分散布置。前者如丘陵地区，居住用地沿多条谷地展开；后者如矿区城市，居住用地与采矿点相伴而分散布置。

（3）轴向布置

当城市用地以中心城市为核心，沿着多条由中心向外围放射的交通干线发展时，居住用地依托交通干线，在适宜的出行距离范围内，赋予一定的组合形态，并逐步延展。如有的城市因轨道交通的建设，带动了沿线房地产业的发展，居住区在沿线集结，呈轴线发展态势，如图7-2。

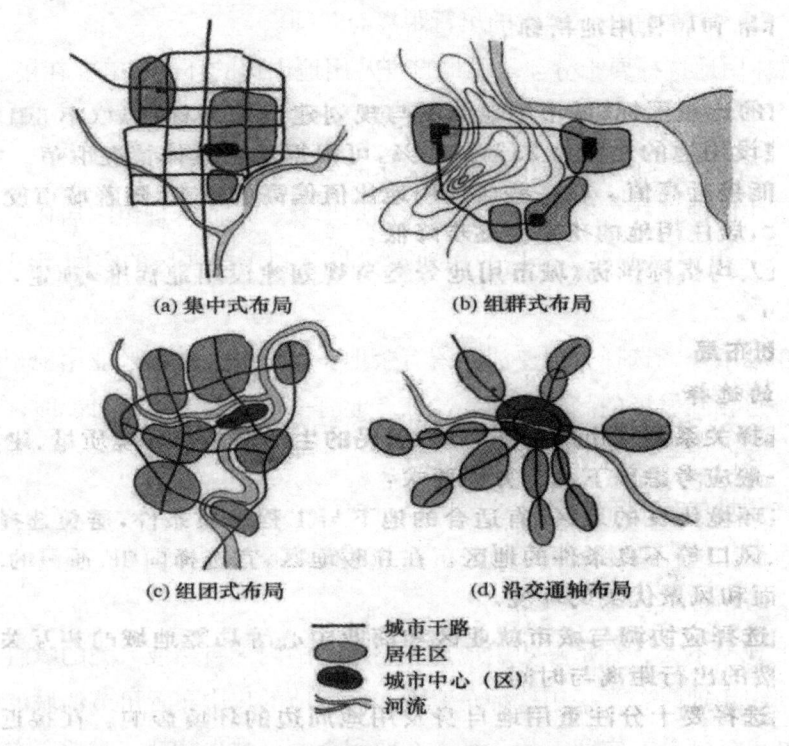

图 7-2 几种不同类型的城市居住用地分布

## 四、公共设施用地布局

城市公共设施是以公共利益和设施的可公共使用为基本特性。公共设施的内容与规模在一定程度上反映出城市的性质、城市的物质生活与文化生活水平和城市的文明程度。

### （一）公共设施用地的分类

城市公共设施种类繁多，且性质、归属不一。按照公共设施所属机构的性质及其服务范围，可以分为非地方性公共设施和地方性公共设施；按公共属性可以分为公益性设施和盈利性设施。《城市用地分类与规划建设用地分类标准》（GB 50137-2011）为区分公共设施的公益保障性和盈利性的特征，将公共设施用地分为公共管理与公共服务用地和商业服务业设施用地，见表 7-3。

表 7-3 城市公共设施用地分类

| 类别代码 ||| 类别名称 | 范围 |
|---|---|---|---|---|
| 大类 | 中类 | 小类 | | |
| A | | | 公共管理与公共服务用地 | 行政、文化、教育、体育、卫生等机构和设施的用地，不包括居住用地中的服务设施用地 |
| | A1 | | 行政办公用地 | 党政机关、社会团体、事业单位等办公机构及其相关设施用地 |
| | A2 | | 文化设施用地 | 图书、展览等公共文化活动设施用地 |
| | | A21 | 图书展览设施用地 | 公共图书馆、博物馆、科技馆、纪念馆、美术馆和展览馆、会展中心等设施用地 |
| | | A22 | 文化活动设施用地 | 综合文化活动中心、文化馆、青少年宫、儿童活动中心、老年活动中心等设施用地 |
| | A3 | | 教育科研用地 | 高等院校、中等专业学校、中学、小学、科研事业单位等用地，包括为学校配建的独立地段的学生生活用地 |
| | | A31 | 高等院校用地 | 大学、学院、专科学校、研究生院、电视大学、党校、干部学校及其附属用地，包括军事院校用地 |
| | | A32 | 中等专业学校用地 | 中等专业学校、技工学校、职业学校等用地，不包括附属于普通中学内的职业高中用地 |
| | | A33 | 中小学用地 | 中学、小学用地 |
| | | A34 | 特殊教育用地 | 聋、哑、盲人学校及工读学校等用地 |
| | | A35 | 科研用地 | 科研事业单位用地 |
| | A4 | | 体育用地 | 体育场馆和体育训练基地等用地，不包括学校等机构专用的体育设施用地 |
| | | A41 | 体育场馆用地 | 室内外体育运动用地，包括体育场馆、游泳场馆、各类球场及其附属的业余体校等用地 |
| | | A42 | 体育训练用地 | 为体育运动专设的训练基地用地 |
| | A5 | | 医疗卫生用地 | 医疗、保健、卫生、防疫、康复和急救设施等用地 |
| | | A51 | 医院用地 | 综合医院、专科医院、社区卫生服务中心等用地 |
| | | A52 | 卫生防疫用地 | 卫生防疫站、专科防治所、检验中心和动物检疫站等用地 |
| | | A53 | 特殊医疗用地 | 对环境有特殊要求的传染病、精神病等专科医院用地 |
| | | A54 | 其他医疗卫生用地 | 急救中心、血库等用地 |
| | A6 | | 社会福利设施用地 | 为社会提供福利和慈善服务的设施及其附属设施用地，包括福利院、养老院、孤儿院等用地 |
| | A7 | | 文物古迹用地 | 具有历史、艺术、科学价值且没有其他使用功能的建筑物、构筑物、遗址、墓葬等用地 |
| | A8 | | 外事用地 | 外国驻华使馆、领事馆、国际机构及其生活设施等用地 |
| | A9 | | 宗教设施用地 | 宗教活动场所用地 |

续表

| 类别代码 |||类别名称|范围|
|---|---|---|---|---|
|大类|中类|小类|||
| B |   |   | 商业服务业设施用地 | 商业、商务、娱乐康体等设施用地，不包括居住用地中的服务设施用地 |
|   | B1 |   | 商业设施用地 | 商业经营活动及餐饮、旅馆等服务业用地 |
|   |   | B11 | 零售商业用地 | 以零售功能为主的商铺、商场、超市等用地 |
|   |   | B12 | 批发市场用地 | 以批发功能为主的市场用地 |
|   |   | B13 | 餐饮用地 | 饭店、餐厅、酒吧等用地 |
|   |   | B14 | 旅馆用地 | 宾馆、旅馆、招待所、服务型公寓、度假村等用地 |
|   | B2 |   | 商务设施用地 | 金融保险、艺术传媒、技术服务等综合性办公用地 |
|   |   | B21 | 金融保险用地 | 银行、证券期货交易所、保险公司等用地 |
|   |   | B22 | 艺术传媒用地 | 文艺团体、影视制作、广告传媒等用地 |
|   |   | B23 | 其他商务设施用地 | 贸易、设计、咨询等技术服务办公用地 |
|   | B3 |   | 娱乐康体设施用地 | 娱乐、康体等设施用地 |
|   |   | B31 | 娱乐用地 | 单独设置的剧院、音乐厅、电影院、歌舞厅、网吧以及绿地率小于65%的大型游乐等设施用地 |
|   |   | B32 | 康体用地 | 单独设置的赛马场、溜冰场、跳伞场、摩托车场、射击场，以及通用航空、水上运动的陆域部分等用地 |
| B | B4 |   | 公用设施营业网点用地 | 零售加油、加气、电信、邮政等公用设施营业网点用地 |
|   |   | B41 | 加油加气站用地 | 零售加油、加气以及液化石油气换瓶站用地 |
|   |   | B42 | 其他公用设施营业网点用地 | 独立地段的电信、邮政、供水、燃气、供电、供热等其他公用设施营业网点用地 |
|   | B5 |   | 其他服务设施用地 | 业余学校、民营培训机构、私人诊所、宠物医院、汽车维修站等其他服务设施用地 |

## （二）公共设施用地的指标

公共设施指标的确定，是城市规划技术经济工作的重要内容之一。它关系到居民的生活，同时对城市建设经济也有一定影响，特别是一些大量性公共设施和大型公共设施，指标确定的得当与否，更有重要的经济意义。

1. 公共设施用地规模的影响因素

影响城市公共设施用地规模的因素较为复杂，很难确切地进行预测，而且城市之间存在较大的差异，无法一概而论。在城市总体规划阶段，公共设施的用地规模通常不包括与市民日常生活关系密切的设施的用地规模，而将其计入居住用地的规模。例如，居住区内的小型超市、洗衣店、美容院等商业服务设施用地。

影响城市公共设施用地规模的因素主要体现在以下几个方面：

（1）城市性质、规模及城市布局的特点

城市性质不同，公共设施的内容及其指标应随之而异。如一些省会或地、县等行政中心城市，机关、团体、招待所以及会堂等设施数量较多，在旅游城市或交通枢纽城市，则需为游客设置较多的旅馆、饭店等服务机构，因而相对地公共设施指标就要高一些。城市规模大小影响到公共设施指标的确定。规模较大的城市，公共设施的项目比较齐备，专业分工较细，规模相应较大，因而指标就比较高；而小城市公共设施项目少，专业分工不细，规模相应较小，因而指标就比较低。但是在一些独立的工矿小城镇，为了设施配备齐全，考虑为周围农村服务的需要，公共设施的指标又可能比较高。当城市空间布局不是集中成团状，而是成组群或是带状分布时，公共设施配置较为分散，但有些公共设施又必须具有基本的规模，这样就需要适当地提高指标。

（2）经济条件和人民生活水平

公共设施指标的拟定要从国家和所在城市的经济条件和人民生活实际需要出发。如果所定指标超越了现实或规划期内的经济条件和人民生活的需要，会影响居民对公共设施的实际运用、造成浪费现象。如果盲目降低应有的指标，不能满足群众正当的生活要求，会导致群众生活的不便。

（3）社会生活的组织方式

城市生活随着社会的发展，而不断地充实和变化。一些新的设施项目的出现，以及原有设施内容与服务方式的改变，都将需要对有关指标进行适时的调整或重新拟定。

（4）生活习惯的要求

我国地域辽阔，自然地理条件迥异，又是多民族的国家，因而各地有着不同的生活习惯。反映在对各地公共设施的设置项目、规模及其指标的制定上，应有所不同。例如，南方多茶楼、游泳池等户外活动的项目，北方则多室内商场和市场，有的城市居民对体育运动特别爱好，有的小城市须有较多供集市贸易的设施。凡此，有关设施的指标就应该因地制宜，有所不同。

此外，公共设施的组织与经营方式及其技术设备的改革、服务效率的提高，对远期公共设施指标的拟定也会带来影响，应予以考虑。

2. 公共设施用地规模的确定

确定城市公共设施的用地规模，要从城市对公共设施设置的目的、功能要求、分布特征、城市经济条件和现状基础等多方面进行分析研究，综合加以考虑。

（1）根据人口规模推算

通过对不同类型城市现状公共设施用地规模与城市人口规模的统计比较，可以得出该类用地与人口规模之间关系的函数或者是人均用地规模指标。

（2）根据各专业系统和有关部门的规定来确定。有一些公共设施，如银行、邮局、医疗、商业、公安部门等,由于它们业务与管理的需要自成系统,并各自规定了一套具体的建筑与用地指标。这些指标是从其经营管理的经济与合理性来考虑。

(3)根据地方的特殊需要,通过调研,按需确定。在一些自然条件特殊、少数民族地区,或是特有的民俗民风地区的城市,某些公共设施需要通过调查研究,予以专门设置,并拟定适当指标。

### (三)公共设施用地规划布局

城市公共设施的布局在不同的规划阶段,有着不同的布局方式和深度要求。总体规划阶段,在研究确定城市公共设施总量指标和分类分项指标基础上,进行公共设施用地的总体布局,包括不同类别公共设施分级集聚并组织城市不同层级的公共中心。在具体落实各种公共活动用地时,一般遵循以下几条原则。

1. 建立符合客观规律的完整体系

公共设施用地,尤其是商务办公、商业服务等主要因市场因素变化的用地,其规划布局必须充分遵循其分布的客观规律。同时,根据其他用地种类,特别是居住用地的布局,安排好各个级别设施的用地,以利于商业服务设施网络的形成,如图7-3。

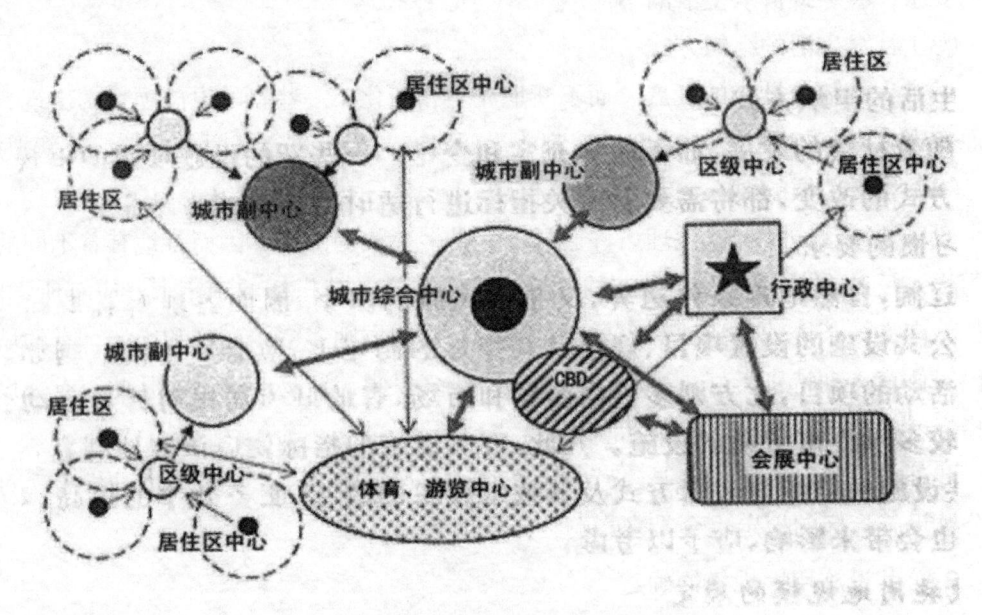

图7-3 城市中各类公共活动中心的构成

2. 采用合理的服务半径

根据服务半径确定其服务范围大小及服务人数多少,一次推算公共设施的规模。服务半径的确定首先是从居民对设施方便使用的要求出发,同时也要考虑到公共设施经营管理的经济性与合理性。不同的设施有不同的服务半径要求。某项公共设施服务半径的大小，又将随它的使用频率、服务对象、地形条件、交通的便利程度以及人口密度的高低等而有所不同。例如，小学服务半径通常以不超过500m为宜。在人口密度较低的地区，结合学校经营管理的经济性与合理性、学校合理规模的要求，服务半径可以定得大一点；反之，可小些。

3. 与城市交通系统相适应

大部分全市性的公共设施用地均需要位于交通条件良好、人流集中的地区。城市公共设施用地布局需要结合城市交通系统规划进行，并注意到不同交通体系所带来的影响。在轨道公共交通较为发达的大城市中，位于城市中心的交通枢纽、换乘站、地铁车站周围通常是安排公共活动用地的理想区位。而在以汽车交通为主的城市中，城市干道两侧、交叉口附近、高速公路出入口附近等区位更适合布置公共设施用地。此外，社区设施用地的布局也要根据城市干道系统的规划，结合区内步行系统的组织进行。

4. 考虑对形成城市景观的影响

公共设施种类多，而且建筑的形体和立面也比较多样而丰富。因此，可通过不同的公共设施和其他建筑的协调处理与布置，利用地形等其他条件，组织街景与景点，以创造具有地方风貌的城市景观。

5. 与城市发展保持动态同步

公共设施用地布局还要考虑到对现有同类用地的利用和衔接以及伴随城市发展分期实施的问题，使该类用地的布局不仅在城市发展的远期趋于合理，而且同时也与城市发展保持动态同步。

## 五、工业用地布局

工业是近现代城市产生与发展的根本原因。对于正处在工业化时期的我国大部分城市而言，工业不仅是城市经济发展的支柱与动力，而且同时也是提供大量就业岗位、接纳劳动力的主体。工业生产活动通常占用城市中大面积的土地，伴随包括原材料与产品运输在内的货运交通以及职工通勤为主的人流交通，同时还在不同程度上产生影响城市环境的废气、废水、废物和噪声。因此，工业用地布局既要能满足工业发展的要求，又要有利于城市本身健康的发展。

### （一）工业用地的特点

依据工业生产自身的特点，通常工业生产的用地必须具备以下几个条件：

（1）地形地貌、工程、水文地质、形状与规模方面的条件。工业用地通常需要较为平坦的用地（坡度 =0.5% ~ 2%），具有一定的承载力（1.5kg/cm$^2$），并且没有被洪水淹没的危险，地块的形状与尺寸也应满足生产工艺流程的要求。

（2）水源及能源供应条件。可获得足够的符合工业生产需要的水源及能源供应，特别对于需要消耗大量水或电力、热力等能源的工业门类尤为重要。

（3）交通运输条件。靠近公路、铁路、航运码头甚至是机场，便于大宗货物的廉价运输。当货物运输量达到一定程度时（运输量＞10万t/年或单件在5t以上）可考虑铺设铁路专用线。

（4）其他条件。与城市居住区之间应有通畅的道路以及便捷的公共交通手段。此外，工业用地还应避开生态敏感地区以及各种战略性设施。

### （二）工业用地的类型与规模

工业用地的规模通常被认为是在工业区就业人口的函数，或者是工业产值的函数。但是不同种类的工业，其人均用地规模以及单位产值的用地规模是不同的，有时甚至相差很大。例如，电子、服装等劳动密集型的工业不但人均所需厂房面积较小，而且厂房本身也可以是多层的；而在冶金、化工等重工业中，人均占地面积就要大得多。同时随着工业自动化程度的不断提高，劳动者人均用地规模呈不断增长的趋势。因此，在考虑工业用地规模时，通常按照工业性质进行分类，例如，冶金、电力、燃料、机械、化工、建材、电子、纺织等；而在考虑工业用地布局时则更倾向于按照工业污染程度进行分类。例如，一般工业、有一定干扰和污染的工业、有严重干扰和污染的工业以及隔离工业等。事实上，这两种分类之间存在一定的关联。在我国现行用地分类标准中，工业用地按照其产生污染和干扰的程度，被分为由轻至重的一、二、三类。同时，工业用地在城市建设用地中的比例相应地为15%～30%。

### （三）工业用地对城市环境的影响

在工业生产过程中产生的污染物对周围其他用地，尤其是居住用地导致不同程度的影响。因此，对于工业用地的布局应尽量减少对其他种类用地的影响。通常采用的措施有以下几种：

#### 1. 将易造成大气污染的工业用地布置在城市下风向

根据城市主导风向并在考虑风速、季节、地形、局部环流等因素的基础上，尽可能将大量排出废气的工业用地安排在城市下风向且大气流动通畅的地带，排放大量废气的工业不宜集中布置，以利于废气的扩散，避免有害气体的相互作用。

#### 2. 将易造成水体污染的工业用地布置在城市下游

为便于工业污水的集中处理，规划中可将大量排放污水的企业相对集中布置，便于联合无害化处理和回收利用。处理后的污水也应通过城市排水系统统一排放至城市下游。

3. 在工业用地周围设置绿化隔离带

事实证明,达到一定宽度的绿化隔离带不但可以降低工业废气对周围的影响,也可以达到阻隔噪音的作用。易燃、易爆工业周围的绿化隔离带还是保障安全的必要措施。

居住用地对工业污染的敏感程度最高,所以从避免污染和干扰的角度看,居住用地应远离工业用地。但另一方面二者因职工通勤又需要相对接近。因此,就近通勤与减缓污染成为居住用地与工业用地布局中的一对矛盾。

### (四)工业用地的选址

工业用地选址的要素除去我们前面所讲到的工业用地自身的因素外,还应考虑它与周围用地是否兼容,并有进一步发展的空间。按照工业用地在城市中的相对位置可分为以下几种类型:

1. 城市中的工业用地

通常无污染、运量小、劳动力密集、附加值高的工业趋于以较为分散的形式分布于城市之中,与其他种类用地相间,形成混合用途的地区。

2. 位于城市边缘的工业用地

占地与运输量较大、对城市有一定污染和干扰的工业更多选择城市边缘地区,形成相对集中的工业区。一方面,可以获得廉价的土地和扩展的可能;另一方面,可以避免与其他种类的用地之间产生矛盾。这样的工业区在城市中可能有数个。

3. 独立存在的工业用地

由于资源分布、土地利用的制约甚至是政策因素,一部分工业用地选择与城市有一定距离的地段,形成独立的工业用地、工业组团或工业区。例如,矿业城市中的各采矿组团、作为开发区的工业园区等。当独立存在的工业用地形成一定规模时,就需安排配套生活用地以及通往主城区的交通干线。

### (五)工业用地在城市中的布局

根据利于生产、方便生活且为将来发展留有余地、为城市发展减少障碍的原则,城市土地利用规划应从各个城市的实际出发,选择适宜的形式安排土地利用布局。除与其他种类用地交错布局形成混合用途中的工业用地外,常见的相对集中的工业用地布局形式有以下几种:

1. 工业用地位于城市特定地区

工业用地相对集中地位于城市某一方位上,形成工业区,或者分布于城市周边。通常中小城市中的工业用地多呈此种形态布局,特点是总体规模较小,与生活居住用地之间具有较密切的联系,但容易产生污染,且当城市进一步发展时,有可能形成工业用地与生活居住用地相间的情况。

### 2. 工业用地与其他用地形成组团

由于地形条件原因或者城市发展的时间积累，工业用地与生活居住用地共同形成了相对明确的功能组团。这种情况常见于大城市或山地丘陵城市，其优点是一定程度上平衡了组团内的就业与居住，但同时工业用地与居住用地之间又存在交叉布局的情况，不利于局部污染的防范。城市整体的污染防范可以通过调整各组团中的工业门类来得以实现。

### 3. 工业园或独立的工业卫星城

工业园或独立的工业组团，通常有相对较为完备配套的生活居住用地，基本上可以做到不依赖主城区，但与主城区有快速便捷的交通联系。例如，北京的亦庄经济技术开发区，上海的宝山、金山、松江等卫星城镇。

### 4. 工业地带

当某一区域内的工业城市数量、密度与规模发展到一定程度时，就形成了工业地带。这些工业城市之间分工合作，联系密切，但各自独立并相对对等。德国著名的鲁尔地区在20世纪80年代期间就是一种典型的工业地带。事实上，对工业地带中工业及相关用地规划布局已不属于城市规划的范围，而更倾向于区域规划所应解决的问题。

## 六、物流仓储用地布局

随着经济全球化和现代高新技术的迅猛发展，现代物流在世界范围内获得迅速发展，成为极具增长前景的新兴产业。由于物流、仓储与货运存在关联性和与兼容性，国标《城市用地分类与规划建设用地标准》（GB 50137-2011）设立物流仓储用地，并按其对居住和公共环境的影响的干扰污染程度分为3类。

### （一）物流仓储用地的分类

这里所指的物流仓储用地包括物资储备、中转、配送、批发、交易等用地，包括大型批发市场以及货运公司车队的站场（不包括加工）等用地。根据我国现行的城市用地标准，物流仓储用地被分为：①一类物流仓储用地；②二类物流仓储用地；③三类物流仓储用地，见表7-4。

表7-4 物流仓储用地分类

| 类别名称 | 范围 |
| --- | --- |
| 一类物流仓储用地 | 对居住和公共环境基本无干扰、污染和安全隐患的物流仓储用地 |
| 二类物流仓储用地 | 对居住和公共环境基本有一定干扰、污染和安全隐患的物流仓储用地 |
| 三类物流仓储用地 | 存放易燃、易爆和剧毒等危险品的专用仓库用地 |

## （二）物流仓储用地在城市中的布局

物流仓储用地的布局通常从物流仓储功能对用地条件的要求以及与城市活动的关系这两个方面来考虑。首先，用作物流仓储的用地必须满足一定的条件。例如，地势较高且平坦，但有利于排水的坡度、地下水位低、地基承载力强、具有便利的交通运输条件等。其次，不同类型的物流仓储用地应安排在不同的区位中。其原则是与城市关系密切，为本市服务的物流仓储设施。例如，综合性物流中心、专业性物流中心等应布置在靠近服务对象、与市内交通系统联系紧密的地段；对于与本市经常性生产生活活动关系不大的物流仓储设施，如战略性储备仓库、中转仓库等，可结合对外交通设施，布置在城市郊区。因仓库用地对周围环境有一定的影响，规划中应使其与居住用地之间保持一定的卫生防护距离，见表7-5。最后，危险品仓库应单独设置，并与城市其他用地之间保持足够的安全防护距离。

表 7-5 仓储用地与居住用地之间的卫生防护距离

| 仓库种类 | 宽度/m |
| --- | --- |
| 全市性水泥供应仓库、可用废品仓库。 | 300 |
| 非金属建筑材料供应仓库、煤炭仓库、未加工的二级原料临时储藏仓库，500$m^2$以上的藏冰库。 | 100 |
| 蔬菜、水果储藏库，600t以上批发冷藏库，建筑与设备供应仓库（无起灰料的），木材贸易和箱桶装仓库。 | 50 |

# 七、城市绿地布局

## （一）城市绿地系统的组织

城市绿地指以自然植被和人工植被为主要存在形态的城市用地。它是城市用地的组成部分，也是城市自然环境的构成要素。城市绿地系统要结合用地自然条件分析，有机组织，一般遵循以下原则：

1. 内外结合，形成系统

以自然的河流、山脉、带状绿地为纽带，对内联系各类城市绿化用地，对外与大面积森林、农田以及生态保护区紧密结合，形成内外结合、相互分工的绿色有机整体。

2. 均衡分布，有机构成城市绿地系统

绿地要适应不同人群的需要，分布要兼顾共享、均衡和就近分布等原则。居民的休息与游乐场所，包括各种公共绿地、文化娱乐设施和体育设施等，应合理地分散组织在城市中，最大程度方便居民使用。

3. 远景目标与近期建设相结合

城市绿地系统规划必须先于城市发展或至少与城市发展同步进行。规划要从全局利益及长远观点出发，按照"先绿后好"的原则，提高规划目标，同时做到按照规划、分期、分批、有步骤、按计划实施。

## （二）城市开放空间体系的布局

城市的绿地、公园、道路广场以及周边的自然空间共同组成了城市的开敞空间系统。开敞空间不仅是城市空间的组成部分，而且也要从生态、舒适度、教育以及文化等多方面加以评价。20世纪90年代，伦敦提出将建立开敞空间系统作为一个绿色战略，而不仅仅是一个公园体系。城市开敞空间体系的具体布局方式有多种形式，如绿心、走廊、网状、楔形、环状等。

# 第八章 城市生态与绿地景观规划

## 第一节 城市生态环境的基本概念和内容

### 一、城镇化与城市生态环境

在原始社会，人类崇拜和依附于自然。农业文明时期，人类敬畏和利用自然进行生产。在工业文明后，人类对自然的控制和支配能力急剧提高，自我意识极度膨胀，开始一味地对自然强取豪夺，从而激化了与自然的矛盾，加剧了与自然的对立，使人类不得不面对资源匮乏、能源短缺、环境污染、气候变化、森林锐减、水土流失、物种减少等严峻的全球性环境问题和生态危机。

经历了近200年的工业文明后，人类积累和创造了农业文明无法比拟的财富，开发和占用自然资源的能力大大提高，人与自然的关系发生了根本性颠倒，人类确立了对自然的主体性地位，而自然则被降低为被认识、被改造，甚至被征服和被掠夺的无生命客体的对象。

#### （一）城镇化与资源和环境

城市是人类文明的产物，也是人类利用和改造自然的集中体现。从18世纪的工业革命开始，大规模的集中生产和消费活动推动了人口的聚集，现代化的交通和基础设施建设加快了城镇化的进程，城市数量和规模迅猛发展。

城镇化和城市人口的规模增加与资源消耗的关系十分密切。目前城市集中了全人类50%以上的人口，大量能源和资源向城镇化地区输送，城市是地球资源主要的消费地。一般认为，城市消耗的能源占人类能源总消耗的75%，城市消耗的资源占人类资源总消耗的80%。同时，城镇化进程对能源的消耗有着巨大的影响。人均国民生产总值（GNP）每增加一个百分点，能源消耗会以同样的数值增加（系数为1.03）。城市人口每增加一个百分点，能源消耗会增加2.2%。即能源消耗的变化速度是城镇化过程变化速度的两倍。从人类文明进程来看，工业化和城镇化的过程，是社会财富积累加快、人民生活水平迅速提高的一个过程，也是人类大量消耗自然资源的过程。按照经济地理学界的城镇化理论,当城镇化率超过 30% 时,就进入了城镇化的快速发展时期,中国的城镇化正处在这个快速发展的关键时期,对能源和资源的需求急剧上升,绝大部分能源和资源用于制造业、交通和建设过程之中。

城镇化可以加快经济的繁荣和社会的进步。城镇化能集约地利用土地,提高能源利用效率,促进教育、就业、健康和社会各项事业的发展。同时,城镇化不可避免地影响了自然生态环境。

从城市自身发展来看,由于人口密集和资源的大量消耗,城市生活环境恶化,提高了城市的生活成本,使城市自身发展失去活力。城市产生和排放的大量有害气体、污水、废弃物,加剧了城市地区微气候的变化和热岛效应,使城市的自然生态系统受损,危及人类健康,人为地加大了改善环境的投资和医疗费用等。此外,大量的物质消耗导致各种自然资源的短缺,加重了城市的负担,加剧了城市的生态风险,对城市的永续发展形成了制约。

### (二)城市生态系统的特点

生态系统是指由生物群落与无机环境构成的统一整体。生态系统的范围可大可小,相互交错。最大的生态系统是生物圈,地球上有生命存在的地方均属生物圈,生物的生命活动促进了能量流动和物质循环,并引起生物的生命活动发生变化。而人类只是生物圈中的一员,主要生活在以城乡为主的人工生态系统中。

城市生态系统是城市居民与周围生物和非生物环境相互作用而形成的一类具有一定功能的网络结构,也是人类在改造和适应自然环境的基础上建立起来的特殊的人工生态系统,由自然系统、经济系统和社会系统复合而成。

城市生态系统具有以下特征:

(1)城市生态系统是人类起主导作用的人工生态系统。城市中的一切设施都是人工制造的,人类活动对城市生态系统的发展起着重要的支配作用,具有一定的可塑性和调控性。与自然生态系统相比,城市生态系统的生产者绿色植物的量很少;消费者主要是人类,而不是野生动物;分解者微生物的活动受到抑制,分解功能不强。因此,城市生态系统的演化是由自然规律和人类影响叠加形成的。

(2)城市生态系统是物质和能量的流通量大、运转快、高度开放的生态系统。城市中人口密集,城市居民所需要的绝大部分食物要从其他生态系统人为地输入;城市中的工业、建筑业、交通等也必须大量从外界输入物质和能量。城市生产和生活产生大量的废弃物,其中有害气体必然飘散到城市以外的空间,污水和固体废弃物绝大部分不能靠城市中自然系统的净化能力自然净化和分解,如果不及时进行人工处理,就会造成环境污染。

(3)城市生态系统是不完整的生态系统。城市自我稳定性差,自然系统的自动调节能力弱，容易出现环境污染等问题。

（4）城市生态系统的人为性、开放性和不完整性决定了它的脆弱性。

### （三）城市环境的概念与组成

1. 概念

城市环境是指影响城市人类活动的各种自然的或人工的外部条件。狭义的城市环境主要指物理环境，包括地形、地质、土壤、水文、气候、植被、动物、微生物等自然环境及房屋、道路、管线、基础设施、不同类型的土地利用、废气、废水、废渣、噪声等人工环境。广义的城市环境除了物理环境外还包括人口分布及动态、服务设施、娱乐设施、社会生活等社会环境、资源、市场条件、就业、收入水平、经济基础、技术条件等经济环境，以及风景、风貌、建筑特色、文物古迹等美学环境。

2. 组成

城市环境由城市自然环境、城市人工环境、城市社会环境、城市经济环境和城市美学环境等组成。城市自然环境是构成城市环境的基础，它为城市这一物质实体提供了一定的空间区域，是城市赖以存在的地域条件。城市人工环境是达成城市各种功能所必需的物质基础设施，没有城市人工环境，城市与其他人类聚居区域或聚居形式的差别将无法体现，城市本身的运行也将受到抑制。城市社会环境体现了城市这一区别于乡村及其他聚居形式的人类聚居区域在满足了人类在城市中各类活动方面所提供的条件。城市经济环境是城市生产功能的集中体现，反映了城市经济发展的条件和潜势。城市景观环境（美学环境）则是城市形象、城市气质和韵味的外在表现和反映。

## 二、城市生态规划

### （一）生态规划概念

生态规划就是要从自然生态和社会心理两方面去创造一种能充分融合技术和自然的人类活动的最优环境，诱发人的创造精神和生产力，提供高的物质和文化生活水平。即生态规划是应用生态学原理，以人居环境永续发展为目标，对人与自然环境的关系进行协调完善的规划类型。

城市生态规划不同于传统的城市环境规划，不止考虑城市环境各组成要素及其关系，也不仅仅局限于将生态学原理应用于城市环境规划中，而是涉及城市规划的方方面面。致力于将生态学思想和原理渗透于城市规划的各个方面和部分，并使城市规划"生态化"。同时，城市生态规划在应用生态学的观点、原理、理论和方法的同时，不仅关注城市的自然生态，而且也关注城市的社会生态。

生态规划不同于环境规划，环境规划侧重于环境，特别是自然环境的监测、评价、控制、治理、管理等，而生态规划则强调系统内部各种生态关系的和谐与生态质量的提高。生态规划不仅关注区域或城市的自然资源和环境的利用与消耗对人类的生存状态的影响，也关注系统结构、过程、功能等的变化和发展对生态的影响。同时，生态规划还考虑社会经济因子的作用。因此，城市环境规划在某种程度上可考虑作为城市生态规划内容的组成部分。

### （二）城市生态规划的目标、原则与步骤

1. 城市生态规划的目标

城市生态规划致力于城市人与自然的环境和谐：在城市中实现人与自然的和谐是城市生态系统研究的重要目标。例如：人口的增长要与社会经济和自然环境相适应，抑制过猛的人口集聚，以减轻环境负荷；土地利用类型与利用强度要与区域环境条件相适应，并符合生态法则；城市人工化环境结构内部比例要协调。

城市生态规划致力于城市与区域发展的同步化：从生态角度看，城市生态系统与区域生态系统息息相关，密不可分。因此，要在城市与区域同步发展的前提下，解决城市生态环境问题，调节城市生态系统活性，增强城市生态系统的稳定性，建立城市与区域双重的和谐结构。

城市生态规划致力于城市经济、社会、生态的永续发展：城市生态规划的目的是使城市经济、社会系统在环境承载力允许的范围之内，在提升人类生活质量的前提下得到不断的发展；并通过城市经济、社会系统的发展为城市的生态系统质量的提高和进步提供源源不断的经济和社会推力，最终推动城市整体意义上的永续发展。

2. 城市生态规划的原则

自然原则：城市的自然及物理组合是其赖以生存的基础，又往往成为城市发展的限制因素。为此，在进行城市生态规划时，首先要摸清自然本底状况，通过城市人类活动对城市气候的影响、城镇化进程对生物的影响、自然生态要素的自净能力等方面的研究，提出维护自然环境基本要素再生能力和结构多样性、功能持续性和状态复杂性的方案。同时根据城市发展总目标及阶段战略，制定不同阶段的生态规划方案。

经济原则：城市各部门的经济活动和代谢过程是城市生存和发展的活力和命脉，也是搞好城市生态的物质基础。因此，城市生态规划应促进经济发展，而绝不能抑制生产，生态规划应体现经济发展的目标要求，而经济计划目标要受环境目标制约。

社会原则：进行城市生态规划时，以人类对生态的需求值为出发点，规划方案应被公众所接受和支持。

系统原则：进行城市生态规划，必须把城市生态系统与区域生态系统视为一个有机体，把城市内各小系统视为城市生态系统内相联系的单元，对城市生态系统和它的生态扩散区（如生态腹地）进行综合规划。

3. 城市生态规划的步骤

城镇生态规划可采取以下步骤：

（1）明确规划范围及规划目标。在城镇永续发展这个总目标下，分解成具体联系的子目标。

（2）根据规划目标与任务收集城镇及所处区域的自然资源与环境、人口、经济、产业结构等方面的资料与数据。不仅要重视现状、历史资料及遥感资料，而且还要重视实地考察。

（3）城镇及所处区域自然环境及资源的生态分析与生态评价。在这个阶段，主要运用城镇生态学、生态经济学、地理学及其他相关学科的知识，对城镇发展与规划目标有关的自然环境与资源的性能、生态过程、生态敏感性及城镇生态潜力与限制因素进行综合分析与评价。如果涉及的区域范围及生态过程有分异特征，则将区域划分为生态功能不同的地区，为制定区域发展战略提供生态学基础。

（4）城镇社会经济特征分析。主要目的是寻找城镇社会经济发展的潜力及社会经济问题的症结。

（5）按城镇建设与发展及资源开发的要求，分析评价各相关资源的生态适宜性；然后，综合各单项资源的适宜性分析结果，分析城镇发展及所处区域资源开发利用的综合生态适宜性空间分布因素。

（6）根据城镇建设和发展目标，以综合适宜性评价结果为基础，制定城镇建设与发展及资源利用的规划方案。

（7）运用城镇生态学与经济学的知识，对规划方案及其对城镇生态系统的影响以及生态环境的不可逆变化进行综合评价。

## （三）城市生态分析方法

1. 生态适宜性分析法

生态适宜性指土地生态适宜性，指由土地内在自然属性所决定的对特定用途的适宜或限制程度。生态适宜性分析的目的在于寻求主要用地的最佳利用方式，使其符合生态要求，合理地利用环境容量，以创造一个清洁、舒适、安静、优美的环境。城市土地生态适宜性分析的一般步骤如下：①确定城市土地利用类型；②建立生态适宜性评价指标体系；③确定适宜性评价分级标准及权重，应用直接叠加法或加权叠加法等计算方法得出规划区不同土地利用类型的生态适宜性分析图。

2. 生态敏感性分析法

生态敏感性是指生态系统对人类活动反应的敏感程度，用来反映产生生态失衡与生态环境问题的可能性大小。也可以说，生态敏感性是指在不损失或不降低环境质量的情况下，生态因子抗外界压力或外界干扰的能力。

生态敏感性分析是针对区域可能发生的生态环境问题，评价生态系统对人类活动干扰的敏感程度，即发生生态失衡与生态环境问题的可能性大小，如土壤沙化、盐渍化、生境退化、酸雨等可能发生的地区范围与程度，以及是否导致形成生态环境脆弱区。相对适宜性分析而言，生态敏感性分析是从另一个侧面分析用地选择的稳定性，确定生态环境影响最敏感的地区和最具保护价值的地区，为生态功能区划提供重要依据。

### （四）城市生态功能区划的制定

城市生态规划的基本工作是建立生态功能分区，为区域生态环境管理和生态资源配置提供一个地理空间上的框架，以达到以下目标：①明确各区域生态环境保护与管理的主要内容；②以生态敏感性评价为基础，建立切合实际的环境评价标准，以反映区域尺度上生态环境对人类活动影响的阈值或恢复能力；③根据生态功能区内人类活动的规律以及生态环境的演变和恢复技术的发展，预测区域内未来生态环境的演变趋势；④根据各生态功能区内的资源和环境特点，对工农业生产布局进行合理规划，使区域内的资源得到充分利用，又不对生态环境运用造成很大影响，持续发挥区域生态环境对人类社会发展的服务支持功能。

### （五）城市生态功能区划原则

#### 1. 自然属性为主，兼顾社会属性原则

在城市复合生态系统中，经济结构、技术结构、资源利用方式是短时段作用因子，社会文化、价值观念、行为方式、人口资源结构是中时段作用因子，而城市的地理环境、自然资源则是长时段作用因子。在三种作用因子中，长时段作用因子是难以改变的，最好是适应它，所以一般采取的方式是通过克服中、短时段作用因子来改善城市发展条件，实现城市永续发展。因此，城市生态功能区划必须以自然属性为主，根据城市自然环境特征，合理安排使用功能，首先应当考虑结构与功能的一致性，然后才考虑尽可能满足现实生产和生活需要。

#### 2. 整体性原则

城市生态系统具有开放性和非自律性，是一个依赖外部、不完善的生态系统，城市正常运行需要从外界输入大量的物质和能量，同时需要向外界输出产品和排放大量废物。城市生态系统的非独立性，决定了城市生态功能区划要坚持整体性原则，不仅要考虑市区内自然环境的特征、相似性和连续性，而且还要考虑城市与城市外缘的生态系统的联系，建立生态缓冲带和后备生态构架。

3\. 保护城市生态系统多样性，维护生态系统稳定性原则

城市生态系统是经人为构筑的生态系统。城市的形成和发展使城市中原有的自然生态系统发生剧烈变化，使自然生态系统趋于单一化，降低了城市生态系统的自我调节能力，使城市生态系统变得更为脆弱。因此，城市生态功能区划要注意保护城市生态系统结构多样性，以提高城市生态系统的稳定性。

4\. 注重保护资源，着眼长远利用原则

城市生态环境、生态资产和生态服务功能构成了城市持续发展的机会和风险，生态资产保护、生态服务功能强化是城市建设的一项重要内容，而城市生态功能区划又是合理利用和保护生态资产、强化生态服务功能的重要手段之一。因此，开展城市生态功能区划，必须从城市永续发展、资源保护和长远利用等角度出发，通过区划工作找出现实存在的城市结构与生态功能不相匹配的症结，然后逐步进行恢复调整。调整的一般原则是：对于自然资源使用不当的地方，按照远近结合原则，从实际出发提出逐步改造计划；对于自然资源的潜在利用功能，应给予特别关注；对于自然资源的竞争利用功能，应保证主功能充分发挥。

### （六）生态功能区划的程序与方法

城市生态功能区划以土地生态学、城市生态学、景观生态学和永续发展理论为指导，以 RS 和 GIS 技术为支撑，以城市发展与城市土地生态系统相互作用机制为研究主线，以生态适宜性分析、生态敏感性分析、生态服务功能重要性分析等为重点，参考城市土地利用规划和城市经济社会发展规划，以实现城市土地永续利用为目的。

生态功能区划依据工作程序特点可分为"顺序划分法"和"合并法"两种。其中前者又称"自上而下"的区划方法，是以空间异质性为基础，按区域内差异最小、区域间差异最大的原则以及区域共轭性划分最高级区划单元，再依次逐级向下划分，一般大范围的区划和一级单元的划分多采用这一方法。后者又称"自下而上"的区划方法，它是以相似性为基础的，按相似相容性原则和整体性原则依次向上合并，多用于小范围区划和低级单元的划分。目前多采用自下而上、自上而下综合协调的方法。

## 三、城市环境规划

城市环境规划是指对一个城市地区进行环境调查、监测、评价、区划以及因经济发展所引起的变化预测；根据生态学原则提出调整产业结构，以及合理安排生产布局为主要内容的保护和改善环境的战略性部署。也就是说，城市环境规划是城市政府为使城市环境与经济社会协调发展而对自身活动和环境所作的时间和空间进行的合理安排。

城市环境规划调控城市中人类的自身活动，减少污染，防止资源被破坏，从而保护城市居民生活和工作、经济和社会持续稳定发展所依赖的基础——城市环境，它是使城市居民与自然达到和谐，使经济和社会发展与城市环境保护达到统一而采取的主动行为。

## （一）城市环境规划的目标与指标体系

### 1. 城市环境规划的目标

制定环境规划目标是城市环境规划的核心内容，是对规划对象（如城市、工业区、社区等）未来某一阶段环境质量状况的发展方向和发展水平所作的规定，它既体现了环境规划的战略意图，也为环境管理活动指明了方向，提供了管理基础。

（1）按规划内容分类

环境质量目标主要包括大气质量目标、水环境质量目标、噪声控制目标以及生态环境目标。环境质量目标依不同的地域或功能区而不同。环境质量目标由一系列表征环境质量的指标体系来实现。

环境污染总量控制目标主要由工业或行业污染控制目标和城市环境综合整治目标构成。

污染排放总量控制目标实质上是以城市功能区环境容量为基础的目标，即把污染物排放量控制在功能区环境容量的限度内，多余的部分即作为削减目标或削减量。削减目标是污染总量控制目标的主要组成部分和具体体现。所谓目标的分解、实施、信息反馈、目标调整以及其他措施主要是围绕着削减目标进行的。

（2）按时间分类

按时间划分，环境规划目标可分为短期（年度）、中期（5～10年）、长期（10年以上）目标。对于短期目标一定要准确、定量、具体，体现出很强的可操作性；对于中期目标，要包含具体的定量目标，也包含定性目标；对于长期目标主要是有战略意义的宏观要求。从关系上看，长期目标通常是中、短期目标制定的基础，而短期目标则是中、长期目标的基础。

### 2. 城市环境规划指标体系

城市环境规划指标是直接反映环境现象以及相关的事物，并用来描述城市环境规划内容的总体数量和质量的特征值。城市环境规划指标包含两方面的含义：一是表示规划指标的内涵和所属范围的部分，即规划指标的名称。二是表示规划指标数量和质量特征的数值，即经过调查登记、汇总整理而得到的数据。环境规划指标是环境规划工作的基础，并运用于整个环境规划工作之中。

环境质量指标主要表征自然环境要素（大气、水）和生活环境的质量状况，一般以环境质量标准为基本衡量尺度。环境质量指标是环境规划的出发点和归宿，所有其他指标的确定都是围绕完成环境质量指标进行的。

污染物总量控制指标是根据一定地域的环境特点和容量来设置的，其中又有容量总量控制和目标总量控制两种。前者体现环境的容量要求，是自然约束的反映；后者体现规划的目标要求，是人为约束的反映。我国现在执行的指标体系是将二者有机地结合起来，同时采用。

污染物总量控制指标将污染源与环境质量联系起来考虑，其技术关键是寻求源与汇（受纳环境）的输入响应关系，这是与目前盛行的浓度标准指标的根本区别。浓度标准指标里对污染源的污染物排放浓度和环境介质中的污染物浓度作出规定，易于监测和管理，但此类指标体对排入环境中的污染物总量无直接约束，未将源与汇结合起来考虑。

环境规划措施与管理指标是首先达到污染物总量控制指标，进而达到环境质量指标的支持性和保证性指标。这类指标有的由环境保护部门规划与管理，有的则属于城市总体规划，但这类指标的完成与否与环境质量的优劣密切相关，因而将其列入环境规划中。

其余相关指标主要包括经济指标、社会指标和生态指标三类，大都包含在国民经济和社会发展规划中，都与环境指标有密切联系，对环境质量有深刻影响，但又是环境规划所包容不了的。因此，环境规划将其作为相关指标列入，以便更全面地衡量环境规划指标的科学性和可行性。对于区域来说，生态类指标也为环境规划所特别关注，它们在环境规划中将占有越来越重要的位置。

## （二）城市环境质量评价与预测

### 1. 环境质量评价

（1）环境回顾评价

环境回顾评价是为检验区域内各类开发活动已产生的环境影响和效应，以及污染控制措施的有效性，对区域的经济、社会、环境等发展历程进行总结，并对原区域环评预测模型和结论正确性进行验证，查找偏差及原因。通过环境回顾评价，可掌握区域环境背景状况，在较大时空尺度上分析区域环境发展趋势和环境影响累积特征，找出区域经济、污染源、环境质量的因果关系，从而为区域产业结构优化和环境规划提供重要支撑。

环境回顾评价需根据积累的资料进行环境模拟，或者采集样品，分析和推算以往的环境状况。如可通过污染物在树木年轮中含量的分析推知该地区污染物浓度变化状况。环境回顾评价包括对污染浓度变化规律、污染成因、污染影响环境程度的评估，对环境治理效果的评估等内容。此外，工程污染源、污染物、污染治理措施、环境影响现状、环保对策、公众反应等也是环境回顾评价的内容。

（2）环境现状评价

环境现状评价是根据一定的标准和方法，着眼当前情况，对区域内人类活动所造成的环境质量变化进行评价，为区域环境污染综合防治提供科学依据。环境现状评价包括环境污染评价和自然环境评价：

环境污染评价是对污染源、污染物进行调查，了解污染物的种类、数量及其在环境中的迁移、扩散和变化，表征各种污染物分布、浓度及效应在时空上的变化规律，对环境质量的水平进行分析和评价。

自然环境评价是以维护生态平衡、合理利用和开发自然资源为目的，对区域范围的自然环境各要素的质量进行的判断。

（3）环境影响评价

又称环境影响分析。是指对建设项目、区域开发计划及国家政策实施后可能对环境造成的影响进行预测和估计。我国于20世纪70年代末确定环境影响评价制度。根据开发建设活动的不同，可分为单个开发建设项目的环境影响评价、区域开发建设的环境影响评价、发展规划和政策的环境影响评价（又称战略影响评价）等三种类型。按评价要素，可分为大气环境影响评价、水环境影响评价、土壤环境影响评价、生态环境影响评价。影响评价的对象包括大中型工厂；大中型水利工程；矿业、港口及交通运输建设工程；大面积开垦荒地、围湖围海的建设项目；对珍稀物种的生存和发展产生严重影响，或对各种自然保护区和有重要科学价值的地质地貌地区产生重大影响的建设项目；区域的开发计划；国家的长远政策等。

环境预测是指根据人类过去和现有已掌握的信息、资料、经验和规律，运用现代科学技术手段和方法对未来的环境状况和环境发展趋势及其主要污染物和主要污染源的动态变化进行描述和分析。

2. 环境预测的主要内容

城市社会和经济发展预测主要内容包括规划期内城市区域内的人口总数、人口密度、人口分布等方面的发展变化趋势；区域内人们的道德、思想、环境意识等各种社会意识的发展变化；人们的生活水平、居住条件、消防倾向、对环境污染的承受能力等方面的变化；城市区域生产布局的调查、生产力发展水平的提高和区域经济基础、经济规律和经济条件等方面的变化趋势。社会发展预测的重点是人口预测，经济发展预测的重点是能源消耗预测、国民生产总值预测、工业部门产值预测。

城市环境容量和资源预测根据城市区域环境功能的区划、环境污染状况和环境质量标准来预测区域环境容量的变化，预测区域内各类资源的开采量、储备量以及资源的开发利用效果。

环境污染预测是预测各类污染物在大气、水体、土壤等环境要素中的总量、浓度以及分布的变化，预测可能出现的新污染种类和数量。预测规划期内由环境污染可能导致的各种社会和经济损失。污染物宏观总量预测的要点是确定合理的排污系数（如单位产品和万元工业产值排污量）和弹性系数（如工业废水排放量与工业产值的弹性系数），环境污染预测的要点是确定排放源与汇之间的输入响应系数。

此外，还有环境治理和投资预测、生态环境预测等项内容。

## 第二节 城市绿地系统的规划布局

### 一、城市绿地的功能

#### （一）生态功能

城市绿地作为自然界生物多样性的载体，使城市具有一定的自然属性，具有固化太阳能、保持水土、涵养水源、维护城市水循环、调节小气候、缓解温室效应等作用，在城市中承担重要的生态功能。建筑绿化和道路绿化则是对这个功能的补充。同时，城市绿地对缓解城市环境污染造成的影响和防灾减灾具有重要作用。

#### （二）社会经济功能

城市中的各种绿地，大到郊野公园，小至街头绿地，都为市民提供了开展各类户外休闲和交往活动的空间，不但增进了人与自然融合，还可以增进人与人之间的交往和理解，推动社会融合。同时，城市绿化还可以构成城市景观的自然部分，并以其丰富的形态和季节的变化不断唤起人们对美好生活的追求，也称为紧张城市生活中人们的心理调节剂。

由大量绿化构成的优美的城市景观环境还可以提升城市的形象，进而成为吸引人才、改善投资环境、提高城市经济发展的动力。此外，通过城市绿地规划，系统地配置绿色经济作物，可以大大提高城市绿地的产出，扩大人的社会交往，降低一部分生活的成本，使城市绿地的生态功能与社会经济功能达到高度统一，见表8-1。

表 8-1 城市园林绿地功能与作用表

| | | | |
|---|---|---|---|
| 城市园林绿地功能与作用 | 生态作用 | 改善小气候 | 调节气温、湿度、气流 |
| | | 净化空气促进健康 | 保持氧气平衡 |
| | | | 吸收有害气体 |
| | | | 滞尘、杀菌、健康维护 |
| | | 防止灾害 | 降低噪声、防风、防火、防水 |
| | | | 防止水土流失 |
| | | | 净化水质、涵养水源 |
| | | 保护生物环境 | 保护多样性 |
| | | | 保护土壤环境 |
| | 社会功能 | 安全防护 | 缓冲灾害危险，提供避灾场地 |
| | | 游憩活动 | 提供文娱、科普、休养场地 |
| | | 调节土地利用 | 城市备用地 |
| | | | 城市保留地 |
| | | 审美 | 创造自然景观 |
| | | | 美化环境 |
| | | 休养身心 | 休养、安静、休息 |
| | | | 自然感、生命感、享受 |
| | 经济作用 | 直接经济效益 | 物质经济收入 |
| | | | 旅游经济收入 |
| | | 间接经济效益 | 以替代法计算的收益 |
| | | | 以环境测算的效益 |

## 二、城市绿地的类型和建设标准

### （一）我国现行的城市绿地分类标准

由于城市绿地既具有生态服务功能，又具有社会经济功能，不同研究领域和工作目标下城市绿地的分类是不同的。在城市规划领域对城市绿地的分类是基于城市生态系统的运行原理，考虑不同规模、服务对象和空间位置的绿地所担当的城市功能，使城市绿地与其他功能性城市建设用地构成一个完整用地分类体系，以便形成一个完整的用地规划、建设标准和控制管理的系统。

2017年，住房和城乡建设部发布了《城市绿地分类标准》（CJJ/T85-2017）。该分类标准将城市绿地划分为五大类，即：公园绿地 G1、防护绿地 G2、广场用地 G3、附属绿地 XG 和区域绿地 EG。

### （二）城市绿地系统的三大指标

城市绿地指标是反映城市绿化建设质量和数量的量化方式，也是对城市绿地规划编制评定和绿化建设质量考核中的主要指标，其中人均公园绿地面积、城市绿地率和绿化覆盖率是我国目前规定性的考核指标。人均公园绿地面积是城市绿化的最基本指标，其不仅是人均所需自然空间和生物量的指标，而且也是体现城市社会公平的重要指标。城市绿地率是从城市土地使用控制角度实施和评价城市绿化水平的指标，是编制城市规划的重要指标。城市绿化覆盖率指城市建设用地内被绿化种植物覆盖的水平投影面积与其用地面积的比例，包括屋顶花园、垂直墙面绿化等。城市绿化覆盖率对于降低城市热岛效应、改善城市小气候和创造良好的城市景观具有重要意义。

城市绿地指标的统计范围和计算公式为：

人均公园绿地面积（$m^2$/人）= 城市公园绿地面积（G1）÷ 城市人口数量

城市绿地率（%）=（城市建成区内绿地面积之和 / 城市的用地面积）× 100%

城市绿化覆盖率（%）=（城市内全部绿化种植垂直投影面积 / 城市的用地面积）× 100%

## 三、城市绿地系统规划

广义的城市绿地系统包括城市绿地和水系，即城市范围内一切人工的、半自然的以及自然的植被、水体、河湖、湿地。狭义的城市绿地系统是指城市建成区或规划区范围内，以各类绿地构成的空间系统。从这种意义上来解释城市绿地系统，可以将其定义为在城市空间内，以自然植被和人工植被为主要存在形态，能发挥生态平衡作用，对城市生态、景观和居民休闲生活有积极作用的城市空间系统。

### （一）城市绿地系统规划的内容和方法

在我国的城市规划体系中，城市绿地系统规划是与用地规划、道路系统规划相并列的一项重要的规划内容，也是城市总体规划中的一项专业规划，其规划成果纳入城市总体规划加以落实。城市绿地系统规划不仅需要反映城市各类建设用地中绿地的分布状况、数量指标、绿地性质和各类绿地间的有机联系，而且要体现在市域大环境下的绿化体系。就其深度而言，应具有分区规划和控制性详细规划兼有的内容要求。具体来讲，它包括绿地结构、绿地分类、绿地布局、指标体系、绿化配置、绿地景观和近期建设等规划内容，并应具有较强的指导性和可操作性。

此外，作为一个系统的规划，城市绿地的规划应是多层次的，具体规划层次和内容如下：城市绿地系统专业规划，是城市总体规划阶段的多个专业规划之一，规划主要涉及城市绿地在总体规划层次上的统筹安排；城市绿地系统专项规划，是对城市绿地系统专业规划的深化和细化，该规划不仅涉及城市总体规划层面，而且还涉及详细规划层面的绿地统筹。在城市控制性详细规划和修建性详细规划阶段，城市绿地系统规划还涉及总体规划中规定的绿线和蓝线控制的落实、城市公园绿地布局、方案设计、绿地和开放空间引导等。

城市绿地系统规划的主要任务包括以下方面：

①根据城市的自然条件、社会经济条件、城市性质、发展目标、用地布局等要求，确定城市绿化建设的发展目标和规划指标。

②研究城市地区和乡村地区的相互关系，结合城市自然地貌，统筹安排市域大环境绿化的空间布局。

③确定城市绿地系统的规划结构，合理确定各类城市绿地的总体关系。

④统筹安排各类城市绿地，分别确定其位置、性质、范围和发展指标。

⑤城市绿化树种规划。

⑥城市生物多样性保护与建设的目标、任务和保护措施。

⑦城市古树名木的保护与现状的统筹安排。

⑧制定分期建设规划，确定近期规划的具体项目和重点项目，提出建设规模和投资估算等。

⑨从政策、法规、行政、技术、经济等方面，提出城市绿地系统规划的实施细则。

⑩编制城市绿地系统规划的图纸和文件。

城市绿地系统规划的目标通常着眼于当前效益与长远效益的统合，以城市发展定位目标为根据，制定绿地空间布局和安排绿化建设的步骤。

城市绿地系统规划的工作方法通常包括区域生态环境状况和绿地现状调查，了解当地绿化结构和空间配置，绿地和水系的关系，绿地系统的演化趋势分析，以及绿地利用现状和问题的分析，进而开展城市绿地系统规划的编制。城市绿地系统规划的基本原则包括系统地整合城乡绿地网络系统，优化城市空间布局，维护生物多样性、开放空间优先、实现社会公平、保持地方特色等方面。

### （二）城市绿地系统的结构布局

1. 结构布局的基本模式

结构布局是城市绿地系统的内在结构和外在表现的综合体现，其主要目标是使各类绿地合理分布、紧密联系，组成有机的绿地系统整体。通常情况下，系统布局有点状、环状、放射状、放射环状、网状、楔状、带状、指状等8种基本模式：

我国绿地城市空间布局常用的形式主要有以下4种：

（1）块状绿地布局

将绿地成块状均匀地分布在城市中，方便居民使用，多应用于旧城改建中，如上海、天津、武汉、大连、青岛和佛山等城市。

（2）带状绿地布局

多数是由于利用河湖水系、城市道路、旧城墙等因素，形成纵横向绿带、放射状绿带与环状绿地交织的绿地网。带状绿地布局有利于改善和表现城市的环境艺术风貌。

（3）楔形绿地布局

利用从郊区伸入市中心由宽到窄的楔形绿地，称为楔形绿地。楔形绿地布局有利于将新鲜空气源源不断地引入市区，能较好地改善城市的通风条件，也有利于城市艺术面貌的表现，如合肥。

（4）混合式绿地布局

是前三种形式的综合利用，可以做到城市绿地布局的点、线、面结合，组成较完整的体系。其优点是能够使生活居住区获得最大的绿地接触面，方便居民游憩，有利于就近地区气候与城市环境卫生条件的改善，有利于丰富城市景观的艺术面貌。

2. 规划布局的目标

城市绿地系统规划布局总的目标是，保持城市生态系统的平衡，满足城市居民的户外游憩需求，满足卫生和安全防护、防灾、城市景观的要求。

（1）城市绿地应均衡分布，比例合理，满足全市居民生活、游憩需要，推进城市旅游发展。城市公园绿地，包括全市综合性公园、社区公园、各类专类公园、带状公园绿地等，是城市居民户外游憩活动的重要载体，也是促进城市旅游发展的重要因素。城市公园绿地规划以服务半径为基本的规划依据，"点、线、面、环、楔"相结合的形式，将公园绿地和对城市生态、游憩、景观和生物多样性保护等相关的绿地有机整合为一体，形成绿色网络。按照合理的服务半径和城市生态环境改善，均匀分布各级城市公园绿地，满足城市居民生活休息所需；结合城市道路和水系规划，形成带状绿地，把各类绿地联系起来，相互衔接，组成城市绿色网络。

（2）指标先进。城市绿地规划指标应制定近、中、远三期规划指标，并确定各类绿地的合理比例，有效指导规划建设。

（3）结合当地特色，因地制宜。应从实际出发，充分利用城市自然山水地貌特征，发挥自然环境条件优势，深入挖掘城市历史文化内涵，对城市各类绿地的选择、布置方式、面积大小、规划指标等进行合理规划。

①远近结合，合理引导城市绿化建设目标。考虑城市建设规模和发展规模，合理制定分期建设，确保在城市发展过程中，能保持一定水平的绿地规模，使各类绿地的发展速度不低于城市发展的要求。在安排各期规划目标和重点项目时，应根据城市绿地自身发展规律与特点而定。近期规划应提出规划目标与重点，具体建设项目、规模和投资估算。

②分割城市组团。城市绿地系统的规划布局应与城市组团的规划布局相结合。理

论上每 25～50km², 宜设 600～1 000m 宽的组团分割带。组团分割带尽量与城市自然地和生态敏感区的保护相结合。

## 四、城市绿化的树种规划

主要阐述树种规划的基本原则；确定城市所处的植物地理位置（包括植被气候区域与地带、地带性植被类型、建群种、地带性土壤与非地带性土壤类型）；确定相关技术经济指标；基调树种、骨干树种和一般树种的选定；市花、市树的选择与建议等。

### （一）绿化树种选择原则

城市绿化的树种选择应遵循以下几项基本原则：

常绿树种与落叶树种结合：树种规划应考虑城市气候植被区域的自然规律，使常绿阔叶树种与落叶树种的数量之间保持一定的比例，可以反映明显的季节变化。

优先选用乡土树种：乡土树种能较好反映地方的自然地理特色，并且在漫长的历史长河中与历史文化建立起综合复杂的联系，具有地方特色。乡土树种的自然适应性强，给育苗、运输、种植管理带来很大方便，成活率高，景观成型快，有利于城市园林景观的形成和保持。除乡土树种外，还可以考虑已经经过长时间栽培的引种外来树种。

景观与生产相结合：可以根据地区和对象的具体情况，在树种规划时考虑园林景观结合生产。园林树种中很多同时是经济树种。例如，桑树或者果树的种植，既可以形成富有地域人文特色的景观，同时又具有良好的经济效益。

速生树与慢生树相衔接，保障长寿而珍贵的慢生树数量增多。城市绿化近期应以速生树为主，因为速生树可以快速成荫，达到设计效果。但是速生树一般寿命较短，在 20 年后需要更新和补充，因此就需要考虑与慢生树的结合运用。慢生树成荫较慢，但是可以弥补在速生树种更新时给景观效果带来的不利影响，并且利于创造一种稳定的地方景观特色。

### （二）树种规划方法

#### 1. 调查研究和现状分析

现状调查分析是整个树种规划的基础，所收集的资料应该准确、全面、科学。通过踏勘和分析，研究清楚绿地现状及问题，找出城市绿地系统的建设条件、规划重点和发展方向，明确城市发展基本需要和工作范围，作出城市绿地现状的基本分析和评价。

现状调查分析包括当地的植被地理位置，分析当地原有树种和外来驯化树种的生态习性、生长状况等；目前树种的应用品种是否丰富；新优树种的应用是否具有针对性、是否经过了引种、驯化和适应性栽培；大树、断头树的移植比例是否恰当；种植水平和维护管理水平是否达到了相应的水平；目前绿化树种生态效益、景观效益和经济效益结合的情况等，为后续规划工作做好服务。

#### 2. 确定基调树种

城市绿化的基调树种，是能充分表现当地植被特色、反映城市风格、能作为城市景观重要标志的应用树种。如长沙市，根据城市的历史、现状以及城市的发展要求，在规划中选用了香樟、广玉兰、银杏、枫香、桂花等13种乔木和竹类、棕树作为基调树种加以推广应用。

#### 3. 确定骨干树种

城市绿化的骨干树种，是具有优异的特点、在各类绿地中出现频率最高、使用数量大、有发展潜力的树种，主要包括行道树树种、庭园树树种、抗污染树种、防护绿地树种、生态风景林树种等，其中城市干道的行道树树种选择要求最为严格，因为相比之下，行道的生境条件最为恶劣。骨干树种的名录需要在广泛调查和查阅历史资料的基础上，针对当地的自然条件，通过多方慎重研究才能最终确定。

#### 4. 确定树种的技术指标

树种规划的技术指标主要包括裸子植物与被子植物比例、常绿树种与落叶树种比例、乔木与灌木比例、木本植物与草本植物比例、乡土树种与外来树种比例（并进行生态安全性分析）、速生与中生、慢生树种比例，确定绿化植物名录（科、属、种及种以下单位）。

## 五、生物多样性保护与建设规划

生物多样性是指在一定空间范围内活的有机体（包括植物、动物、微生物）的种类、变异性及其生态系统的复杂程度，它通常分为三个不同的层次，即生态系统多样性、物种多样性、遗传（基因）多样性。它是人类赖以生存和发展的基础，保护生物多样性是当今世界环境保护的重要组成部分，它对改善城市自然生态和城市居民的生存环境具有重要作用，是推进城市可持续发展的必要保障。

首先，生物多样性规划需要强化本地调研，确定当地所属的气候带和主导生态因子，确定当地所属的植被区域、植被地带、地带性植被类型建群种、优势种以及城市绿化中的乡土树种。其次，编制出绿地的立地条件类型和城市绿化适地适树表，建立城市绿化植物资源信息系统，对城市鸟类和昆虫类等动物进行调查，并列出名录。再次，从生态系统多样性、物种多样性、遗传多样性、景观多样性几个方面分别进行规划。

## （一）植物物种多样性规划

1. 本地植被气候带园林植物物种的发掘与应用

争取在几年时间内发掘几十种乡土植物，对开发的园林植物进行生物学特性、生态学习性和在园林绿地中的适应性进行监测，筛选出生长势旺、抗逆性强、观赏价值高的植物种类，推广于园林绿地，逐步提高城市绿地植物物种的丰富度。

2. 相邻植被气候带园林植物的引种和应用

争取在几年内引种若干种适生的外来植物，对引入的植物进行生态安全性的测定和适应性观测研究，经较长时期试种后，确系生长势旺、适应性和抗逆性强，景观效果好，与乡土植物能共生共荣的种类，可逐步推广于城市园林绿地。

3. 建立种质资源保存、繁育基地，提高园林植物群落的物种丰富度

结合生产绿地，建立种质资源基地，针对性地开展彩叶树种、行道树、名花、水生花卉的种质资源选育。丰富层次，充分利用垂直空间生态位资源，建立树种组成和结构较丰富的园林植物群落。

## （二）植物基因多样性的保护与利用

充分利用种、变种、变型，利用植物栽培品种的多样性，利用植物起源的多样性。

## （三）生态系统多样性规划

规划自然功能区，重点保护和恢复本植被气候地带各种自然生态系统和群落类型，保护自然生境，丰富城市绿地系统类型多样性，采取模拟自然的群落设计方法，以形成复杂的生态系统食物网结构，支持丰富的生物种类共存。

## （四）景观多样性规划

保护和恢复山体、溪谷、水体等自然生态环境的自然组合体，建立自然景观保护区，建设城市大中型绿地，充分借鉴当地自然景观特点，创建各种景观类型使其在城市绿地中再现，建立景观廊道，保护本地历史文化遗迹，建设历史文化型绿地、民俗再现型绿地等各种显示城市特点的个性化绿地。

## （五）珍稀濒危植物的保护

对珍稀濒危植物，以就地保护为主、迁地保护为辅，扩大其生物种群，建立或恢复适生生境，保存和发展珍稀生物资源。

1. 就地保护

建立保护区；增加景观的异质性；保护和恢复栖息地，减缓物种灭绝和保护遗传多样性；在城市市域周围建立完整的生物景观绿化带，保护湿地、山地生态系等特殊

生态环境和生态系统。

2. 迁地保护

建立动物园、专类公园和有计划地建立重点物种的资源圃或基因库；建立和完善珍稀濒危植物迁地保护网络，保护遗传物质。

### （六）保护措施

（1）开展普查活动。普查生物多样性资源、提出资源评估报告、划定重点保护区、建立生态监测档案。

（2）强化保护和发展城市公园及绿地系统生物多样性工作。

（3）加强动、植物园建设，开展科研和科普工作，加大人工繁育研究，形成一定数量濒危植物保护群。

## 六、古树名木保护规划

古树名木是有生命的珍贵文物，是民族文化、悠久历史和文明古国的象征和佐证。通过对现存古树的研究，可以推究成百上千年来树木生长地域的气候、水文、地理、地质、植被以及空气污染等自然变迁。古树名木同时还是进行爱国主义教育、普及科学文化知识、增进中外友谊、推动友好交流的重要媒介。

保护好古树名木不仅是社会进步的要求，而且也是城市生态环境和风景资源的要求，对于历史文化名城而言，更是应做之举。

### （一）古树名木的含义与分级

根据全国绿化委员会和国家林业和草原局共同颁发的文件《关于开展古树名木普查建档工作的通知》，有关古树名木的含义表述和等级划分如下：

（1）古树名木的含义。一般系指在人类历史过程中保存下来的年代久远或具有重要科研、历史、文化价值的树木。古树指树龄在100年以上的树木。名木指在历史上或社会上有重大影响的中外历代名人所植或者具有极其重要的历史、文化价值、纪念意义的树木。

（2）古树名木的分级及标准。古树分为国家一、二、三级，国家一级古树树龄在500年以上，国家二级古树300～499年，国家三级古树100～299年。国家级名木不受树龄限制，不分级。

另外，根据住建部颁发的《关于印发〈城市古树名木保护管理办法〉的通知》，有关古树名木的含义表述和等级划分则有所不同，具体表述如下：

（3）古树名木的含义。古树，是指树龄在100年以上的树木。名木，是指国内外稀有的以及具有历史价值和纪念意义及重要科研价值的树木。

（4）古树名木的分级及标准。古树名木分为一级和二级。凡树龄在 300 年以上，或者特别珍贵稀有，具有重要历史价值和纪念意义，重要科研价值的古树名木，为一级古树名木；其余为二级古树名木。

## （二）保护方法和措施

### 1. 挂牌等级管理

统一登记挂牌、编号、注册、建立电子档案；做好鉴定树种、树龄记录，核实有关历史科学价值的资料及生长状况、生长环境的工作；完善古树名木管理制度；标明树种、树龄、等级、编号，明确养护管理的负责单位和责任人。

### 2. 技术养护管理

除一般养护如施肥、除病虫害等外，有的还需要安装避雷针、围栏等设施，修补树洞及残破部分，加固可能劈裂、倒伏的枝干，改善土壤及立地环境。定期开展古树名木调查物候期观察、病虫害自然灾害等方面的观测，制定古树复新的技术措施。

### 3. 划定保护范围

防止附近地面上、下工程建设的侵害，划定禁止建设的范围。

### 4. 强化立法工作和执法力度

城市市政府可以按照国家发布的《关于进一步加强古树名木保护管理的意见》精神，颁布一系列关于古树名木保护的管理条例，制定适应本地区的保护办法和相应的实施细则，严格执行，杜绝一切破坏古树名木的事件发生。

# 七、城市绿地系统规划文件的编制

## （一）基础资料的收集整理

编制城市绿地系统规划需要收集许多相关的基础资料，对于复杂的城市绿地系统规划，还应根据具体情况作适当的资料增加。除了收集有关城市规划的基础资料以外，还需要收集下表 8-2 资料。为了节约人力、物力和财力，避免重复工作，提高工作效率，资料的收集工作应该与城市总体规划的调查研究结合起来。

**表8-2 城市绿地系统规划基础资料类别**

| | | |
|---|---|---|
| 自然资料 | 地形图 | 图纸比例为1：5000～1：20 000，通常与城市总体规划图比例一致 |
| | 气象资料 | 气温、湿度、降水量、风向、风速、风力、日照、霜冻期、冰冻期等 |
| | 地质水文资料 | 地质、地貌、河流及其他水体水文资料、泥石流、地震、火山及其他地质灾害等 |
| | 土壤资料 | 土壤类型、图层厚度、土壤物理及化学物质、不同土壤分布情况、地下水深度等 |
| 绿地资料 | 公园绿地 | 各类公园面积、位置、性质、游人量、主要设施、建设年代、利用情况等 |
| | 生产与防护绿地 | 生产绿地的位置、面积、苗木种类、出圃情况、各种防护林的分布及建设情况等 |
| | 附属绿地 | 各类附属绿地位置、植物种类、面积、建设、使用情况及调查统计资料等 |
| | 其他绿地 | 现有风景名胜区、水源保护区、隔离带等其他绿地的位置、面积及建设情况等 |
| 技术经济资料 | 指标资料 | 现有各类绿地的面积、比例等；城市绿化覆盖率、绿地率状况；人均公园绿地面积指标、每个游人所占公园绿地面积、游人量等 |
| | 植物资料 | 现有各种园林绿地植物的种类和生长势、乡土树种、地带性树种、骨干树种、优势树种、基调树种的分布，主要病虫害等苗圃面积、数量、规格及长势等 |
| | 动物资料 | 鸟类、昆虫及其他野生动物、鱼类及其他水生动物等的数量、种类、生长繁殖状况、栖息地状况等 |
| 其他资料 | 文字图件资料 | 历年所作的绿地调查资料、城市绿地系统规划图纸和文字、城市规划图、航空图片、卫星遥感图片、电子文件等 |
| | 古迹及旧址等资料 | 名胜古迹、革命旧址、历史名人故址、各种纪念地等的位置、范围、面积、性质、周围情况及可以利用的程度 |
| | 社会经济资料 | 包括城市历史文化、城市建设、社会经济、环境状况等资料 |

## （二）规划文件的编制

城市绿地系统规划文件的编制成果应包括规划文本、规划图纸、规划说明书和规划基础资料四个部分。其中，依法批准的规划文本与规划图纸具有同等法律效力。成果应复制多份，报送各有关部门，作为今后的执行基础。

1. 规划文本

规划文本以条款的形式出现，格式按照《城市绿地系统规划编制纲要（试行）》的要求进行，文本的编写要求简捷、明晰、重点突出。主要内容包括规划总则（包括概况、规划目的、期限、依据、原则等），规划目标与指标，市域绿地系统规划，城市绿地系统规划结构布局与分区规划，城市绿地分类规划，树种规划，生物多样性保护与建设规划，古树名木保护规划，分期建设规划，实施措施十大章节。

2. 规划图纸

城市绿地系统规划图纸主要包括以下内容：①城市绿地现状分析图；②城市绿地系统规划总图；③城市绿地分类规划系列图（包括公园绿地规划图、生产绿地规划图、防护绿地规划图、附属绿地规划图、其他绿地规划图）；④城市绿地系统分区规划系列图；⑤城市绿地规划分期建设实施图；⑥城市绿地近期建设规划图。

规划图纸的比例可用1：1000，1：5 000，1：10000或1：25000。

3. 规划说明书

规划说明书是对规划文本和规划图纸的详细说明、解释和阐述，篇幅一般要比规划文本长。其章节与规划文本几乎相同，只是在内容方面比规划文本阐述更为详尽和细致。

# 第三节  城市公园绿地规划设计

## 一、城市公园的发展

城市公园绿地是为全体市民服务，是供市民游憩、娱乐、观赏、游览等的一处户外公共空间；并兼有改善城市环境、美化城市景观、减灾防灾、教育等一系列的功能和作用。

城市公园产生于19世纪，作为当时社会改革的一项重要措施，它的出现是为了减轻城市污染产生的不利影响，提高城市生活质量。这种为城市本身及城市居民服务的开放型园林一经出现，便展现出蓬勃的生命力。从19世纪欧美城市公园运动开始，经历了早期的实验探索、中期现代风格的形成到现今的多元化发展，令人目不暇接。其发展过程所经历的不断探索、反复尝试、经验教训和发展趋势，值得我们借鉴和关注。

现代城市公园在传统园林基础上产生，但它的形式、内容都有别于传统园林。它既有对生态浪漫主义、如画风格的执着追求，又有作为现代文化的一部分，其内容、布局、风格有较大范围的拓展，呈现出丰富、多元的发展态势。

### （一）西方现代公园发展历程（公元1850年至今）

18世纪，英国伦敦的皇家猎苑允许市民进入游玩；19世纪，伦敦一些皇家贵族的园林，如摄政、肯辛顿、海德公园等，逐步向城市民众开放。

真正完全意义上的近代城市公园，是由美国景观规划师奥姆斯特德主持修建的纽约中央公园。公园占地344hm², 设计精细巧妙, 通过把荒漠、平坦的地势进行人工改造, 模拟自然, 体现出一种线条流畅、和谐、随意的自然景观。公园不收门票, 供城市居民免费使用, 全年可以自由进出, 各种文化娱乐活动丰富多彩, 不同年龄、不同阶层的市民都可以在这里找到自己喜欢的活动场所。100多年来, 中央公园在寸土寸金的纽约曼哈顿始终保持了完整, 用地未曾受到任何侵占, 至今仍以它优美的自然面貌、清新的空气参与了这个几百万人聚集地的空气大循环, 保护着纽约市的生态环境。他在规划构思纽约中央公园中所提出的设计要点, 后来被美国景观规划界归纳和总结, 成为"奥姆斯特德原则"。其内容为: ①保护自然景观, 恢复或进一步强调自然景观; ②除了在非常有限的范围内, 尽可能避免实行规则形式; ③开阔的草坪要设在公园的中心地带; ④选用当地的乔木和灌木来打造特别浓郁的边界栽植; ⑤公园中的所有园路应设计成流畅的曲线, 并形成循环系统; ⑥主要园路要基本上能穿过整个公园, 并由主要道路将全园分为不同的区域。

尽管19世纪公园在城市中大量出现, 北美的城市公园运动也在继承欧洲传统园林的基础上形成了自身具有一定特色的园林, 但业界普遍认为城市公园运动在对传统的继承以及开辟园林功能与类型上要比开拓园林的新形式上的贡献大得多。这一时期的城市公园常常以折中主义的混杂风格为主, 并未形成新的风格。

### (二) 中国近现代公园的发展

辛亥革命以后, 全国各地出现了一批新的城市公园: 北京在1912年将先农坛开放辟作城南公园, 1924年将颐和园开放为城市公园; 南京在1928年设公园管理处, 先后开辟了秦淮小公园、莫愁湖公园、五洲公园 (今玄武湖公园) 等; 广州在1918年始建中央公园 (今人民公园, 6.2hm²) 和黄花岗公园, 以后又陆续兴建了越秀公园 (10hm²)、动物公园 (3.7hm²)、白云山公园 (13.4hm²) 等; 长沙在1925年于市南城垣最高处天心阁故址开辟天心公园; 1930年10月闽浙赣革命根据地的葛源镇, 修建了"列宁公园", 面积8000m²。

新中国成立后, 特别是进入21世纪以来, 我国的公园事业蓬勃发展, 类型更加丰富多彩, 园内活动设施完善齐备。

### (三) 城市公园绿地的分类系统

由于国情不同, 世界各国对城市公园绿地没有形成统一的分类系统, 其中比较主要的有: 美国式、德国式、日本式等类型。以美国式公园系统为例, 它主要包括: 儿童游戏场; 街坊运动公园; 教育娱乐公园; 运动公园; 风景眺望公园; 水滨公园; 综合公园; 近邻公园; 市区小公园; 广场; 林荫路与花园路; 保留地。

我国的城市公园绿地按主要功能和内容, 将其分为综合公园 (全市性公园、区域性公园）、社区公园（居住区公园、小区游园）、专类公园（儿童公园、动物园、植物园、历史名园、风景名胜公园、游乐公园、其他专类公园）、带状公园和街旁绿地等，分类系统的目的是结合不同类型的公园绿地提出不同的规划设计要求。

## 二、城市公园规模容量的确定

城市公园绿地指标和游人容量

### （一）城市公园绿地指标计算

按人均游憩绿地的计算方法，可以计算出城市公园绿地的人均指标和全市指标。

人均指标（需求量）计算公式：

$$F = P \times f / e$$

式中

F——人均指标，$m^2$/人；

P——游览季节双休日居民的出游率，%；

f——每个游人占有公园面积，$m^2$/人；

e——公园游人周转系数。

大型公园，取：$P_1 > 12\%$，$60m^2$/人 $< f_1 < 100m^2$/人，$e_1 < 1.5$。

小型公园，取：$P_2 > 20\%$，$f_2 = 60m^2$/人，$e_2 < 3$。

城市居民所需城市公园绿地总面积由下式可得：

城市公园绿地总用地 = 居民（人数）× F 总

### （二）城市公园绿地游人容量计算

公园游人容量是确定内部各种设施数量或规模的基础，也是公园管理上控制游人数量的依据，通过游人数量的控制，避免公园超容量接纳游人。公园的游人量随季节、假日与平日、一日之中的高峰与低谷而变化；一般节日最多，游览旺季周末次之，旺季平日和淡季周末较少，淡季平日最少，一日之中又有峰谷之分。确定公园游人容量以游览旺季的周末为标准，这是公园发挥作用的关键时间。

公园游人容量应按下式计算：

$$C = A / A_m$$

式中

C——公园游人容量（人）；

A——公园总面积（$m^2$）；

$A_m$——公园游人人均占地面积（$m^2$/人）。

公园游人人均占地面积依据游人在公园中比较舒适地进行游园考虑。在我国，城市公园游人人均占有公园面积以 60m² 为宜；近期公园绿地人均指标低的城市，游人人均占有公园面积可酌情降低，但最低游人人均占有公园的陆地面积不得低于 15m²。风景名胜公园游人人均占有公园面积宜大于 100m²。

按规定，水面面积与坡度大于 50% 的陡坡山地面积之和超过总面积 50% 的公园，游人人均占有公园面积应适当增加，其指标应参照下表规定。

表 8-3 水面和陡坡面积较大的公园游人人均占有面积指标

| 水面和陡坡面积占总面积比例 /% | 0 ~ 50 | 60 | 70 | 80 |
|---|---|---|---|---|
| 近期游人占有公园面积 /（m²/人） | ≥30 | ≥40 | ≥50 | ≥75 |
| 远期游人占有公园面积 /（m²/人） | ≥60 | ≥75 | ≥100 | ≥150 |

### （三）设施容量的确定

公园内游憩设施的容量应以一个时间段内所能服务的最大游人量来计算。

$$N = P\beta r\alpha / p$$

式中

N——某种设施的容量；

P——参与活动的人数；

β——活动参与率；

r——某项活动的参与率；

α——设施同时利用率；

P—设施所能服务的人数。

β 和 r 需通过调查统计而获得。

这个公式是单项设施的容量的计算方式，其他设施容量也可利用此公式进行类似的计算，从而累计叠加确定公园内的整体设施容量。

通过对空间规模和设施容量的计算，我们就可以对公园有一个准确的定量指标。同时在城市公园规模、容量确定之时，还应考虑一些软体的因素，如服务范围的人口、社会、文化、道德、经济等因素、公园与居民的时空距离、社区的传统与习俗、参与特征、当地的地理特征以及气候条件等。进而对城市公园的空间规模与设施容量根据具体情况而做出一定的变更，见表 8-4。

表 8-4 城市公园规模容量

| 公园类型 | 利用年龄 | 适宜规模 /（hm²） | 服务半径 | 人均面积 /（m²/人） |
|---|---|---|---|---|
| 居住小区游园 | 老人、儿童、过路游人 | > 0.4 | < 250m | 10 ~ 20 |
| 邻里公园 | 近邻市民 | > 4 | 400 ~ 800m | 20 ~ 30 |

续表

| 公园类型 | 利用年龄 | 适宜规模/(hm²) | 服务半径 | 人均面积/(m²/人) |
|---|---|---|---|---|
| 社区公园 | 一般市民 | >6 | 几个邻里单位 1600~3200m | 30 |
| 区级综合公园 | 一般市民 | 20~40 | 几个社区或所在区骑自行车 20~30min，坐车15min | 60 |
| 市级综合公园 | 一般市民 | 40~100或更大 | 全市，坐车0.5~1.5h | 60 |
| 专类公园 | 一般市民、特殊团体 | 随各类主题不同而变化 | 随所需规模而变化 | / |
| 线形公园 | 一般市民 | >400hm² 对资源有足够保护，能得到最大限度的利用开发 m² | / | 30~40 |
| 自然公园 | 一般市民 | 有足够的对自然资源进行保护和管理的地区 | 全市，坐车2~3h | 100~400 |
| 保护公园 | 一般市民、科研人员 | 足够保护所需 | / | >400 |

## 三、城市公园绿地规划设计的程序和内容

城市公园绿地规划设计的程序和内容主要包括以下内容：

（1）了解公园规划设计的任务情况，包括建园的审批文件、征收用地及投资额，公园用地范围以及建设施工的条件。

（2）拟定工作计划。

（3）收集现状资料。

主要包括①基础资料；②公园的历史、现状及与其他用地的关系；③自然条件、人文资源、市政管线、植被树种；④图纸资料；⑤社会调查与公众意见；⑥现场勘察。

（4）研究分析公园现状

根据设计任务的要求，考虑各种影响因素，拟定公园内应设置的项目内容与设施，并确定其规模大小；编制总体设计任务文件。

（5）总体规划

确定公园的总体布局，对公园各部分做全面的安排。常用的图纸比例为1：500，1：1000或1：2000。包括的内容有：①公园的范围，公园用地内外分隔的设计处理与四周环境的关系，园外借景或障景的分析和设计处理；②计算用地面积和游人量、确定公园活动内容、需设置的项目和设施的规模、建筑面积和设备要求；③确定出入口位置，并进行园门布置和机动车停车场、自行车停车棚的位置安排；④公园的功能分区，活动项目和设施的布局，确定公园建筑的位置和组织活动空间；⑤景色分区：

按各种景色构成不同景观的艺术境界来进行分区；⑥公园河湖水系的规划、水底标高、水面标高的控制、水中构筑物的设置；⑦公园道路系统、广场的布局及组织游线；⑧规划设计公园的艺术布局、安排平面的及立面的构图中心和景点、组织风景视线和景观空间；⑨地形处理、竖向规划，估计填挖土方的数量、运土方向和距离、进行土方平衡；⑩造园工程设计：护坡、驳岸、挡土墙、围墙、水塔、水中构筑物、变电间、厕所、化粪池、消防用水、灌溉和生活用水、雨水排水、污水排水、电力线、照明线、广播通讯线等管网的布置；植物群落的分布、树木种植规划、制定苗木计划、估算树种规格与数量；公园规划设计意图的说明、土地利用平衡表、工程量计算、造价概算、分期建园计划。

（6）详细设计

在全园规划的基础上，对公园的各个局部地段及各项工程设施进行详细的设计。常用的图纸比例为1∶500或1∶200。

（7）植物种植设计

根据树木种植规划，对公园各局部地段进行植物配置。常用的图纸比例为1∶500或1∶200。

（8）规划实施

规划具体的实施和建设，即方案的付诸实践，同时在实施过程中，对方案进行改进、修正以及现场设计。

（9）实施后的评价和改进

规划在实施的过程中必然会遇到一些实际的问题，需要重新对方案进行修正和改进。同时公园在建成投入使用后，也会出现一些在规划设计阶段未能考虑到的问题，从而进行总结和探讨，并使之得以改进。

## 四、综合公园绿地规划设计要点

综合公园用地规模一般较大，园内的活动设施丰富完备，为服务范围内的城市居民提供良好的游憩、文化娱乐活动服务。

综合公园一般是多功能、自然化的大型绿地，供市民进行一日之内的游赏活动。

### （一）综合公园的面积与位置

每个综合公园由于包含较多的活动内容和设施，因此需要较大面积，一般不少于10公顷。按照综合公园服务范围居民人数估算，在节假日，要能容纳服务范围居民总人数的15%～20%，每个人的活动面积为10～50m²。

对于整个城市来说，综合公园的总面积应该综合考虑城市规模、性质、用地条件、气候、绿化状况等因素来确定。在 50 万人口以上的城市中，全市公园只有容纳市民总数的 10% 时，游园才比较合适。

### （二）综合公园在城市中的位置

综合公园在城市中的位置应该在城市绿地系统规划中确定，结合河湖系统、道路系统及居住用地的规划综合考虑。最基本因素是可达性，要与城市道路系统合理结合，方便综合公园服务范围内的居民能方便地到达使用。

### （三）综合公园规划的原则

公园是城市绿地系统的重要组成部分，综合公园规划要综合体现实用性、生态性、艺术性、经济性。

1. 满足功能，合理分区

综合公园的规划布局首先要满足功能要求。公园有多种功能，除调节温度、净化空气、美化景观、供人观赏外，还可使城市居民通过游憩活动接近大自然，实现消除疲劳、调节精神、增添活力、陶冶情操的目的。不同类型的公园有不同的功能和不同的内容，所以分区也随之不同。功能分区还要善于结合用地条件和周围环境，把建筑、道路、水体、植物等综合起来组成空间。

2. 园以景胜，巧于组景

公园以景取胜，由景点和景区构成。景观特色和组景是公园规划布局之本，即所谓"园以景胜"。就综合公园规划设计而言，组景应注重意境的创造，处理好自然与人工的关系，充分利用山石、水体、植物、动物、天象之美，塑造自然景色，并把人工设施和雕琢痕迹融于自然景色之中。将公园划分为具有不同特色的景区，即景色分区，是规划布局的重要内容。景色分区一般是随着功能分区不同而不同，然而景色分区往往比功能分区更加细致深入，即同一功能分区中，往往规划多种小景区，左右逢源，既有统一基调的景色，又有各具特色的景观，使动观静观相适应。

3. 因地制宜，注重选址

公园规划布局应该因地制宜，充分发挥原有地形和植被优势，融入自然，塑造自然。为了使公园的造景具备地形、植被和古迹等优越条件，公园选址则具有战略意义，务必在城市绿地系统规划中予以重视。因公园处在人工环境的城市里，但其造景是以自然为特征的，故选址时宜选有山有水、低地畦地、植被良好、交通方便、利于管理之处。有些公园在城市中心，对于平衡城市生态环境有重要作用，宜完善充实。

4. 组织导游，路成系统

园路的功能首先是作为导游观赏之用，其次才是供管理运输和人流集散。因此，绝大多数的园路都是联系公园各景区、景点的导游线、观赏线、动观线，所以必须注意景观设计，如园路的对景、框景、左右视觉空间变化，以及园路线型、竖向高低给人的心理感受等。

5. 突出主题，创造特色

综合公园规划布局应注意突出主题，使其各具特色。主题和特色除与公园类型有关外，还与园址的自然环境与人文环境（如名胜古迹）有密切联系。要巧于利用自然和善于结合古迹。一般综合公园的主题因园而异。为了突出公园主题，创造特色，必须要有相适应的规划结构形式。

## （四）综合公园规划设计

综合公园功能和景区可划分为出入口、安静游览区、文化娱乐区、儿童活动区、园务管理区和服务设施区。

1. 功能分区及景区划分

（1）出入口

综合公园出入口的位置选择与详细设计对于公园的设计具有重要的作用，它的影响与作用体现在以下几个方面：公园的可达性程度、园内活动设施的分布结构、大量人流的安全疏散、城市道路景观的塑造、游客对公园的第一印象等。出入口的规划设计是公园设计成功与否的关键一环。

出入口位置的确定应综合考虑游人能否方便地进出公园，周边城市公交站点的分布，周边城市用地的类型，是否与周边景观环境相协调，避免对过境交通的干扰以及协调将来公园的空间结构布局等。出入口包括主要出入口、次要出入口、专用出入口三种类型。每种类型的数量与具体位置应根据公园的规模、游人的容量、活动设施的设置、城市交通状况做出调整。一般主要出入口设置一个，次要出入口设置一个或多个，专用出入口设置一到二个。

主要出入口应与城市主要交通干道、游人主要来源方位以及公园用地的自然条件等诸因素协调后确定。主要出入口应设在城市主要道路和有公共交通的地方，同时要使出入口有足够的人流集散用地，与园内道路联系方便，城市居民可方便快捷地到达公园内。

次要出入口是辅助性的，主要为附近居民或城市次要干道的人流服务，以免公园周围居民需要绕大圈子才能入园，同时也为主要出入口分担人流量。次要出入口一般设在公园内有大量集中人流集散的设施附近，如园内的表演厅、露天剧场、展览馆等场所附近。

公园出入口所包括的建筑物、构筑物有：公园内、外集散广场，公园大门、停车场、存车处、售票处、收票处、小卖部、休息廊、问讯处、寄存物品、导游牌、陈列栏、办公场所等。园门外广场面积大小和形状，要与下列因素相适应：公园的规模、游人量，园门外道路等级、宽度、形式，是否存在道路交叉口，临近建筑及街道里面的情况等。结合出入口的景观要求及服务功能要求、用地面积大小，可以设置丰富的水池、花坛、雕像、山石等景观小品。

（2）安静游览区

安静游览区主要是作为游览、观赏、休息、陈列，一般游人较多，但要求游人的密度较小，故需大片的绿化用地。安静游览区内每个游人所占的用地定额较大，希望能有100$m^2$/人，故在公园内占的面积比例亦大，是公园的重要部分。安静活动的设施应与喧闹的活动隔离，以防止活动时受声响的干扰，又因这里无大量的集中人流，故离主要出入口可以远些，用地应选择在原有树木最多，地形变化最复杂，景色最优美的地方。

（3）文化娱乐区

文化娱乐区是进行较热闹的、有喧哗声响、人流集中的文化娱乐活动区。其设施有俱乐部、游戏场、技艺表演场、露天剧场、电影院、音乐厅、跳舞池、溜冰场、戏水池、陈列展览室、画廊、演说报告座谈的会场、动植物园地、科技活动室等。园内一些主要建筑往往设置在这里，因此常位于公园的中部，成为全园布局的重点。

布置时也要注意避免区内各项活动之间的相互干扰，故要使有干扰的活动项目相互之间保持一定的距离，并利用树木、建筑、山石等进行隔离。公众性的娱乐项目常常人流量较多，而且集散的时间集中，所以要妥善地组织交通，需接近公园出入口或与出入口有方便的联系，以避免不必要的园内拥挤，希望用地达到30$m^2$/人。区内游人密度大，要考虑设置足够的道路广场和生活服务设施。因全园的重要建筑往往设在该区，故要有必需的平地及可利用的自然地形。例如，适当的坡地且环境较好，可利用来设置露天剧场，较大的水面设置水上娱乐活动等。建筑用地的地形地质要有利于进行基础工程，节省填挖的土方量和建设投资。

（4）儿童活动区

儿童活动区规模按公园用地面积的大小、公园的位置、少年儿童的游人量、公园用地的地形条件与现状条件来确定。

公园中的少年儿童常占游人量15%～30%，但这个百分比与公园在城市中的位置关系较大。在居住区附近的公园，少年儿童人数比重大，离大片居住区较远的公园比重相比较小。

（5）园务管理区

园务管理区是为公园经营管理的需要而设置的内部专用地区。可设置办公、值班、广播室、水、电、煤、电讯等管线工程建筑物和构筑物、修理工场、工具间、仓库、堆物杂院、车库、温室、棚架、苗圃、花圃等。按功能运用情况，区内可分为：管理办公部分、仓库工厂部分、花圃苗木部分、生活服务部分等。这些内容根据用地的情况及管理使用的方便，可以集中布置在一处，也可分成数处。

（6）服务设施区

服务设施类的项目内容在公园内的布置，受公园用地面积、规模大小、游人数量与游人分布情况的影响较大。在较大的公园里，可能设有 1～2 个服务中心点，按服务半径的要求再设几个服务点，并将休息和装饰用的建筑小品、指路牌、园椅、废物箱、厕所等分散布置在园内。

2. 综合性公园的游线及景观序列的组织

公园的道路不仅要解决一般的交通问题，而且更主要的应考虑如何组织游人达到各个景区、景点，并在游览的过程中体验不同的空间感觉和景观效果。因此，游线的组织应该与景观序列的构成相配合，使游人在规划设计者所营造的景观序列中游览，让他们的感受和情绪随公园景观序列的安排起伏跌宕，最终达到精神放松和愉悦的目的。

早在 19 世纪，奥姆斯特德就发表了关于公园游线组织的论述。他认为，穿越较大区域的园路及其他道路要设计成曲线形的洄游路，主要园路要基本上能穿过整个公园。这些观点对我们现代公园的游线组织仍具指导意义。为了使游人能游览到公园的每个景区和景点，并尽可能少走回头路，公园的游线一般可采用主环线＋枝状尽端线、主环线＋次环线、主环线＋次环线＋枝状尽端线等几种形式。这样，游线与景点间形成串联、并联、并联或串联、并联混合式等几种关系。大型公园可布置几条较主要的环线供游人选择，中、小型的公园一般可有一条主环线。

公园内的道路游线通常可分为三个等级，即主路、支路和小路。主路是公园内主要环路，在大型公园中宽度一般为 5～7m，中、小型公园 2～5m，考虑经常有机动车通行的主路宽度一般在 4m 以上；支路是各景区内部道路，在大型公园中宽度一般为 3.5～5m，中、小型公园 1.2～3.5m；小路是通向各景点的道路，大型公园中宽度一般 1.2～3m，中、小型公园 0.9～2.0m。

为了使游人在游览过程中体会不同的空间感觉，观赏不同的景色，公园游览线路的形式一般宜选用曲线而少用直线。曲线可使游人的方向感经常发生变化，视线也不断变化，沿途游线可高、可低、可陆、可水，既可有开阔的草坪、热闹的场地，又可有幽静的溪流、陡峭的危岩。道路的具体形式也可因周围景色的不同而各不相同，可以是穿过疏林草地的林间小道，也可是水边岸堤，还可是跨越水面的小桥、汀步，附于峭壁上的栈道等。总之，游览道路的处理宜丰富，可形成具有不同空间及视觉体验的断面形式，以此增加游览者的不同体验。

景观序列的规划设计是公园规划设计的一项重要内容，一个没有形成景观序列的公园，即使各个景区设计都非常精致，游人也可能会产生一种混乱无序的感觉，难以形成一个总体的印象。而经过景观序列设计的公园，游人往往会对其产生更为清晰的回忆，对各个景区景点也有更深的印象。

景观序列的设计与功能分区、景区的布局、游览路线的组织等密切相关。我们应该用一种内在的逻辑关系来组织空间、景观及游览路线，使空间有开有闭、有收有放；景色有联系有突变，有一般也有焦点。这样可在主要的游览线路上形成序景→起景→发展→转折→高潮→转折→收缩→结景→尾景的景观序列或形成序景→起景→转折→高潮→尾景的景观序列。游人按照这样的景观序列进行游览，情绪由平静至欢悦到高潮再慢慢回落，真正感到乘兴而来，满意而归。

3. 综合性公园的植物配植与景观构成

植物是公园最重要的组成部分，也是公园景观构成的最基本元素。因此，植物配植效果的好坏会直接影响到公园景观的效果。在公园的植物配植中除了要遵循公园绿地植物配植的原则以外，在构成公园景观方面，还应注意以下三点：

（1）选择基调树，形成公园植物景观基本调子

为了使公园的植物构景风格统一，在植物配植中，一般应选择几种适合公园气氛和主题的植物作为基调树。基调树在公园中的比例大，可以协调各种植物景观，使公园景观取得一个和谐一致的形象。

（2）配合各功能区及景区选择不同植物，突出各区景观特色

在定出基调树，统一全园植物景观的前提下，还应结合各功能区及景区的不同特征，选择适合表达这些特征的植物进行配植，使各区特色更为突出。例如，公园入口区人流量大，气氛热烈，植物配置上应选择色彩明快、树型活泼的植物，如花卉、开花小乔木、花灌木等。安静游览区则适合配植一些姿态优美的高大乔木及草坪。儿童活动区配植的花草树木应结合儿童的心理及生理特征，做到品种丰富、颜色鲜艳，同时不能种植有毒、有刺以及有恶臭的浆果之类的植物。文化娱乐区人流集中，建筑和硬质场地较多，应选择一些观赏性较高的植物，并着重考虑植物配植与建筑和铺地等人工元素之间的协调、互补和软化的关系。园务管理区一般应考虑隐蔽和遮挡视线的要求，可以选择一些枝叶茂密的常绿灌木和乔木，使整个区域遮掩于树丛之中。

（3）注意植物造景的生态性，构建生态园林

植物造景应遵循"适地适树"原则，充分采用乡土树种，既能满足植物的生态性，又能形成植物造景特色。注重植物品种的多样化，植物配植时，要建立科学的人工植物群落结构、时间结构、空间结构和食物链结构，建立植物群落体系，在有限的土地

面积尽可能增加叶面积指数。

## 五、其他专类公园

### （一）儿童公园

儿童公园是单独或组合设置的，拥有部分或完善的儿童活动设施，为学龄前儿童和学龄儿童创造和提供以户外活动为主的良好环境，供他们游戏、娱乐、开展体育活动和科普活动并从中得到文化与科学知识，有安全、完善设施的城市专类公园。

### （二）动物园

动物园是在人工饲养条件下，异地保护野生动物，供观赏、普及科学知识，进行科学研究和动物繁殖，并且具有良好设施的城市专类公园。

1. 传统牢笼式动物园

传统牢笼式动物园以动物分类学为主要方法，以简单的牢笼饲养，故占地面积通常较少，多为建筑式场馆，室内展览方式为主。中国许多动物园，特别是中小城市动物园仍属此类型，笼舍条件非常简陋，动物环境恶劣，导致公众对动物园的感性认识极差。

2. 现代城市动物园

多建于城市市区，甚至市中心，除了动物园的本身职能以外，还兼有城市绿地功能。适应社会发展需求的动物园模式。在动物分类学的基础上，考虑动物地理学、动物行为学、动物心理学等，结合自然生境进行设计，以"沉浸式景观"设计为主，建筑式场馆与自然式场馆相结合，充分考虑动物生理、动物与人类的关系，故此类动物园为现代主流动物园类型。

3. 野生动物园

多建于野外，基本根据当地的自然环境，创造出适合动物生活的环境，采取自由放养的方式，让动物回归自然。参观形式也多以游客乘坐游览车的形式为主，与城市动物园的游赏形式相反。这类野生动物园多环境优美，适宜动物生活，但也存在管理上的缺点。

4. 专业动物园

动物园的业务性质不断向专业方向分化。目前，世界上已出现了以猿猴类为中心的灵长类动物园，以水禽类为中心的水禽动物园，以爬虫类为中心的爬虫类动物园，以鱼类为中心的水族类动物园，以昆虫类为中心的昆虫类动物园。这种业务上的分化，对动物研究和繁殖都是有益的，是值得推广的。

## （三）植物园

现代意义上的植物园定义为：搜集和栽培大量国内外植物，进行植物研究和驯化，并供观赏、示范、游憩及开展科普活动的城市专类公园。

植物园的分类：①科研为主的植物园。世界上很多国家已经建立了许多研究深度与广度很大、设备相当充足与完善的研究所与实验园地，在科研的同时还搞好园貌、开放展览。②科普为主的植物园。以科普为中心工作的植物园在总数中所占比例较高，它本身的作用就是使游人认识植物，含有普及植物学的意义。不少植物园还设有专室展览，专车开到中小学校展示，专门派导师讲解。③为专业服务的植物园。④属于专项搜集的植物园。

## （四）体育公园

体育公园是指有较完备的体育运动及健身设施，供各类比赛、训练及市民的日常休闲健身及运动之用的专类公园。

体育公园的面积指标及位置选择。体育公园不是一般的体育场，除了完备的体育设施以外，还应设置有充分的绿化和优美的自然景观，因此，一般用地规模要求较大面积，应在 10～50hm$^2$ 为宜。

体育公园的位置宜选在交通方便的区域。由于其用地面积较大，如果在市区没有足够用地，则可选择乘车 30min 左右能到达的地区。在地形方面，宜选择有相对平坦区域及地形起伏不大的丘陵或有池沼、湖泊的地段。这样，可以利用平坦地段设置运动场，起伏山地的倾斜面可利用为观众席，水面则可开展水上运动。

# 参考文献

[1] 蔡真. 房地产金融 [M]. 广州：广东经济出版社，2019.

[2] 王克强，刘红梅，姚玲珍. 房地产估价 [M]. 上海：上海财经大学出版社，2019.

[3] 汪吉，汪豪. 房地产营销 30 讲 [M]. 北京：企业管理出版社，2019.

[4] 苏木亚. 中国股票市场与房地产市场若干问题实证研究 [M]. 北京：中国经济出版社，2019.

[5] 杨慧. 中国城市房地产市场 [M]. 广州：广东经济出版社，2019.

[6] 余佳佳，郭俊雄. 房地产开发经营与管理 [M]. 成都：西南交通大学出版社，2019.

[7] 李唐. 月球房地产推销员 [M]. 南京：江苏凤凰文艺出版社，2019.

[8] 许明，范长红. 房地产企业税收实务深度解析与会计处理 [M]. 上海：立信会计出版社，2019.

[9] 廖俊平. 房地产经纪行业研究 [M]. 广州：中山大学出版社，2019.

[10] 汪利民. 2019 年房地产法律研究与司法实务第 2 辑 [M]. 北京：人民法院，2019.

[11] 韩波. 区域与城市规划的理论和方法 [M]. 杭州：浙江大学出版社，2020.

[12] 赵晶夫. 城市规划管理工作的创新与实践 [M]. 南京：南京出版社，2020.

[13] 王江萍. 城市景观规划设计 [M]. 武汉：武汉大学出版社，2020.

[14] 周燕，杨麟. 城市滨水景观规划设计 [M]. 武汉：华中科学技术大学出版社，2020.

[15] 李勤，闫军. 城市既有住区更新改造规划设计 [M]. 北京：机械工业出版社，2020.

[16] 李朝阳. 普通高等院校土木专业十四五规划精品教材城市交通与道路规划第 2 版 [M]. 武汉：华中科学技术大学出版社，2020.

[17] 胡哲，陈可欣. 城市与建筑学术文库艺术造城城市公共艺术规划 [M]. 武汉：华中科技大学出版社，2020.

[18] 王克强，石忆邵，刘红梅. 城市规划原理 [M]. 上海：上海财经大学出版社，2020.

[19] 王强，张彬，王艳梅. 建筑景观设计与城市规划 [M]. 长春：吉林科学技术出版社，2020.

[20] 何培斌，李秋娜，李益. 装配式建筑设计与构造 [M]. 北京：北京理工大学出版社，2020.

[21] 冯美宇. 互联网＋创新型教材高等职业技术教育建筑设计专业系列教材建筑设计原理第 3 版 [M]. 武汉：武汉理工大学出版社，2020.

[22] 负禄. 建筑设计与表达 [M]. 长春：东北师范大学出版社，2020.

[23] 张文忠，赵娜冬. 公共建筑设计原理 [M]. 北京：中国建筑工业出版社，2020.

[24] 苏晓毅. 木结构建筑设计 [M]. 北京：中国林业出版社，2020.

[25] 张静. 建筑设计基础 [M]. 北京：中国建材工业出版社，2020.

[26] 田海宁. 民居建筑设计与美学 [M]. 长春：吉林美术出版社，2020.